Evangelisch glauben
– nüchtern hoffen

Beiträge zu einer
Theologie der Diaspora

Dieses Buch wurde herausgegeben in Zusammenarbeit von
Gustav-Adolf-Werk e.V. (GAW), seinen Hauptgruppen, der AG der
Frauenarbeit im GAW, dem Verein Evangelische Diaspora e.V. –
Institut für Diasporawissenschaft und der DiasporaStiftung.

Impressum

Quellen und Forschungen zur Diasporawissenschaft
Beihefte Evangelische Diaspora. 11

Herausgeber: Gustav-Adolf-Werk e.V. (GAW)
              Diasporawerk der Evangelischen
              Kirche in Deutschland

Satz: Sittauer Mediendesign, Leipzig
Druck: Druckhaus Köthen

© 2015 Verlag des Gustav-Adolf-Werks e.V.
Pistorisstraße 6 · 04229 Leipzig Deutschland
www.gustav-adolf-werk.de

ISBN: 978-3-87593-125-9

Titelbild: „Ich bin der Weinstock, ihr seid die Reben." (Johannes 15,5)
Kirchenfenster in der evangelisch-lutherischen Kirche in Curitiba-Norte (Brasilien),
die mit Hilfe des GAW gebaut wurde.

Inhalt

III. PERSPEKTIVEN & RÜCKBLICKE

IV. ANHANG: PREDIGTEN

Vorwort

Als Wilhelm Hüffmeier im September 2004 das Amt des Präsidenten des GAW übernahm, trat er ein schwieriges Erbe an. Elf Jahre später ist davon nichts mehr zu spüren. Das GAW der EKD mit seinen 21 Hauptgruppen und der Arbeitsgemeinschaft der Frauenarbeit hat sich unter seiner ruhigen und souveränen Leitung enorm entwickelt. Dabei ist das GAW seinem Auftrag, evangelische Kirchen und Gemeinden in der Diaspora zu unterstützen, treu geblieben, zugleich aber auch auf der Höhe der Zeit angekommen. Dass dies in engem Kontakt zu Kirchen und Gemeinden geschehen ist, ist das große Verdienst Wilhelm Hüffmeiers.

Der Präsident hat in diesem Entwicklungs- und Erneuerungsprozess eine nicht zu unterschätzende Rolle gespielt. Sein Humor, die Klarheit seiner Rede, seine Verbindlichkeit im Umgang, sein theologisches Urteil und nicht zuletzt seine preußische Disziplin haben uns allen gut getan und zur Mitarbeit motiviert.

In der Festschrift zum 70. Geburtstag Wilhelm Hüffmeiers mit dem Schwerpunkt Brasilien betont der langjährige Freund und Weggefährte, Gottfried Brakemeier, die enge Verbundenheit und Liebe zu den Gemeinden. Wilhelm Hüffmeier sei „im wahrsten Sinne des Wortes ein kirchlicher Theologe". Und das nicht nur in Brasilien. Die genaue Kenntnis der Gemeinden und Kirchen der Diaspora haben mich immer wieder staunen lassen. Wilhelm Hüffmeier kennt sie alle (auch beim Namen), weiß um ihre Probleme und ihre Stärken und ist dabei Realist genug, dass er nicht ins Schwärmen gerät, wenn er an die Diaspora denkt. Nüchtern und pragmatisch weiß er um das Menschliche und allzu Menschliche und stellt dennoch die Solidarität mit den Glaubensgeschwistern nie in Frage. Diasporaverantwortung ist und bleibt für ihn ein kirchlicher Auftrag.

Mit den Jahren habe ich aber dann doch festgestellt, dass ihm einige Projekte besonders am Herzen liegen. Die Fakultät Flacius Illyricus zum Beispiel, aber auch die Gemeinden in Lateinamerika, besonders in Brasilien, wobei an der Unbestechlichkeit und der Strenge seiner Gerechtigkeit kein Zweifel aufkommen kann.

Das vorliegende Buch „nüchtern hoffen – evangelisch glauben. Beiträge zu einer Theologie der Diaspora" ist dem scheidenden Präsidenten gewidmet. Wir danken den Beitragenden, weil sie mit ihren Ausführungen exemplarisch die Weite und die Tiefe Wilhelm Hüffmeiers Wirken anschaulich machen. Die Liebe zur Schrift, die inspirierende Exegese des Alten und Neuen Testaments und die weltzugewandte Auslegung verbindet Rüdiger Lux mit Wilhelm Hüffmeier.

Was Evangelische Predigt heute sein kann bzw. sein muss – auch als kritisches Korrektiv der Bilderflut unserer Tage – stellt Elisabeth Parmentier eindrücklich dar und widmet ihren Beitrag dem Prediger Wilhelm Hüffmeier.

Diaspora in ihrer Vielfalt, europäisch und lateinamerikanisch durchbuchstabiert, ist der rote Faden des 2. Teils dieses Heftes. Wir danken den Beitragenden Gottfried Brakemeier, René Krüger, Michael Bünker, Ulrich Körtner und Klaus Fitschen für ihre Überlegungen, die uns für unsere Arbeit und unser Engagement wichtige Impulse und Einsichten vermitteln. An dieser Stelle wird gleichzeitig der aktuelle Diskussionsprozess der Gemeinschaft Evangelischer Kirchen in Europa (GEKE) zur gegenwärtigen Lage einer Theologie der Diaspora aufgenommen. Die Beiträge von Michael Bünker, Klaus Fitschen und Ulrich Körtner sind aus einer theologischen Tagung hervorgegangen, die im März 2015 im Auftrag der GEKE in Neudietendorf stattfand. Auch die kommende Vollversammlung der GEKE vom 13. bis 18. September 2018 in Basel wird sich intensiv mit den Herausforderungen der Diasporasituation des europäischen Protestantismus beschäftigen. Insofern ist das vorliegende Buch ein Beitrag auf dem Weg dahin.

Im dritten Teil dieses Bandes kommen dann die ganz engen Mitarbeitenden zu Wort: Vera Gast-Kellert, die ehemalige Leiterin der Frauenarbeit und Reisebegleiterin, erinnert an den Beitrag der GAW-Frauenarbeit zu dem immer noch ziemlich männerlastigen GAW. Enno Haaks, der Generalsekretär, schärft mit seinem Ruf „Wir sind für die Diaspora verantwortlich" Aufgabe und Ziel des GAW ein.

Dankbar sind wir, dass Wilhelm Hüffmeier sich selbst noch einmal die Arbeit gemacht hat, seine Arbeit zur Förderung der evangelischen Diaspora weltweit zu reflektieren . „Durch Personen schenkt Gott der Diaspora Zukunft", heißt es am Ende seines Beitrages „Meine Diaspora-Narrative – Bilanz nach 12 Jahren". Das ist auch ein Ruf an uns. Gott ruft uns, für die evangelische Diaspora einzustehen, genauso wie er Menschen in der Diaspora beruft, die evangelische Weise zu glauben, im ökumenischen Kontext lebendig zu halten.

Sich das GAW ohne seinen Präsidenten vorzustellen, ist eine fast unmögliche Herausforderung. Keine Sorge: Wir werden auch diesen Einschnitt meistern. Wir wollen ja weder Wilhelm Hüffmeier noch die Geschwister in den Hauptgruppen und in der Diaspora enttäuschen.

Aber wir sind dankbar. Dankbar für die Zeit und die Kraft, die Wilhelm Hüffmeier in das GAW investiert hat. Dankbar auch für den klaren Blick, für das treffende Wort, für Ironie und Witz und nicht zuletzt für eine Theologie der Diaspora, die Impulse für Kirche und Gemeinde gibt. So verneigen wir uns vor einem großen Präsidenten und wünschen ihm und seiner Familie alles Gute und Gottes Segen.

Prälatin Gabriele Wulz
Stellv. Präsidentin des GAW

Juli 2015

I.

DIE AKTUALITÄT DER BIBEL

Der Monotheismus der Propheten – das Ende der Toleranz?

Das Gottesurteil auf dem Karmel in 1 Könige 17–18

von Rüdiger Lux

1. Vorbemerkungen

Seit der Veröffentlichung des Buches „Mose der Ägypter" von Jan Assmann im Jahr 1998 tobt der Streit über die These, dass dem Monotheismus von seinem Wesen her das Moment der Gewalt anhafte.[1] Die Debatte hat sich zwar ein wenig beruhigt, flackert aber immer wieder auf.[2] Grundlage dafür wurden die Gewalttexte des Alten Testaments, die immer wieder ein Stein

---

[1] J. ASSMANN, Moses der Ägypter. Entzifferung einer Gedächtnisspur, München/ Wien 1998; ders., Monotheismus und Ikonoklasmus als politische Theologie, in: E. Otto (Hg.), Mose. Ägypten und das Alte Testament, SBS 189, Stuttgart 2000, 121–139; ders., Die Mosaische Unterscheidung oder der Preis des Monotheismus, München/Wien 2003. In diesem Sammelband nimmt Assmann Stellung zu den kritischen Einsprüchen gegen seine Thesen von R. Rendtorff, E. Zenger, K. Koch, G. Kaiser und K.-J. Kuschel, die sich im Anhang des Buches finden.
In der Phase der Drucklegung dieses Beitrages erschien das neuste Buch von J. ASSMANN (Exodus. Die Revolution der Alten Welt, München 2015), das leider nicht mehr in die vorliegenden Überlegungen mit einbezogen werden konnte, obwohl es nicht wenige Berührungspunkte gibt. Darin hat ASSMANN seine Sicht der Dinge in einem wesentlichen Punkt revidiert. Danach stelle sich mit der „Mosaischen Unterscheidung" weniger die Wahrheitsfrage zwischen den Religionen als vielmehr auf dem Hintergrund der Bundestheologie die nach der Treue zu dem einen Gott Israels. Es gehe im biblischen Monotheismus also nicht um die Unterscheidungen von wahr und falsch, sondern von Knechtschaft und Freiheit, wofür Ägypten und Israel stehen, Zugehörigkeit und Nichtzugehörigkeit zum Bundesvolk, wofür Israel und die Völker stehen, sowie Gottesfeind und Gottesfreund, wofür die Gesetzesbrecher und Gesetzestreuen im Bundesvolk stehen. Lediglich mit der letzten Unterscheidung von Gottesfeind und Gottesfreund sei die Semantik der Gewalt verbunden. Wer als Glied des Bundesvolkes gegen die Vertragsverpflichtungen verstößt, zieht sich den Zorn Gottes zu. Ich hoffe, demnächst an anderer Stelle auf diese weiterführenden Gedanken Assmanns näher eingehen zu können.
[2] Weiterführend dazu P. SLOTERDIJK, Im Schatten des Sinai. Fußnote über Ursprünge und Wandlungen totaler Mitgliedschaft, Frankfurt a. M. 2013.

des Anstoßes sind. Die angemessenste Form der Beteiligung an dieser Debatte scheint mir immer noch eine genaue Lektüre der Texte selbst zu sein. Daher steht im Zentrum der folgenden Überlegungen die Erzählung vom Gottesurteil auf dem Karmel in 1 Kön 17–18.

Der Text wurde ausgewählt, weil es in ihm nicht um das Phänomen der Gewalt als solcher geht, sondern um die spezifische Form der *religiösen Gewalt*.[3] Diese ist eine Spielart von kultureller Gewalt. Kulturelle Gewalt tritt in ganz unterschiedlichen Gestalten auf, als *soziale Gewalt* von Eltern über ihre Kinder, von Ehemännern über ihre Frauen, von Herren über Knechte, als *Rechtsgewalt,* die – wenn es sein muss – gewaltsam für die Durchsetzung von Rechtsnormen sorgt, *als Staatsgewalt,* die der Verteidigung des Landes oder dem Angriff feindlicher Staaten dient, und eben auch als *religiöse Gewalt*.

Die religiöse Gewalt lässt in sich noch einmal unterschiedliche Ausprägungen erkennen. Da wäre zunächst die *rituelle Gewalt* im antiken Opferwesen zu nennen, das von Tier- und Menschenopfern weiß, oder die Beschneidung, um die es jüngst wieder einigen öffentlichen Wirbel gab,[4] und andere Initiationsriten. Und schließlich gibt es die – wie ich sie nenne – *dogmatisch motivierte Gewalt,* die für *Assmann* die religiöse Gewalt im eigentlichen Sinne ist, weil sie in dem Bewusstsein ausgeübt wird, der Durchsetzung von religiösen Ideen, von Glaubensformen sowie der reinen Lehre zu dienen. Dieses Moment religiöser Gewalt dominiert in 1 Kön 17–18, einem Text, der scharf zwischen Freund und Feind, Zugehörigen und Fremden, richtig und falsch unterscheidet.

2. Israels Begegnung mit „fremden" Religionen in 1 Könige 17–18[5]
2.1. Biblische Erzählungen als religiöse Diskurse

Das leitende Interesse meiner Arbeit ist die Analyse biblischer Erzählkonzepte. Dabei geht es mir weniger um die Frage nach der Historizität oder Fiktivität des in ihnen dargestellten Geschehens als vielmehr um die historische

---

[3] Siehe zu den unterschiedlichen Gewaltformen J. ASSMANN, Religion zwischen Gewalt und Dialog, in: A. FRANZ / C. MAAß (Hg.), Diesseits des Schweigens. Heute von Gott sprechen, QD 240, Freiburg 2011, 32 ff.
[4] Siehe dazu A. Y. DEUSEL, Mein Bund, den ihr bewahren sollt. Religionsgesetzliche und medizinische Aspekte der Beschneidung, Freiburg 2012.
[5] Die kanaanäische Baalsreligion war den Bewohnern des Nordreichs Israel im 9. Jh. natürlich alles andere als fremd. Zu einer Fremdreligion wurde sie erst in ihrer literarischen Stilisierung der Deuteronomisten im 7. und 6. Jh. v. Chr.

Zuordnung der narrativen Konzepte, in denen das Geschehen – sei es nun historisch oder fiktiv – dargeboten wird. Der Fokus meiner Überlegungen liegt also nicht auf der *erzählten Zeit,* sondern auf der *Zeit der Erzählung* und der in ihrer Gestalt präsentierten religiösen Diskurse.[6] Die erzählte Zeit wäre in unserem Falle die des Propheten Elia und des israelitischen Königs Ahab in der ersten Hälfte des 9. Jh. v. Chr., also die Phase, in der die Hebräische Bibel die Anfänge einer von Königshof und Kult unabhängigen Prophetie verankert hat. Die Zeit der Erzählung hingegen lässt sich sehr viel schwieriger bestimmen. Ohne Zweifel hat der Text ein mehrstufiges Wachstum durchlaufen.[7] Seine Endkomposition lag aber – abgesehen von der einen oder anderen späten Glosse – kaum vor dem Ende der Königszeit in Israel und Juda vor und verdankt sich aller Wahrscheinlichkeit nach der späten Exilszeit oder sogar erst der frühnachexilischen Zeit in der zweiten Hälfte des 6. Jh. v. Chr.[8]

2.2. Problemhorizont

„Man hätte sie ja nicht umbringen müssen, eine Ausweisung hätte gereicht."[9] Mit diesen Worten kommentiert *Rainer Albertz* das Ende der Erzählung vom Gottesurteil auf dem Karmel in 1 Kön 18,21–40. Nachdem die Propheten Baals es nicht vermocht hatten, das Holz mit dem Opferstier zu entzünden,

---

[6] Siehe zu den methodischen Voraussetzungen der biblischen Erzähltextanalyse R. LUX, Jona. Prophet zwischen „Verweigerung" und „Gehorsam". Eine erzählanalytische Studie, FRLANT 162, Göttingen 1992, 57–65, und SH. BAR-EFRAT. Wie die Bibel erzählt. Alttestamentliche Texte als literarische Kunstwerke verstehen, Gütersloh 2006.

[7] Zur komplizierten Entstehungsgeschichte vgl. G. HENTSCHEL, Die Elijaerzählungen. Zum Verhältnis von historischem Geschehen und geschichtlicher Erfahrung, EThSt 33, Leipzig 1977, 202–227.

[8] F. CRÜSEMANN (Elia – die Entdeckung der Einheit Gottes. Eine Lektüre der Erzählungen über Elia und seine Zeit, Gütersloh 1997) interpretiert die in die Dürrekomposition eingearbeitete Erzählung vom Gottesurteil auf dem Karmel monolatrisch als Auseinandersetzung zwischen zwei Göttern, Baal und JHWH, in der sich Israel lediglich auf die Seite JHWHs schlagen soll. Das ließe eine Entstehung in der vorexilischen Königszeit zu. Die Mehrheit der Exegeten ist aber der Auffassung, dass im Hintergrund des Textes bereits die Auseinandersetzung um den Monotheismus steht. Daher datieren sie unsere Erzählung in die Exilszeit. So u. a. E. WÜRTHWEIN, 1. Kön. 17,2. Kön. 25, ATD 11/2, Göttingen 1984, 218 f. und R. ALBERTZ, Elia. Ein feuriger Kämpfer für Gott, BG 13, Leipzig 2006, 134 f.

[9] R. ALBERTZ, Elia (Anm. 8), 137.

weder durch ihre Anrufungen „Baal, erhöre uns!" noch durch ihre ekstatische Raserei und ihre blutigen Ritzungen (V 26), und nachdem JHWH das Feuer vom Himmel fallen ließ, bekannte alles Volk: „JHWH, er ist Gott! JHWH, er ist Gott" (V 39)! Der Kampf der Götter galt als entschieden, der der Menschen nicht. Denn jetzt heißt es am Ende der Geschichte:

Da sprach Elia zu ihnen: Ergreift die Propheten des Baal! Keiner von ihnen soll sich retten. Da ergriffen sie sie. Und Elia ließ sie hinabführen zum Bach Kischon. Und er schlachtete sie dort ab.   1 Kön 18,40

„Man hätte sie ja nicht umbringen müssen, eine Ausweisung hätte gereicht." Der wohlmeinende und zugleich entlarvende Kommentar des Exegeten offenbart die Verlegenheit, in die der heutige Leser durch solche Texte gerät. Waren Intoleranz und Gewalt die unvermeidliche Begleitmusik der Konzentration Israels auf JHWH als seinen *einen, einzigen* Gott? Diese Auffassung wurde und wird immer wieder vertreten. So schrieb der Religionswissenschaftler *Gustav Mensching*:

In den prophetischen Religionen begründet der in ihnen durchweg vorhandene exklusive Absolutheitsanspruch eine radikale inhaltliche I.(ntoleranz), zB im Parsismus (...), wo der Kampf gegen die „Falschgläubigen" gefordert wird (...). Die gleiche Haltung findet sich bei den großen Propheten Israels (zB Jer 2,10ff; Jes 2,8). [10]

Diese These nahm *Jan Assmann* wieder auf und löste damit den heftigen Diskurs über den Monotheismus und „seine inhärente Gewaltsamkeit" [11] aus.

2.3. Übersetzbarkeit und Ausschließlichkeit von Religionen

Assmann geht von der Unterscheidung zwischen „primären" und „sekundären Religionen" aus, wobei erstere in vielen Jahrhunderten in unterschiedlichen Ländern, Kulturen und Sprachen gewachsene, kosmotheistisch geprägte Religionen sind (Naturreligionen), während sich die sekundären Religionen eher einer Mutation verdanken, die – ausgelöst durch ein Offenbarungs- und Stiftungsgeschehen – innovative Prozesse in der religiösen Landschaft in

---

[10] G. MENSCHING, Toleranz I. Religionsgeschichtlich, RGG³, Tübingen 1962, 933.
[11] J. ASSMANN, Unterscheidung (Anm. 1), 37.

Gang setzten. Eine der wichtigsten religiösen Innovationen der Menschheitsgeschichte stellte die „Mosaische Unterscheidung" dar. Sie „führt einen neuen Typos von Wahrheit ein: die absolute, geoffenbarte, metaphysische oder Glaubenswahrheit."[12] Damit aber schlug die Stunde der Unterscheidung zwischen wahren und falschen Religionen, Gott und den Götzen, zwischen Israel und den Völkern, Juden und Heiden, Rechtgläubigen und Häretikern, Freund und Feind. Während primäre Religionen grundsätzlich in die jeweils andere *übersetzbar* gewesen seien, weil die Götter der anderen nicht als falsch und fiktiv angesehen wurden, schloss die sekundäre Offenbarungsreligion fremde Götter aus. Eine Kommunikation und Interaktion mit ihnen war nicht nur als falsch abzulehnen, sondern aufgrund ihrer Nichtexistenz vollkommen unsinnig. „Monotheismus ist Theoklasmus. So sieht er sich selbst, so stellt er sich in den biblischen Texten dar, und so hat er sich historisch ausgewirkt."[13]

Assmann weist ausdrücklich darauf hin, dass im Alten Testament noch beide Formen der Religion, die primäre und die sekundäre Religion greifbar seien. Dabei habe aber die sekundäre vor allem vom Deuteronomismus getragene monolatrische Offenbarungsreligion mit ihrem Drang zum Monotheismus die primäre, meist in den priesterlichen Texten noch rudimentär greifbare kosmotheistische Religiosität derart dominiert, dass diese nicht mehr wirklich geschichtswirksam werden konnte.[14]

Dass *Assmann* die Unterscheidung zwischen wahrer und falscher Religion mit dem Freund-Feind-Denken im Rahmen einer politischen Theologie der Gewalt verbunden sieht,[15] das ist ihm mehrfach zum Vorwurf gemacht worden. Und er hat auf diesen Vorwurf so reagiert, dass er das Judentum als eine „*Religion der Selbstausgrenzung*" definierte, dessen Gewaltgeschichten sich eher *nach innen* gegen die vom Abfall bedrohten Glieder der eigenen Glaubensgemeinschaft gerichtet hätten. Die Intoleranz des Judentums sei daher im Wesentlichen von Selbstaggression, von passiver, ja martyrologischer Gestalt gewesen. Da sei man lieber den eigenen Märtyrertod gestorben, ehe man sich von den *Gojim* zum Abfall von JHWH zu anderen Göttern und Kulten habe zwingen lassen.

---

[12] J. ASSMANN, Unterscheidung (Anm. 1), 28.
[13] J. ASSMANN, Unterscheidung (Anm. 1), 37.
[14] J. ASSMANN, Unterscheidung (Anm. 1), 19 ff.
[15] So ausdrücklich in J. ASSMANN, Monotheismus (Anm. 1), 137: „Die Unterscheidung von Freund und Feind haben wir als Politik der Gewalt definiert. Folglich müssen wir den Ikonoklasmus als eine Theologie der Gewalt bestimmen."

Das Christentum hingegen und der Islam seien in ihrer Selbstverpflichtung zur Mission, nachdem sie zur Staatsreligion avancierten, dem Prinzip der *„Fremdausgrenzung"* gefolgt. Das habe immer wieder eine *nach außen* gerichtete Aggressivität zur Folge gehabt und eine Geschichte blutiger Religionskriege ausgelöst. Jeder kann und soll Christ oder Muslim werden. Wer es aber nicht wird, wer sich der Mission verweigert, der verweigert sich dem wahren Gott. Er macht sich damit selbst zum Feind Gottes, weswegen ihm im besten Falle Ausgrenzung, im schlimmsten Falle Vernichtung drohen.[16]

Man kann mit gutem Recht darüber streiten, ob diese recht holzschnittartige martyrologische Ehrenrettung des Judentums einerseits sowie die Pejorisierung von Christentum und Islam andererseits den differenzierten historischen und theologischen Befunden wirklich gerecht werden. In einem Punkt ist *Assmann* aber ausdrücklich zuzustimmen: Es wäre unredlich, in der Darstellung des biblischen Monotheismus lediglich den Aspekt eines toleranten, die gesamte Menschheit einbeziehenden Universalismus zu betonen. „Es muss doch etwas zu bedeuten haben, dass der Monotheismus in den biblischen Texten die Geschichte seiner Durchsetzung in allen Registern der Gewaltsamkeit erzählt", ja, dass er geradezu von einer „Semantik der Gewalt" mitbestimmt wird.[17] Dieser Semantik der Gewalt und Intoleranz in Verbindung mit der Alleinverehrung JHWHs soll jetzt am Beispiel von 1 Kön 17–18 näher nachgegangen werden, ein Text, der *Assmann* und anderen als geradezu klassischer Beleg für die inhärente Gewaltsamkeit des Monotheismus dient.

2.4. Die Religionspolitik Ahabs und das Wort JHWHs

Die Erzählung vom Sieg des JHWH-Propheten Elia über die Baalspropheten ist Teil der sogenannten „Dürrekomposition" in 1 Kön 17–18. Dabei handelt es sich nicht allein um einen Götterkampf, sondern um die narrative Präsentation eines Kapitels politischer Theologie. Der Dürrekomposition geht ein doppeltes Präludium voraus. In 1 Kön 16,30–33 wird über Israels König Ahab festgehalten:

---

[16] J. ASSMANN, Unterscheidung (Anm. 1), 30 ff.
[17] J. ASSMANN, Unterscheidung (Anm. 1) 37. Zum Problem der Gewalt im Alten Testament insgesamt siehe G. BAUMANN, Gottesbilder der Gewalt im Alten Testament verstehen, Darmstadt 2006.

(30) *Und Ahab, der Sohn Omris, tat, was böse war in den Augen JHWHs, mehr als jeder, der vor ihm war.* (31) *Es war noch das Geringste, dass er in den Sünden Jerobeams, des Sohnes Nebats wandelte. Er nahm eine Frau, Isebel, eine Tochter Etbaals, des Königs der Sidonier. Und er ging hin und diente dem Baal und betete ihn an.* (32) *Er errichtete einen Altar für Baal in dem Haus Baals, das er in Samaria gebaut hatte.* (33) *Und er errichtete einen Kultpfahl (der Aschera). Und Ahab fuhr fort darin zu tun, was JHWH, den Gott Israels, erzürnte, mehr als alle Könige Israels, die vor ihm gewesen sind.*

Dieses vernichtende Urteil der Deuteronomisten des 6. Jh. v. Chr. stellt eine zusammenfassende Deutung der vollkommen verfehlten Religionspolitik Ahabs dar. Was im Folgenden erzählt wird, betrifft also das Verhältnis von Staat und Religion, präziser noch, einer staatlich gelenkten Religionspolitik, die – unserem westeuropäischen Wertekanon entsprechend – als ausgesprochen tolerant bezeichnet werden könnte.

Man wird dem König Ahab historisch wohl kaum gerecht, wenn man ihn als einen lupenreinen Apostaten einstuft, der den JHWH-Glauben weit hinter sich gelassen habe. Immerhin hatte er nach 2 Kön 10,18 dem Baal nur „wenig" gedient. Und die JHWH-haltigen Namen seiner Söhne Ahasja und Joram machen deutlich, dass er die Verehrung JHWHs durchaus mit einer gleichzeitigen Anbetung Baals zu vereinbaren wusste. Ja mehr noch: Die kanaanäische Religion war für ihn eigentlich gar keine fremde Religion, sondern gehörte einschließlich der JHWH-Verehrung zum Spektrum des religiösen Symbolsystems, in dem er lebte.[18] Das historische Bild, das sich von Ahab sowie von den kultischen Gegebenheiten im Samaria des 9. Jh. v. Chr. in groben Umrissen zeichnen lässt, entspricht daher eher dem von *Assmann* postulierten polytheistischen Religionstyp einer primären Religion, in der die gegenseitige Übersetzbarkeit von Göttern unterschiedlicher Panthea keinerlei Problem darstellte. So ist auf den Pithoi von Kuntilet ʿAǧrud von JHWH und seiner Aschera die Rede[19]

---

[18] Siehe dazu G. HENTSCHEL, 1 Könige, 103 f.; vgl. zur Religionspolitik der Omriden im 9. Jh. v. Chr. I. FINKELSTEIN / N. A. SILBERMAN, Keine Posaunen vor Jericho. Die archäologische Wahrheit über die Bibel, München 2002, 188–215, und M. TILLY/W. ZWICKEL, Religionsgeschichte Israels. Von der Vorzeit bis zu den Anfängen des Christentums, Darmstadt 2011, 93–100.

[19] Siehe dazu O. KEEL / CHR. UEHLINGER, Göttinnen, Götter und Gottessymbole. Neue Erkenntnisse zur Religionsgeschichte Kanaans und Israels aufgrund bislang unerschlossener ikonographischer Quellen, QD 134, Freiburg/Basel/Wien 1992, 237 ff.

und auf den Samaria-Ostraka finden sich sowohl JHWH-haltige als auch Baalhaltige Namen.[20] Dabei besteht keine eindeutige Evidenz dafür, ob es sich bei dem JHWH und Baal von Samaria um zwei miteinander konkurrierende oder gar um ein und dieselbe Gottheit handelte. In letzterem Falle wäre JHWH nichts anderes als eben der lokale Baal (Herr) von Samaria gewesen.[21] Und Texte wie Hos 2,18 –

Und an jenem Tage wird es geschehen, Spruch JHWHs,
da wirst du mich rufen ‚mein Mann‘
und nicht mehr rufst du mich ‚mein Baal‘…

– machen *expressis verbis* deutlich, dass es im Israel der Königszeit zu einer Gleichsetzung von JHWH und Baal kam.[22] Schließlich kann das in 1 Chr 12,6 erwähnte *nomen proprium* בעליה (Bᵉalja = Baal [Herr] ist JHWH) geradezu als Übersetzung des einen in den anderen Gottesnamen gedeutet werden. Die religionsgeschichtlichen Hintergründe dieser Baalisierung JHWHs oder auch Jahweisierung Baals können und müssen hier nicht weiter verfolgt werden.[23] Sie bilden aber den religionspolitischen Diskurs für denjenigen Vorgang ab, den *Jan Assmann* als die „Mosaische Unterscheidung" bezeichnet hat, die dann ein neues religiöses Zeitalter eingeläutet hat, in dem die Baalverehrung für Israel schließlich zu einer fremden Religion erklärt worden ist.

Das zweite Präludium der Dürrekomposition setzt noch einen weiteren theologischen Akzent:

---

[20] Eine kleine Einführung dazu bietet K. A. SMELIK, Historische Dokumente aus dem alten Israel, Göttingen 1987, 50 ff.

[21] Vgl. zur religionsgeschichtlichen Problematik die kurze und treffende Zusammenfassung von A. BERLEJUNG in J. CHR. GERTZ (Hg.), Grundinformation Altes Testament, Göttingen ³2009, 130 ff.

[22] Vgl. dazu J. JEREMIAS, Der Prophet Hosea, ATD 24/1, Göttingen 1983, 49, sowie H. W. WOLFF, Dodekapropheton 1. Hosea, BK XIV/1, Neukirchen 1961, 60.

[23] Siehe die bündige Zusammenfassung der Identifizierung JHWHs mit Baal bei O. KEEL, Die Geschichte Jerusalems und die Entstehung des Monotheismus, Bd. 1, Göttingen 2007, 274 f.

In seinen (Ahabs) Tagen baute Hi'el aus Bethel Jericho auf. Um den Preis Abirams, seines Erstgeborenen, legte er ihre Grundmauer und um den Preis Segubs, seines Jüngsten, setzte er ihre Tore ein, dem Wort JHWHs entsprechend, das durch Josua, den Sohn Nuns, vorausgesagt worden war.   1 Kön 16,34

Diese Notiz nimmt Bezug auf Jos 6,26, ein Fluchwort Josuas, mit dem die Erzählung von der Eroberung Jerichos schließt:

Da schwor Josua zu jener Zeit:
Verflucht sei der Mann vor JHWH, der sich aufmacht und wieder aufbaut diese Stadt, Jericho. Um den Preis seines Erstgeborenen willen soll er sie gründen und um den Preis seines Jüngsten willen soll er ihre Tore setzen.

In den Tagen Ahabs hat sich danach der Fluch des Josua an Hi'el aus Bethel erfüllt. Den verbotenen Wiederaufbau der Stadt bezahlte er mit einem hohen Preis, dem Tod seines erstgeborenen und seines jüngsten Sohnes. Dieser Fluch wird in 1 Kön 16,34 als „Wort JHWHs" gedeutet.[24] Dieses Wort hat in der Geschichte einen langen Atem. Es erreicht noch Generationen später denjenigen, der sich gegen es vergeht (vgl. Sach 1,6).

Diese beiden Präludien stellen eine Leseanweisung der deuteronomistischen Redaktoren dar. Die folgende Dürrekomposition setzt sie voraus und soll einerseits als Exempel der synkretistischen und daher verwerflichen Religionspolitik Ahabs gelesen werden. Und sie soll andererseits die unbedingte Gültigkeit und Performanz der Worte JHWHs und seiner Propheten demonstrieren. Wer sich an diesem Wort vergreift, riskiert nicht nur selbst den Tod, sondern auch das Sterben der kommenden Generation, der Kinder. Wer hingegen dem Wort JHWHs treu bleibt, der wird mit seinen Nachkommen leben, selbst im Tode noch.

---

[24] Die Flüche hatten ihren „Sitz im Leben" im antiken Vertragswesen. Sie stellten Selbstverwünschungen der Vertragspartner dar, die diese im Zuge einer Eidesleistung vor den Göttern als Garantiemächten des Vertrages zu leisten hatten. Über die im Fluch/Selbstverwünschung zum Ausdruck gebrachte Strafe wachten daher die Götter, die diese im Falle des Vertragsbruches wirksam werden ließen. Vgl. dazu CHR. KOCH, Vertrag, Treueid und Bund. Studien zur Rezeption des altorientalischen Vertragsrechts im Deuteronomium und zur Ausbildung der Bundestheologie im Alten Testament, BZAW 383, Berlin/Boston 2008.

2.5. Von der Unvereinbarkeit der Götter

Was für Ahab miteinander vereinbar schien, die gleichzeitige Verehrung JHWHs und Baals, das ist aus der Sicht der Erzähler von 1 Kön 17–18 ein grober Unfug. Mit dem Thema Dürre und Regen wird ein Kompetenzbereich angesprochen, der in der kanaanäischen Religiosität seit jeher mit dem Wettergott Baal verbunden war.[25] So heißt es im ugaritischen Baal-Zyklus:

Und siehe, die Zeit seines Regens setze Baal fest,
die Zeit des Wagens im Sturm
und des Erschallens seiner Stimme in den Wolken,
seines Schleuderns der Blitze zur Erde.[26]

Der Schwur Elias gegenüber Ahab in 1 Kön 17,1 liest sich dagegen wie eine Kampfansage:

So wahr JHWH, der Gott Israels lebt, vor dem ich stehe:
Es wird in diesen Jahren weder Tau noch Regen geben,
*es sei denn auf **mein** Wort hin.*

Damit besetzt JHWH die Kompetenzbereiche Baals, Regen und Fruchtbarkeit. Die religionspolitische Konzeption Ahabs, die der pragmatisch-toleranten Devise „JHWH *und* Baal" oder auch „JHWH *als* Baal" folgte, wird zu einem sich gegenseitig ausschließenden „JHWH *oder* Baal" zugespitzt. Die Götter, die als miteinander vereinbar, ja geradezu als miteinander identifizierbar galten, da – nach allem, was wir über die Anfänge des JHWH-Glaubens wissen – auch dieser ursprünglich als Wettergottheit zum Baal/Hadad-Typos gehörte,[27] werden durch unseren Erzähler in ein unversöhnliches Gegeneinander gebracht. Die ihrer Funktion nach nahezu ununterscheidbaren Wettergötter Baal und JHWH wurden plötzlich der „Mosaischen Unterscheidung" mit all ihren auch gewaltsamen Implikationen unterworfen.

---

[25] Zu Baal als Wettergott siehe B. LANG, Jahwe, der biblische Gott. Ein Porträt, München 2002, 180 ff.

[26] Übersetzung nach M. DIETRICH / O. LORETZ, Texte aus der Umwelt des Alten Testaments. Mythen und Epen IV (TUAT III/6), Gütersloh 1997, 1161.

[27] Vgl. B. LANG, Jahwe (Anm. 25), 181–191.

Was hat zu dieser religionspolitischen Option geführt, die die Pluralität der Götter in die Singularität eines Gottes hinein auflöste, und wie ist sie zu deuten? Eine monokausale Antwort würde diesen Fragen wohl kaum gerecht. Folgende Momente ergeben sich aus 1 Kön 17–18.

2.5.1. JHWH und die fremden Frauen

In der Dürrekomposition begegnen – was in den bisherigen Auslegungen nicht immer hinreichend beachtet wurde[28] – zwei nichtisraelitische, phönizische Frauen: die Witwe von Zarpat aus dem Staatsgebiet Sidons (1 Kön 17,8–24)[29] und die sidonische Prinzessin Isebel (1 Kön 18,4.13.19;19,1ff.). Beide stehen in einem unübersehbaren Kontrast zueinander, der schärfer nicht gezeichnet werden kann. Dieser Kontrast ist sozialer, vor allem aber theologischer Natur.

– Isebel ist als Tochter des Königs von Sidon und als Frau des samarischen Königs Ahab Angehörige der Oberschicht, die Witwe von Zarpat gehört zur Gruppe der *personae miserae,* ist also Angehörige der Unterschicht.

– Die Witwe von Zarpat sorgt für das Brot des fremden JHWH-Propheten Elia, indem sie ihm von dem Wenigen abgibt, was ihr und ihrem Sohn geblieben ist (17,8–16); Isebel hingegen sorgt ausschließlich für die eigenen Propheten Baals und der Aschera in Samaria, die an ihrem Tisch essen (18,19).

– Die Witwe von Zarpat sichert damit das Überleben des JHWH-Propheten in der Fremde; Isebel hingegen veranlasst als Fremde im Nordreich Israel die Ermordung der JHWH-Propheten (18,4.13) und trachtet darüber hinaus danach, auch noch Elia zu töten (19,1–3.10).

– Die Witwe von Zarpat erkennt Elia als איש אלהים (Mann Gottes) an, der über den דבר יהוה (Wort JHWHs) verfügt, das ausdrücklich als אמת, als „wahres" Wort gekennzeichnet wird (17,24). Isebel hingegen vermag selbst nach dem Gottesurteil auf dem Karmel JHWH nicht als wahren Gott für Israel zu erkennen, geschweige denn anzuerkennen (19,1 f.).

– Während der fremden, nichtisraelitischen Witwe von Zarpat durch den JHWH-Propheten Heil und ihrem Sohn die Rettung aus dem Tode

---

[28] Vgl. dagegen F. CRÜSEMANN (Elia [Anm. 8], 39), der diese Kontrastfiguren zutreffend erkannt und beschrieben hat, sie aber für die Gesamtinterpretation von 1 Kön 17 f. nicht wirklich fruchtbar macht.

[29] Zur Lage, Archäologie und Geschichte von Zarpat siehe den informativen Artikel von B. LEHNART, Zarpat, www.WiBiLex.de.

widerfährt (17,8–16.17–23), werden die Baals-Propheten Isebels vom JHWH-Propheten Elia zu Tode gebracht (18,40).

Zwei phönizische Frauen werden vom Erzähler in ganz unterschiedli-chen religionspolitischen Rollen gezeichnet. Die eine erweist sich am Ende zumindest als Sympathisantin JHWHs, die andere als glühende Gegnerin. Dieser Kontrast verdankt sich zweifellos einer bewussten Komposition des Erzählers. Die eine, Isebel, wird als kompromisslose Verehrerin Baals und der Aschera dargestellt, die über ihren Mann Ahab den Baalskult auch in Samaria, also in Israel, implantiert habe und die dort ansässigen JHWH-Propheten rigoros ausrottete. Sie versuchte demnach nicht, den Kult Baals in den JHWH-Kult zu *übersetzen,* sondern letzteren durch ersteren zu *ersetzen.* Isebel ist damit – aus der Perspektive des Erzählers – eine Vertreterin eines ausgesprochen intoleranten Polytheismus. Man kann ihre Religionspolitik dem Deutemuster *Assmanns* folgend als „Mosaische Unterscheidung" unter umgekehrten Vorzeichen charakterisieren. Sie unterscheidet zwischen den für sie wahren Göttern Baal und Aschera auf der einen Seite sowie JHWH als dem auch für Israel falschen Gott auf der anderen Seite. Dabei bedient sie sich bei dieser Entscheidung ganz offensichtlich der staatspolitischen Machtposition ihres Mannes, des Königs Ahab. Sie betreibt demnach eine blutige Religionspolitik von oben.

Die Witwe von Zarpat hingegen ist dem hintergründigen Wirken JHWHs ausgesetzt (17,9), ohne eine direkte JHWH-Verehrerin zu sein. Ausdrücklich spricht sie gegenüber Elia von „JHWH, *deinem* Gott" (17,12). Im Unterschied zu Isebel verhält sie sich allerdings gegenüber dem in der Fremde weilenden JHWH-Propheten Elia als überaus solidarisch und teilt das letzte Brot mit ihm (17,15). Das hat zur Folge, dass sie Anteil gewinnt am heilsamen und heilenden Wirken des Gottes Israels, der sie vor dem Hungertod bewahrt und ihren verstorbenen Sohn durch seinen Propheten wieder zum Leben erweckt.

Mit der Kontrastierung dieser beiden Frauengestalten vertritt der Erzähler eine Position, die deutlich macht, dass Israels Konzentration auf den *einen* (Monolatrie), später *einzigen* (Monotheismus) Gott JHWH nicht notwendig mit einer gewaltsamen Ausgrenzung der Fremden verbunden sein musste.[30]

---

[30] Zum Motiv der Bewahrung „aller Welt" vor dem Hungertod unabhängig von Nationalität, Religiosität oder Zugehörigkeit zu einem Staat siehe auch die Diasporanovelle der Josefsgeschichte. Vgl. dazu R. LUX, Josef, der Auserwählte unter seinen Brüdern, BG 1, Leipzig ²2014, 205–211, und Ders., Die Erfahrung des Guten im Bösen. Zur impliziten Theologie der Josefserzählung, BiKi 70, Stuttgart 2015, 11 f.

Vielmehr sah er JHWH auch im Stammland Baals, in Phönizien am Werk. Dort kamen seine lebenserhaltenden und wiederbelebenden Wundertaten denjenigen Fremden zugute, die ganz schlicht am JHWH-Propheten das menschliche Gesetz der Gastfreundschaft erfüllten und mit ihm teilten, was sie hatten, ohne selbst JHWH-Verehrer zu sein oder werden zu müssen. Die abschließende Äußerung der Witwe aus Zarpat –

Jetzt weiß ich, dass du ein Mann Gottes bist und dass das Wort JHWHs in deinem Munde wahr/verlässlich (אמת) *ist.*   1 Kön 17,24

– spricht für sich. Der Erzähler vertraut darauf, dass sich die Wahrheit und Zuverlässigkeit des Wortes JHWHs im Munde seiner Propheten durch sein heilsames Wirken an den *personae miserae* ganz von selbst und ohne jede Gewalt auch jenseits der Grenzen Israels durchsetzen wird. Wer hingegen wie der Israelit Hi'el gegen das Wort JHWHs handelt, riskiert das Leben seiner Kinder und damit seine Zukunft (16,34). Und wer schließlich wie Isebel in Israel als einflussreiche Fremde den JHWH-Kult durch die Einführung des Baalskultes zu ersetzen sucht, ja, wer sich dabei der staatlichen Macht und der Schärfe des Schwertes bedient, der darf sich nicht wundern, wenn dieser religionspolitische Staatsstreich von oben in einem blutigen Fiasko von unten endet.

Die Konzentration auf JHWH als den einen, einzigen Gott für Israel wird hier in ihrer Bedeutung auf zwei Ebenen durchgespielt, auf denen der privaten und der offiziellen Frömmigkeit bzw. der Staatsreligion.[31] Im Bereich der privaten Frömmigkeit war Toleranz gegenüber Fremden ohne weiteres möglich, zumal wenn diese an Elia, dem JHWH-Propheten, ihre selbstverständliche Menschenpflicht der Gastfreundschaft erfüllten. Dafür steht die Witwe von Zarpat. Zum Problem werden die Optionen des Monotheismus wie auch des Polytheismus hingegen immer dann, wenn diese sich auf der Ebene des offiziellen Kultes mit politischer Macht verbinden und sich zu gewaltsamen religiösen Flurbereinigungen berufen fühlen. Diese Konstellation

---

[31] Zur Rolle Isebels bei der Favorisierung des Baalskultes im Nordreich Israel, der dort ja nicht unbekannt war und im Rahmen der persönlichen Frömmigkeit nach wie vor eine wichtige Rolle spielte, und seiner Etablierung als offiziellem Staatskult siehe R. ALBERTZ, Religionsgeschichte Israels in alttestamentlicher Zeit, ATD Erg. 8/1, Göttingen 1992, 231 f.

öffnet die Schleusen gegenseitiger Intoleranzen. Und für diese Option steht nach 1 Kön 17–18 zunächst einmal die aus einem polytheistischen Umfeld kommende Isebel.

2.5.2. JHWHs und Baals Propheten

Der Erzähler erweckt den Eindruck, als sei die Prophetie im 9. Jh. v. Chr. im Nordreich Israel eine ausgesprochene Massenerscheinung gewesen.[32] So wird gleich am Anfang von 1 Kön 18 erzählt, dass Isebel die JHWH-Propheten im Lande ausgerottet habe, es aber dem JHWH-treuen Palastvorsteher Obadja gelungen sei, immerhin einhundert von ihnen zu retten und in zwei Gruppen zu je fünfzig Propheten in Höhlen zu verstecken (18,4.13). Die durch den Erzähler imaginierte Gesamtzahl der JHWH-Propheten hat demnach vor der Ermordung eines Teils von ihnen die Zahl von 100 deutlich übertroffen. Die beiden 50er-Gruppen stellten lediglich den überaus gefährdeten Rest der JHWH-Propheten dar. Ihnen stehen 450 Baalspropheten und 400 Propheten der Aschera gegenüber (18,19.22), womit der Erzähler ihre enorme zahlenmäßige Überlegenheit unübersehbar andeutet. Diese Überlegenheit wird noch dadurch gesteigert, dass Elia in V 22 betont: „Ich allein" (לבדי) bin von den JHWH-Propheten übrig geblieben (vgl. 19,10). Damit erklärt der Erzähler Elia zur letzten und einzigen öffentlichen Instanz der JHWH-Prophetie im Lande überhaupt. Einer spricht für alle, die ihre Stimme nicht mehr erheben können, weil sie vertrieben und getötet wurden oder sich versteckt halten müssen.[33] Einsam und allein kämpft er seinen Kampf gegen alle Baalspropheten. Aber in diesem einen konzentriert sich die Stimme der JHWH-Prophetie schlechthin.

Bereits diese literarische Stilisierung spricht dafür, dass der Erzähler, der hier das Wort nimmt, die Geschichte der Gerichtsprophetie in Israel nicht erst noch vor sich, sondern bereits hinter sich hatte. Elia wird – ganz dem

---

[32] Zur Ausbildung und sozialen Struktur von Propheten in Prophetengruppen und Prophetenschulen siehe B. LANG, Wie wird man Prophet in Israel?, Düsseldorf 1980, 31–58.

[33] Das Motiv vom „gewaltsame Geschick der Propheten", das vor allem über Jes 53 die gesamtbiblische Theologie und Christologie entscheidend geprägt hat, wird hier von den Deuteronomisten bereits in die Anfänge der JHWH-Prophetie eingetragen. Vgl. dazu die Schlüsselmonographie von O. H. STECK, Israel und das gewaltsame Geschick der Propheten. Untersuchungen zur Überlieferung des deuteronomistischen Geschichtsbildes im Alten Testament, Spätjudentum und Christentum, WMANT 23, Neukirchen-Vluyn 1967.

Mose in Dtn 34,10 vergleichbar, ja als *Mose redivivus* (Mal 3,22 f.)[34] – zum exemplarischen Gerichtspropheten schlechthin erklärt.

Diese schlichte Einsicht hat erhebliche Konsequenzen für die Interpretation der Dürrekomposition in 1 Kön 17–18 und den mit ihr verbundenen Konnex von Monotheismus, Intoleranz und Gewalt.

Die Geschichte der JHWH-Prophetie wird narrativ als Geschichte eines blutigen religionspolitischen Konfliktes dargestellt, der Israel und seinen Propheten aufgezwungen worden ist. Entweder mussten die Propheten JHWHs vorübergehend das eigene Land verlassen wie Elia, der bei der Witwe von Zarpat Zuflucht suchte, oder sie mussten sich aus der Öffentlichkeit zurückziehen und verbergen, wie die 100 JHWH-Propheten, die Obadja versteckte, oder sie wurden umgebracht. Dabei machen bereits die vom Erzähler gewählten Zahlen der prophetischen Gruppen eine schier hoffnungslose Unterlegenheit der JHWH-Propheten gegenüber den Propheten Baals und der Aschera deutlich. Letztlich sah sich der JHWH-Prophet als einziger und allein einer erdrückenden, ihm feindlich gesinnten Mehrheit gegenüber. Zwar gab es vereinzelte Sympathisanten bis hinein in die höchsten Kreise des Hofes, die ihn unterstützten, wie etwa Obadja, den Palastvorsteher, aber selbst diese Sympathisanten galten als gefährdet und vom Tode bedroht (18,7–15). Denn selbst der eigene König, Ahab, vermochte im JHWH-Propheten Elia nichts anderes zu sehen als den „Verderber" oder „Hexer Israels", der sich mit seinem Gerichtswort von der großen Dürre sowie mit seinem Schadenszauber letztlich als Feind des Königs, des Volkes und des Landes erwiesen habe (18,17).

Die Geschichte der JHWH-Prophetie wird in diesem narrativen Kabinettstück politischer Theologie als eine Geschichte der Verfolgungen und der Defensive beschrieben. Aus eigener Kraft vermochten die Propheten weder ihr Leben noch den Glauben an JHWH als den einen, einzigen Gott Israels zu retten. Sie mussten wie Elia das Weite suchen (1 Kön 19),[35]

---

[34] Siehe dazu A. MEINHOLD, Mose und Elia am Gottesberg und am Ende des Prophetenkanons, Leqach 2. Mitteilungen und Beiträge der Forschungsstelle Judentum der Theologischen Fakultät Leipzig 2002, 22–38.

[35] R. ALBERTZ (Elia, [Anm. 8], 139 ff.) macht deutlich, dass nachdem in 1 Kön 17 f. das prophetische Auftreten Elias einen durchschlagenden Erfolg hatte, die Stimmung des Propheten in 1 Kön 19 in ihr Gegenteil umschlägt. In der Zusammenstellung der Dürrekomposition (1 Kön 17–18) mit der Horeberzählung (1 Kön 19) unterstreicht der Erzähler die bleibende Gefährdung des Propheten sowie die ständige Gefahr des Scheiterns seiner Botschaft.

wurden des Landes verwiesen wie Amos (Am 7,12), ins Gefängnis oder die Zisterne geworfen wie Jeremia (Jer 37,11–38,6) und getötet (Neh 9,26). Hier präsentieren nicht die Sieger ihre Version von der Geschichte, sondern die Verlierer. Eine kleine Minderheit, die von einer erdrückenden Mehrheit in äußerste Bedrängnis geriet, meldet sich zu Wort. Die alleinige Macht, auf der ihre Autorität gründet, ist das Wort JHWHs, ihres Gottes, und nicht die Macht der Bataillone.

Es ist wichtig, sich diese Position, von der aus der Erzähler die Geschichte der JHWH-Prophetie in vorexilischer Zeit skizziert, vor Augen zu führen. Aus seiner Perspektive war es die Geschichte einer anhaltenden Fremdbestimmung, stets drohenden Verfolgung und Auslöschung.[36] Sie, die Propheten, die Väter des 1. Gebotes mit ihrem monolatrischen Bekenntnis zu JHWH als dem *für Israel* einzigen Gott, wurden zu den Wegbereitern eines Monotheismus, der auf der Ausschließlichkeit JHWHs für Israel bestand. Alles andere wäre Selbstaufgabe gewesen, da sie davon überzeugt waren, dass sie allein diesem Gott und seinem Wort ihr Leben und Überleben verdankten.

Dieser Monotheismus war also ein Monotheismus der Marginalisierten. Die Ausschließlichkeit JHWHs, die sie vertraten, war die Ausschließlichkeit von Ausgeschlossenen. Die ihm inhärente Gewalt und Intoleranz war in erster Linie die Intoleranz, die man am eigenen Leib und in der eigenen Geschichte immer wieder erfahren hatte, nicht aber die, zu der man sich anderen gegenüber aufgerufen wusste noch dazu in der Lage sah.[37] Die

---

[36] Siehe dazu F. AHUIS, Der klagende Gerichtsprophet. Studien zur Klage in der Überlieferung von den alttestamentlichen Gerichtspropheten, CThM.BW 12, Stuttgart 1982, sowie den knappen Überblick bei H. D. PREUß, Die Frage nach dem Leid des Menschen – ein Versuch biblischer Theologie, in: M. Oeming/A. Graupner (Hg.), Altes Testament und christliche Verkündigung, FS A. H. J. Gunneweg, Stuttgart/Berlin/Köln/Mainz 1987, 52–80, bes. 60–63

[37] R. HECKL (Die persönliche Gottesbeziehung als „Urerlebnis" auf dem Weg zum biblischen Monotheismus, Leqach 6. Mitteilungen und Beiträge der Forschungsstelle Judentum der Theologischen Fakultät Leipzig 2005, 57–98) kommt in seinen Erwägungen über die Herausbildung des Monotheismus zu dem Ergebnis, dass die Semantik der Gewalt in einer Reihe von exilischen und nachexilischen alttestamentlichen Texten dazu dient, vor allem „die Überzeugungskraft der Religion nach innen zu verstärken und den Zusammenhalt [der Gemeinschaft, R. L.] angesichts eines massiven äußeren Drucks zu sichern" (ebd. 93). Exakt diese Funktion erfüllte wohl auch die deuteronomistische Konzeption der Erzählung vom Gottesurteil auf dem Karmel.

Selbstausgrenzung, mit der *Assmann* diese Erfahrung charakterisierte, war demnach keine freiwillige Selbstrücknahme, sondern ein aufgezwungener Akt der Selbstbehauptung. Und dieser richtete sich auch nicht nur nach innen, gegen den Baalsverehrer oder Kanaanäer im eigenen Selbst, den es auszumerzen galt, so die sozialpsychologische Interpretation *Assmanns* und auch Sloterdijks,[38] sondern hatte durchaus auch einen nach außen gewandten Aspekt. Die jüdische Selbstausgrenzung war in der Exilszeit ein Akt der passiven und – wie sich im Makkabäeraufstand (166–164 v. Chr) zeigte – durchaus auch aktiv kämpferischen Verweigerung gegenüber allen Versuchen religiöser Fremdbestimmung.

Auf diesem Hintergrund gewinnt die Schlussnotiz von der Ermordung der 450 Baalspropheten durch Elia (18,40) geradezu märchenhafte Züge. Sie mag eine historische Reminiszenz an die blutigen Auseinandersetzungen der Jehurevolution enthalten, in deren Verlauf es auch zu einem heftigen Konflikt mit den Anhängern und Propheten Baals kam (2 Kön 10,15–28). In unserem Text aber erfüllt sie eher eine literarische als eine historische Funktion, die *Walter Dietrich* folgendermaßen beschrieb: „Wie im Märchen die Hexe, so dürfen auch die Gegenspieler des wahren Propheten nicht lebend davonkommen."[39] Kann und darf man die brutale Schlussnotiz unserer Erzählung vom Gottesurteil auf dem Karmel so deuten? Dient sie der Bannung der bösen, lebensfeindlichen Kräfte? Markiert sie den für die Märchen typischen Sieg des Guten über das Böse?

Ich möchte diesen Aspekt der Deutung nicht vollkommen ausschließen. Aber 1 Kön 17–18 ist eben kein Märchen, sondern eine theologische Lehrerzählung. Und wenn es stimmt, dass es sich dabei um eine Erzählung handelt, die in ihrer vorliegenden Gestalt eher am Ende als am Anfang der Prophetie zusammengestellt worden ist, dann kommt neben der Selbstvergewisserung vom Sieg des Guten über das Böse noch ein weiterer – wie mir scheint – wichtigerer Aspekt hinzu.

Das Israel des Erzählers lebte am Ende des Exils und in frühnachexilischer Zeit im Verband der von den Babyloniern und den Persern geführten Vielvölkerstaaten. Derartige Vielvölkerstaaten werden immer von der Spannung

---

[38] J. ASSMANN, Unterscheidung (Anm. 1), 31; P. SLOTERDIJK, Schatten (Anm. 2), 28–41.

[39] W. DIETRICH/CHR. LINK, Die dunklen Seiten Gottes. Willkür und Gewalt, Neukirchen-Vluyn ²1997, 89.

zwischen einem ethnischen, religiösen und kulturellen Pluralismus einerseits und einem diesen Pluralismus zähmenden und überwindenden Zentralismus und Einheitsstreben andererseits bestimmt.[40] Für die unterworfenen Völker, zu denen eben auch Israel gehörte, bedeutete diese Spannung eine Gratwanderung zwischen Assimilation und Selbstbehauptung. Mit der Erzählung vom Gottesurteil auf dem Karmel plädierte der Erzähler eindeutig und kompromisslos für die Selbstbehauptung in religiösen Angelegenheiten. Diese Selbstbehauptung, so das Konzept des Erzählers, habe die Geschichte der Prophetie bereits von den Tagen Elias an bestimmt. Sie richtete sich nicht gegen die Fremden und ihre Götter schlechthin, sondern gegen politische Strukturen, die ihnen fremde Götter aufzuzwingen suchten oder von sich aus so attraktiv geworden waren, dass die Versuchung der Konversion bestand.[41] Für Elia aber galt, was er im Rahmen der Opferprobe auf dem Karmel betete:

JHWH, Gott Abrahams, Isaaks und Israels, heute möge man erkennen, dass du Gott bist in Israel und ich dein Diener...   1 Kön 18,36

Sein Wirken galt dem einen, einzigen Gott für Israel, der für ihn selbstverständlich der Herr der Welt ist und auch über die Grenzen Israels hinaus wirkt, den er aber nicht aller Welt aufzudrängen versuchte, wie Isebel das im Nordreich Israel des 9. Jh. v. Chr. mit Baal getan habe. Klassische Exempel

---

[40] Siehe dazu B. PONGRATZ-LEISTEN, *Mental map* und Weltbild in Mesopotamien, in: B. Janowski/B. Ego (Hg.), Das biblische Weltbild und seine altorientalischen Kontexte, FAT 32, Tübingen 2001, 261–279. bes. 272 ff. Die Achämeniden versuchten, diese Spannung durch eine kluge Kombination von politischer und ökonomischer Zentralgewalt und kulturell-religiöser Lokalautonomie zu bewältigen. Vgl. dazu P. FREI/K. KOCH, Reichsidee und Reichsorganisation im Perserreich, OBO 55, Göttingen/Freiburg ²1996.

[41] P. SLOTERDIJK (Schatten [Anm. 2], 45) bezeichnet die im sinaitischen Bundesgeschehen und seiner Gesetzgebung erkennbaren Abgrenzungs- und Singularisierungsstrategien als Konzept der Etablierung einer „totalen Mitgliedschaft" im Gottesvolk. Ihr Ziel bestand darin, „eine möglichst unüberwindliche Innen-Außen-Differenz aufzurichten – eine Differenz, deren reine Durchführung doppelt gefährdet ist, von innen durch das jederzeit aktuelle Risiko des Abfalls, beginnend mit der Gleichgültigkeit gegen die Tradition, von außen durch Repression und Assimilationsangebote seitens fremder Mächte. Ein gut Teil des Religionsvolkslebens vollzieht sich als Streit am Zaun."

solcher Versuche finden sich selbst nach dem Ausgang der Prophetie noch in den aus hellenistischer Zeit stammenden Büchern Esther und Daniel.

Diese Versuche, Israel von seinem Gott zu trennen, zur Konversion zu verführen, verdienten keine Toleranz (vgl. Dtn 13,6–12). Die Völker mögen verehren, wen sie wollen. Eine reale Möglichkeit der politischen Einflussname darauf gab es ohnehin nicht, weder für die Angehörigen der Gola noch für die im Lande Zurückgebliebenen. Daher konnte die Notiz von der Ermordung der Baalspropheten nur um den Preis der Selbstvernichtung als Aufruf zur Gewalt gegen Andersgläubige verstanden werden. Es handelt sich dabei ohne Zweifel um eine narrative Inszenierung von Gewalt, kaum aber um den historischen Bericht tatsächlich geschehener Gewalt. Man mag diesen Akt verbaler Gewalt verurteilen, muss sich dabei allerdings immer vor Augen halten, dass es vollkommen unhistorisch ist, antike Texte mit der Elle des Wertekanons unserer liberalen westlichen Kultur der Moderne zu messen.[42]

Israel konnte und sollte allein JHWH verehren, den es als einzigen wahren Gott erkannt hatte, wenn es seine Identität nicht endgültig verlieren wollte. Würde es sich diesem Bekenntnis zu JHWH verweigern und weiterhin auf „beiden Seiten hinken" (18,21), so lautete der Vorwurf Elias, dann verließe es die Quelle des Lebens, der allein es Regen und Fruchtbarkeit verdankte.

2.5.3. Ahab und Elia

Die prophetische Option für den Monotheismus erwies sich damit eher als ein Konzept des Lebens und Überlebens einer marginalisierten Ethnie in einem Vielvölkerstaat als ein Aufruf zu Gewalt und Intoleranz gegen Fremde. Das wird noch einmal deutlich, wenn man einen Blick auf die Kontrahenten Ahab und Elia wirft. In ihrer ersten Begegnung sagt der Prophet dem König, der den Baalsdienst in Israel zulässt und fördert, das Gericht in Gestalt einer großen Dürre an (17,1). Dieses das Leben und Überleben von Mensch und Kreatur gefährdende Gottesgericht (18,1–5) konnte nur durch das Wort des Propheten wieder aufgehoben werden. Daraus entsteht ein Kampf zwischen König und Prophet. Den Vorwurf Ahabs in 1 Kön 18,17 f., Elia sei der

---

[42] Im Übrigen steht diese von uns gepriesene Kultur der scheinbaren Liberalität und Toleranz – da muss man nur einen Blick in die Videospielorgien heutiger Kinderzimmer werfen – in ihren visuellen und narrativen Inszenierungen von Gewalt der Antike in nichts nach!

„Verderber Israels" (עכר ישראל), kontert Elia mit der Erwiderung: „Nicht ich habe Israel verdorben (לא עכרתי), sondern du". Und er begründet diesen Vorwurf ausdrücklich damit, dass er, Ahab, und seines Vaters Haus dem Baalen dienten. Der Schadenszauber geht also nicht auf den Propheten und das von ihm gekündete JHWH-Wort zurück, sondern auf diejenigen, die fremden Göttern nachlaufen. Sie bringen Israel den Tod durch Selbstaufgabe.

Nach dem erfolgreichen Gottesurteil auf dem Karmel demonstriert Elia seinem König damit, dass das Wort JHWHs, auch wenn es ein Gerichtswort ist, immer mit dem Ziel des Lebens und Überlebens ergeht:

Und es geschah bis dahin und dorthin, dass der Himmel sich verfinsterte von Wolken und Sturm, und es entstand ein großer Regen. *(1 Kön 18,45)*

Exemplarisch wird mit dieser Schlusssequenz der Dürrekomposition zum Ausdruck gebracht, worin die eigentliche Intention des Monotheismus der Propheten zu sehen ist. JHWH hat kein Gefallen am Sterben seines Volkes, sondern am Leben von Mensch und Vieh in Israel und darüber hinaus. Man denke nur an die Witwe von Zarpat und mit ihr an die Phönizier, die ebenso unter der angesagten Dürre zu leiden hatten. Er will nicht vernichten, sondern erhalten. Die dem Monotheismus der Propheten innewohnende Intoleranz erweist sich am Ende als eine Intoleranz gegen die tödlichen Gefährdungen des Lebens. Solche Gefährdungen konzentrierten sich für die Propheten Israels letztlich in einem Verstoß gegen das 1. Gebot. Dieses Gebot ist dem Volk Israel gegeben. Und es steht den fremden Völkern offen, sich ihm anzuschließen oder auch nicht (Jes 2; Mi 4; Sach 8,20–23). Aber es spricht gleichzeitig den eigenen und den fremden Herren und Herrinnen jegliches Recht ab, durch politischen Druck Israel dem Baal und seinen Propheten, also fremden Göttern und ihren Dienern auszuliefern. Hier zieht der Monotheismus der Propheten Israels die Grenzlinie der Toleranz. Hier musste er sie ziehen, wenn das exilische und nachexilische Israel Israel bleiben wollte. Denn JHWH war für die Propheten die einzige Bezugsgröße, durch die Israel überhaupt zu Israel geworden ist. Über ihn definierte dieses Volk sein Verhältnis zur Welt, zu den fremden Völkern und zu sich selbst. Da darf dem „Streit am Zaun"[43] nicht ausgewichen werden, da ist er beherzt zu führen!

---

[43] Siehe P. SLOTERDIJK in Anm. 41.

Das Bild im Wort – Evangelische Predigt heute

Dem begabten Prediger, kritischen Denker und engagierten Christen Wilhelm Hüffmeier gewidmet

von Elisabeth Parmentier

Wir können nicht leben ohne Gedanken, die sich in Bilder kleiden. Somit wirken Worte nicht nur in dem, was sie aussagen, sondern auch in den Imaginationen, Emotionen und Sinngefügen, die gedankliche Bilder hervorrufen. Worte sind wirkmächtig, im konstruktiven wie im destruktiven Sinn. Wie können Prediger diese Bildermacht zähmen, und – inmitten der Fülle von Bildern einer unerlösten Welt – „Erlösungsbilder" hervorrufen? Dieser Titel einer Sammlung von Predigten des Exegeten, Religionswissenschaftlers und Predigers Gerd Theissen ist sprechend für das Ziel jeder Predigt: „Das ‚Erlösungsprojekt' Gottes ist nichts Abstraktes und Gedankliches! Die Vernunft braucht Erlösungsbilder. Sie braucht emotionale und motivationale Bildenergien. Die Religion braucht sie, um Fanatismus in Segen zu verwandeln".[1]

Konstruktives und destruktives Potential

Die Notwendigkeit von Erlösungsbildern, aber auch ihre mögliche Ambivalenz können bestens veranschaulicht werden in einem dramatischen Vorfall, nach dem dasselbe bildliche Wort Erlösung und Niedergang brachte. Am 7. Januar 2015 fand in Paris das Massaker an den Karikaturisten von Charlie Hebdo statt sowie kurz darauf eine tödliche Geiselnahme in einem jüdischen Supermarkt. Das in weißer naiver Schrift auf schwarzem Hintergrund geschriebene *Hashtag* „Ich bin Charlie" wurde zum Symbol der Rebellion einer ganzen Nation gegen Angst und Gewalt. Dieses Wort war, in der Tat, ein „Symbol": Es hatte als Sitz im Leben den Namen der Zeitschrift *Charlie-Hebdo,* und es befolgte ein Ziel, das für die Insider keiner Erklärung bedurfte.

---

[1] Gerd THEISSEN, Erlösungsbilder. Predigten und Meditationen, Kaiser/Gütersloher Verlagshaus, 2002, 11.

Die Franzosen aller Klassen und Rassen verstanden es als Aufruf, sich mit den Opfern zu solidarisieren und sogar zu identifizieren, um gewaltlos, mit dem Bleistift und in einfacher Kinderschrift gegen die Angst und den Terrorismus zu rebellieren. Im richtigen Augenblick konnte dieses Wort Massen bewegen und einen kollektiven Sinn übermitteln. Es wurde zum Symbol einer unerwarteten Einheit. Mehr noch: Das Wort gewann noch an Kraft durch ein anderes gesellschaftliches Bild: die großen Straßendemonstrationen gegen die Gewalt, die eine unerwartete Form von Mitmenschlichkeit über alle Grenzen hinweg manifestierten. Vor dem Supermarkt, in dem die vier jüdischen Opfer getötet wurden, legte ein Moslem einen Strauß Blumen nieder mit den Worten: „Ich bin Charlie. Ich bin Jude. Unterschrieben von einem Moslem" – das beste Beispiel dafür, wie inspirierend für neue Variationen dieses Wort wurde! Genauso ergeht es uns mit der biblischen Sprache: Metaphern, Gleichnisse, Mythen, Symbole haben die Funktion, die Imagination und die Motivation des Glaubens zu beflügeln, und zwar nicht als reproduktive Sätze, sondern als schöpferische Sprache, die Menschen zu verändern vermag.

Aber kurz danach kamen auch die Schwäche und das destruktive Potential eines solchen Bildes zum Vorschein. Für Außenstehende, die das Geschehen nicht miterlebt hatten, rief „Ich bin Charlie" nicht die Konnotationen einer Gemeinschaft hervor, sondern lediglich die intellektuelle Position des Beistandes für die Zeitschrift *Charlie-Hebdo,* was viel Unbehagen auslöste, da diese triviale Zeitschrift alles mokiert. Es wurde aber noch viel schlimmer, als die Karikatur, die am Mittwoch nach dem Drama erschien, sich wieder über den Propheten lustig machte. Das verbotene Bild, diese Karikatur, wirkte sich derart aggressiv auf das Wort „Ich bin Charlie" aus, dass es auf doppelte Weise zum Skandal und zur Provokation wurde. Nicht nur zeigte es für ausländische strenggläubige Moslems das falsche Bild einer westlichen Welt, die den Islam lästert, sondern es bedeutete auch für liberale Moslems in Frankreich, dass ihre Bitte, ihre Religion zu respektieren, überhaupt nicht gehört worden war! Somit schlug die zunächst versöhnende Wirkung des Wortes „Ich bin Charlie" in das Gegenteil um. Und da, wo es vorher für die Mehrheit als Metonymie im übertragenen Sinn die Gedankenfreiheit bedeutet hatte, wurde das Wort im eigentlichen Wortsinn als Identifikation mit der Zeitschrift aufgefasst. Das geflügelte Wort beschränkte sich auf die Zeitschrift, die ihrerseits zum Symbol für den dekadenten Westen wurde! Die Rache-Karikatur wurde leider dem Versöhnungssymbol zum Verhängnis. Im Gegensatz dazu brachte die katholische Zeitschrift *La Vie* als Antwort einen Bibelvers in Form eines ähnlichen *Hashtags* heraus: An Stelle von „Ich bin Charlie" erschien in weißer Schrift im schwarzen Rahmen: „Wenn einer sagt ‚Ich liebe Gott' und hasst seinen Bruder, so ist er ein Lügner" (1 Jo 4,20).

Nähmen wir jetzt an Stelle von „Ich bin Charlie" den Satz „Ich bin Christ/in": Welche Bilder, Konnotationen, Imaginationen könnten zu „Erlösungsbildern" werden? Das Werk von Gerd Theissen ist besonders inspirierend. Ausgehend von seinen Analysen des Christentums als „Zeichensystem" versucht er, durch verschiedene literarische Gattungen (auch in der Predigt) die spezifischen Elemente des christlichen Glaubens anschaulich zu machen. Theissen zeigt, dass Religion drei Ausdrucksformen kombiniert: Mythos, Ritus, Ethos, deren Interaktion durch Regeln geleitet wird, die mit den grammatischen Regeln einer Sprache zu vergleichen sind, die an immer neue Generationen weiter vermittelt wird. Diese „Tradition" ist ein lebendiger Prozess, in dem in allen möglichen Variationen der „Geist" dieser Zeichensprache, in Verbindung mit der „Welt", die sie darbringt, auflebt. So lässt sich auch auf nicht klassische Weise erklären, inwiefern die Bibel kanonischen Charakter hat: Weil sich kraft dieser „Grammatik" in jeder Generation das biblische Zeichensystem immer wieder neu rekonstruieren lässt.[2] Wichtig für die biblische Welt sind dabei zwei „Grundaxiome": der Monotheismus (den das Christentum mit Judentum und Islam teilt) und der Glaube an einen Erlöser, der den Monotheismus universal macht, aber auch von Judentum und Islam trennt. Diese Axiome sind Grundsteine für 14 christliche „Grundmotive", deren Zusammenspiel die biblische Grammatik bilden und an denen sich der christliche „Geist" immer wieder erkennen lässt.[3]

Aber kann man wirklich davon ausgehen, dass diese Sinnbilder weiter rezipiert werden? Was können wir tun, wenn die traditionellen Bilder nicht mehr verständlich sind oder gar schockierend wirken? Wie viele Menschen, sogar Kirchgänger, verstehen noch das Bild im liturgischen Wort „Sein Blut, für Dich vergossen"? Es wird missverstanden, weil sich die Hörer nicht mehr bewusst sind, dass das „Blut" als Synekdoche für das gesamte Leben Jesu und somit für das Heil steht.

---

[2] Gerd THEISSEN, Zeichensprache des Glaubens. Chancen der Predigt heute, Kaiser/Gütersloh, 1994.

[3] 14 Grundmotive biblischen Glaubens: Schöpfungsmotiv, Weisheitsmotiv, Wundermotiv, Entfremdungsmotiv, Hoffnungsmotiv, Umkehrmotiv, Exodusmotiv, Stellvertretungsmotiv, Einwohnungsmotiv, Glaubensmotiv, Agapemotiv, Positionswechselmotiv, Gerichtsmotiv, Rechtfertigungsmotiv.

Aus diesem Grund braucht das Bild das Wort der Predigt – die Interpretation. Glaube braucht den Verstand, nicht nur die Emotionen und die Imaginationen, die das Bild hervorruft.

Aber zugleich ist es wichtig zu betonen, dass Predigt nicht nur Erklärung und Interpretation ist, sondern vielmehr etwas bewirken will, in einen Prozess hineinführen sollte. So gehören Gemeinschaft, Trost, Versöhnung und Hoffnung zu den erwarteten Früchten der Predigt und des Gottesdienstes.

Es ist die Überzeugung des Glaubens, dass Gottes Geist durch die „Predigt" wirkt – wobei hier Predigt im weiten Sinn als Bezeugen zu verstehen ist. Gottes schaffendes Wort ergeht durch Mediationen: biblisches Zeugnis, Wort der Schrift, Gebet, Bekenntnis und Lieder bieten göttliches Wort in menschlicher Sprache, die immer wieder zur Welt gebracht werden muss. Es geht nicht nur darum, über die Schrift nachzudenken, sondern vielmehr, sich durch sie verwandeln zu lassen und den gegenwärtigen Gott selbst als schöpferisches Wort wirken zu lassen.

Wortgeschehen

Die Lutherforschung hat hervorgehoben, wie der Glaube konstitutiv auf das Wort bezogen ist. Sprache ist für Luther kommunikatives Sprachgeschehen,[4] Anrede, die Gemeinschaft eröffnet. Sprache wird hier nicht als Kommunikationsmittel angewendet, um einer höheren Sache zu dienen, sondern ist in sich schon Theologie, agierendes Wort, das existenzielle Relevanz und spirituelle Kraft hat. Dabei hat gerade das „schwache" Wort theologische Aussagekraft: In der Schwachheit kann die schöpferische Kraft Gottes wirksam sein, die wie in der Inkarnation des Logos sich in das vergängliche Menschenwort herablässt. Es zeigt auch ein geistliches Phänomen: Der Heilige Geist kommt ins Herz als Bereitschaft, das Wort zu hören; er hilft den Gläubigen, dem Wort zu „entsprechen". Der Geist der Bibel setzt sich nicht zuerst dank der wissenschaftlichen und theologischen Erklärungen durch, sondern vielmehr durch seine eigene Kraft. Gott ist der eigentlich Handelnde. Gott ist also, nach Luther, „im Wort" gegenwärtig.

---

[4] Joachim RINGLEBEN, Gott im Wort. Luthers Theologie von der Sprache her, Tübingen, Mohr Siebeck, 2010.

Dies wurde insbesondere in Gerhard Ebelings Hermeneutik rezipiert: „Die Grundstruktur des Wortes ist darum nicht Aussage – das ist eine abstrakte Abart des Wortgeschehens –, sondern Mitteilung, gewiss nicht in dem abgeblassten Sinne von Information, sondern in dem gefüllten Sinn von Partizipation und Kommunikation (...). Wo Wort recht geschieht, lichtet sich die Existenz (und das heißt selbstverständlich stets: die Existenz im Miteinander (...). Eben dazu soll das Wort dienen, dass sich der Mensch als Mensch herausstellt (...). Denn seine Bestimmung ist, als Antwort zu existieren. Er ist gefragt, was er zu sagen hat. Seine Existenz ist, recht verstanden, Wortgeschehen, das im Worte Gottes seinen Ursprung hat und, diesem Worte antwortend, Raum gibt durch rechten, heilsamen Gebrauch des Wortes."[5]

Solch ein gelingendes Wort nennt Ebeling ein „Wortgeschehen". Aber welche Sprache ist diesem Wort Gottes angemessen?

Was heutige Mitmenschen vermissen, ist die Erfahrung einer Begegnung mit Gottes Segen. Sie suchen nicht so sehr nach Erklärungen als nach einem Sinn, der ihrer Existenz ein „mehr" an Leben gibt, also nach einem Geschehen, das etwas bei ihnen bewirkt. Dies ist die Rolle der PredigerInnen (oder der Zeugen des Glaubens): Nachdem sie selbst in die Begegnung mit Gottes Wort in der Schrift mitgenommen wurden, arbeiten sie daran, ihren Mitmenschen diese Erfahrung in anderen Situationen und Zeiten wieder erkennbar zu machen, und versuchen, ihre Mitmenschen zu einer ähnlichen Erfahrung mit Gott zu führen.

Der Mensch ist ein Sprachwesen: Dass er das Gehörte weitersagen kann, bedeutet nicht, sich auf einen Vorrat an Wörtern zu stützen, sondern eine eigene Sprache immer kompetenter zu entfalten. Diese Kompetenz ist auch imaginative Kompetenz: Imagination als menschliches Bedürfnis und Spezifikum ist für Jürgen Moltmann Ziel des Menschen und der Schöpfung, Freude und Freiheit, Gottes Lob.[6] Lob Gottes und Dankbarkeit erscheinen als Sinn des Lebens. Es geht darum, von einer nachahmenden zu einer kreativen Imagination zu finden. Wortgeschehen ist: sich das Evangelium neu sagen lassen.

Wie wird der Theologe nun befähigt, solch ein Geschehen zu ermöglichen? Es benötigt ein jeweils persönliches, kontextuelles und adressatenbewusstes Wort, das mit der Wirkungsmacht des Wortes Gottes Menschen ansprechen

---

[5] Gerhard EBELING, Wort Gottes und Hermeneutik, 342 f.
[6] Jürgen MOLTMANN, Die ersten Freigelassenen der Schöpfung, 1970.

kann. Zu vergleichen ist dies mit einer handwerklichen Einzelschöpfung. Es muss, wie beim Gesellen für die Meisterprüfung, ein jeweils originelles Handwerksprodukt sein, das nicht reproduziert, sondern erschafft.

Wann gelingt es? Schönheit spielt nicht die Hauptrolle, denn es geht um einen sowohl emotionalen als auch kognitiven Prozess. Gelungen ist ein Wort, wenn es Sinn macht, zum Erlebnis wird. Ebeling nennt es „den Kairos einer Botschaft, deren Sprache in einer bestimmten Situation so unmittelbar die Wirklichkeit trifft, dass schon das bloße Einstimmen an dieser Sprachgewalt partizipieren lässt".[7] Dieser *Kairos,* der zu der Überzeugung führt, dass „es passt", kann in jeder Situation geschehen: in einem Gespräch, in der Seelsorge, im Beruf. Er gelingt, wenn das Wort *adäquat* ist. Die Predigt gelingt, wenn sie „angemessen" ist, aber im Rahmen des gesamten Gottesdienstes. Eine „Kongruenz" gelingt somit im Zusammenspiel von Erfahrung des Glaubens, existentiellen Fragen, theologischem Urteil und kirchlicher Lehre/Tradition. Dieses Maß müssen die PredigerInnen mit ihrer eigenen Persönlichkeit und Sprache, in Zuwendung zu *diesen* Zuhörern finden, zwischen Botschaft, Adressat, Sprecher, Situation. Passender noch wird es, wenn es auch in den Konnotationen und den hervorgerufenen Imaginationen stimmt.

Kriterien auf der Suche nach dem adäquaten Bild im Wort als Imagination für heutiges christliches Zeugnis

Der Rahmen dieses Artikels erlaubt es nur, die wichtigsten Kriterien für die Suche nach „Erlösungsbildern" zu nennen.

1 Die biblischen Bilder sind unsere Sprachschule: Sie ergänzen und korrigieren sich gegenseitig, so dass kein Bild absolut gesetzt werden kann, außer zwei, die sich als höchst problematisch erwiesen: der Mensch als „Ebenbild" Gottes, Jesus Christus als „Repräsentant", „Sohn" Gottes. Dies bedeutet wiederum nicht, dass für die christliche Botschaft in der heutigen Welt nur biblische Bilder angewendet werden könnten. Biblische Interpretation erfordert vielmehr einen hermeneutischen Prozess: einen kreativen Umgang mit den Texten, deren Sinn in anderen Wortschöpfungen neu auflebt.

---

[7] EBELING, Einführung in theologische Sprachlehre, Tübingen, 1971, 24.

In diesem Sinn sind die Predigten von Gerd Theissen besonders ideenreich, denn er versucht, in erzählenden, meditativen und poetischen Ansätzen sowie in einer „offenen Bibeldidaktik", die „Zeichensprache des Glaubens" für heutige Menschen zugänglich zu machen. Jedes der 14 biblischen Motive verbindet er mit einem existentiellen „Lebensmotiv" heutiger Mitmenschen, das „Entsprechungen" zwischen den elementaren Strukturen der Sache des Glaubens und den existentiellen Erfahrungen herstellt[8]. So ist z. B. die Bekehrung ein Leitmotiv der heutigen Gesellschaft als Motto einer ständigen Wandlung der „Emanzipationskultur" und einer „therapeutischen Kultur", der es darum geht, sich von Angst und Leiden zu befreien. Bei Paulus zeigt sich jedoch die Bekehrung als Anerkennung einer anderen Gerechtigkeit als die eigene und erweckt ihn zu einem anderen Leben.[9]

2 Die biblische Sprache zeigt nicht nur harmlose Bilder, sondern eigentlich undenkbare Zusammenstellungen: „Vater unser", „Sohn Gottes" z. B. sind konzentrierte Bekenntnisse, die durch das Zusammenfügen von zwei Worten einen neuen Sinn ergeben, einen fast unglaublichen Sinn, der für die Augen des Glaubens Sinn macht: Gott ist nicht nur Vater in seiner Eigenschaft, sondern „für uns". Jesus Christus ist der „Sohn Gottes": Als Metapher ist die Aussage akzeptabel, so wie der König ja auch Sohn Gottes ist. Aber bei Jesus Christus definiert dasselbe Wort den wörtlichen Sinn: Gott kommt als Mensch. Jesus Christus als *das* Bild Gottes bleibt für alle Generationen eine völlig skandalöse Aussage. Auch die Zusammenstellung „Allmächtiger Vater" ist fast ein Oxymoron, das gerade als solches den christlichen Sinn ausmacht, einer Allmacht, die sich von der Liebe fesseln lässt.

---

[8] Gerd THEISSEN, Zur Bibel motivieren. Aufgaben, Inhalte und Methoden eine offenen Bibeldidaktik, Kaiser/Gütersloh, 2003. Die 14 „Elementaren Lebensmotive" im heutigen Leben, die den biblischen Grundmotiven entsprechen sind : elementares Kreaturgefühl; elementare Sinnbejahung; elementares Wundererleben; elementares Entfremdungsgefühl; elementare Hoffnung; elementare Umkehrchance; elementares Aufbruchbewusstsein; elementares Füreinandersein; elementares Tiefenerleben; elementares Grundvertrauen; elementare Mitmenschlichkeit; elementare Statusüberwindung; elementare Gewissenserfahrung; elementare Lebensbejahung (in: Bibeldidaktik, 193–201).

[9] „Die Verwandlung des Paulus und die Bekehrungskultur der modernen Welt", in Erlösungsbilder, 157–164.

Predigt drückt diese *Promissio,* das Geschenk, in dem Gott sich selber preis-gibt, aus. Die Macht dieser Sprache ist gewaltlos, aber keineswegs harmlos. In einer Predigt über „Gott ist Liebe" schreibt Theissen mehrere Kontakt-anzeigen Gottes, der PartnerInnen sucht, deren lyrische Seite von der Realität überdeckt wird, dass der Liebende seinen Sohn preisgab – und die letzte Anzeige ist seine Todesanzeige! [10]

3 Alle biblischen Gottesbilder erscheinen auf dem Hintergrund der Nicht-Verfügbarkeit. Gott ist ein verborgener Gott, den Krankheit, Tod, Versagen, Schuld, Sinnlosigkeit, Scheitern verhüllen. Allein in Jesus Christus und in seinem biblischen Wort offenbart er sich für die Gläubigen. Das Gebot der Bildlosigkeit ist Freiheit des Menschen gegenüber allem, was sein Werk ist, und Freiheit Gottes gegenüber allem, was der Mensch über ihn denkt. Legitime Gottesbilder sind Vorstellungen, die erkennen lassen, dass er unerkennbar ist! So wie auch der Mensch als Ebenbild Gottes. [11] Die biblische Sprache ist nicht direkt vermittelbar. Sie braucht Mediation, neue Formen und Bilder. Die Predigt bietet keine festgelegten Wahrheiten, die nur übersetzt werden müssten, sondern einen Dialograum, nach dessen „Geist" neue Formulierun-gen des Glaubens entstehen können.

In seiner Suche nach „Entsprechungen" zwischen biblischen Motiven und „Lebensmotiven" betont Theissen besonders „Transzendenz-, Kontingenz- und Resonanzerfahrungen", denn diese führen „Umstrukturierungsprozesse" ein. [12] Eine „Transzendenzerfahrung" öffnet den Sinn für eine andere Realität hinter dem Gewohnten: „Manchmal bricht von außen etwas in diese Welt herein: Sie ist nicht alles". Kontingenzerfahrungen sind negative, aber auch positive Wider-fahrnisse, die die Menschen an ihre Menschlichkeit und Endlichkeit erinnern, „Kreaturerfahrungen". Resonanzerfahrungen bringen Geborgenheit und Sinn: „Wir sind zwar ein Nichts im All, aber mehr als Atome und Galaxien … Denn wir können aus Nichts etwas hervorbringen, das ohne uns nicht existieren würde. Dadurch sind wir Ebenbild der Macht, die aus Nichts Neues schafft". [13]

---

[10] „Gott auf Partnersuche. Kontaktanzeigen des Himmels für einen schwierigen Partner", in: Erlösungsbilder, 184–190.

[11] Gerd THEISSEN, Glaubenssätze. Ein kritischer Katechismus, Gütersloher Verlags-haus, 2012, 79–81.

[12] Bibeldidaktik, 190–200.

[13] Gerd THEISSEN, Glaubenssätze, N° 47, S. 81.

4 Nicht zunächst die Analogie, sondern die Störung der Bilder wirkt verändernd, so Theissen: „Die Sprachkraft religiöser Texte hängt eng mit ihrem semantischen Störungspotential zusammen, d. h mit ihrer Fähigkeit, neue Verbindungen von Signifikant und Signifikat anzuregen – und dabei neue Bedeutungen zu evozieren".[14] Das Störende in den Texten erlaubt es, von der reinen Analogie zwischen menschlichen Erwartungen und biblischer Offenbarung zu Aussagen zu kommen, die dem Geist der Zeit widerspenstig sind. „Gerade die durchschlagenden ‚Sprachereignisse' reaktivieren das Zeichensystem durch semantische Störung". Religiöse Sprache sagt Neues, provoziert neue Einsichten und neue Haltungen.[15] Hier zeigt sich die kerygmatische Dimension christlicher Predigt, die aber unplanbar ist wie eine Liebesbeziehung: „Die Bibel erzählt die Geschichte einer notorischen Ehekrise, bei der ein Partner, Gott, die Scheidung nicht will, sondern Versöhnung und Vergebung".[16] Das Schöne und Angenehme ist nicht das letzte Kriterium für die wirkmächtige Sprache. Es geht in Gottes Wort auch um die Erfahrung von Endlichkeit, Kontingenz, Anfechtung und Angst, Situationen, die eine Befremdung oder sogar eine Krise auslösen. Die Predigt hat somit der Versuchung zu widerstehen, durch ästhetische Effekte Emotionen und Gefühle hervorzurufen oder auf Attraktivität zu setzen.

Handlung als Bild im Wort: Erzählungen

Predigt als Interpretation der biblischen Rede von Gott versetzt die Hörer nicht in die biblische Welt, sondern initiiert eine Bewegung, durch die Hörer verändert werden und die Welt anders sehen. Aber bemerkenswert ist, dass das Bild im Wort sein Bestes nicht als Konzept, sondern als Handlung gibt. Somit ist die *Erzählung* ein noch viel treffenderes Bild im Wort.

5 Das Heil ist Geschichte, im doppelten Sinn: Es findet in einer historischen Realität statt und ist bewegte und bewegende Bildersprache in einem Handlungsbogen. Gott in Jesus Christus wird uns „erzählt": „Niemand hat Gott je gesehen. Der eingeborene Sohn hat ihn uns erzählt" (Joh 1,18).

---

[14] Zeichensprache, 20.
[15] Zeichensprache, 20 (Zitat) -21.
[16] Bibeldidaktik, 95.

Wie ist die literarische und narrative Gattung „Evangelium" „Bild" des lebendigen Gottes? Pierre Bühler, Schüler und Nachfolger von Ebeling in Zürich, arbeitet mit den Kategorien der Narrativität. Als evangelischer Theologe liegt ihm daran, durch die Erzählung den österlichen „Umbruch" *(renversement)* zu offenbaren. Die „gute Nachricht", das Evangelium, geschieht in einem völlig unvorhergesehenen Handlungsbogen: „Ein Toter zeigt sich als Lebendiger!" [17] Die christologische Erzählung, so Bühler, hat als Herzstück die Diskordanz zwischen der Botschaft des Kreuzes und der Erwartung des Menschen [18]. Dies wird nicht auf argumentative Weise gezeigt, sondern indem die Zuhörer vom Erzählten berührt und bewegt werden, ohne dies als Angriff zu verspüren. Eine biblische Erzählung ist implizite Teilnahme an der Wirkungskraft des Evangeliums. Sie zeigt sich in unscheinbarer Kleidung, wie ein lustvolles Spiel in Geschichten, aber verändert die Perspektiven.

6 Die „große Geschichte" Gottes betrifft die kleinen (und großen) Geschichten unseres Lebens. Predigt, die auf Narrativität baut, braucht nicht unbedingt Geschichten zu erzählen, aber sie stellt den Lesern „narrative Identitäten" vor Augen, die sie „imaginieren", „Möglichkeiten" *(des possibles),* die sie annehmen oder übersehen können.[19] Erzählungen sind Bildersprache nicht nur in ihren Elementen, sondern als gesamte Handlung und Entwicklung. Dies verlangt Unterscheidungsfähigkeit. Nicht jede Erfahrung sagt etwas über den Gott der biblischen Offenbarung aus, und die Urteilsfähigkeit ist Aufgabe der Kirche.

Die Geschichten der Menschen und die Geschichten der Bibel werden nicht direkt miteinander konfrontiert, sondern ergeben wie Saiten eines Instruments zusammen einen Ton, eine Resonanz. Aus diesem Grund setzen immer mehr Homiletiker auf Intertextualität: innerbiblische Intertextualität oder in Verbindung mit Literatur oder Poesie, die biblische Bilder nicht nur nacherzählen, sondern in neuen Kontexten zum Leben bringen. Theissen

---

[17] Pierre BÜHLER, Le renversement imprévu dans la narration à partir du récit comique et tragi-comique, in: La narration. Quand le récit devient communication, P. Bühler, J. F. Habermacher (dir.), Genève, Labor et Fides, 1988, 267–284.

[18] A. a. o., 281 f.

[19] Bühler rezipiert hier die wichtigen Arbeiten von Paul Ricoeur zur Narrativität: P. Ricoeur, Temps et récit, 3 Bände, Paris, Seuil, 1983–1985.

erzählt die Parabel von Kafka „Vor dem Gesetz", ausgehend von der Frage nach dem Zugang zu Gott, und verändert den Schluss: Der Mann, der sich nicht traute, durch die offene Tür zu gehen, sieht endlich einen anderen herauskommen. Dieser erzählt, er wäre durch unzählige Türen immer weitergeschickt worden, bis er schließlich wieder da landete, wo er gewesen war: Er wird zurückgesendet ins Leben, zu den Menschen, um ihnen ein Licht zu bringen.[20]

7 Hier wird in einer typisch reformatorischen Einsicht klar, dass der Interpret selbst in den Prozess verwickelt und vor die Möglichkeit einer Veränderung gestellt wird. Interpretation ist also keine Machtausübung, sondern ein Wagnis, in das sich auch der Prediger/die Predigerin hineinbegibt. Bühler deutet das sogar als „hermeneutisches Betteln" *(mendicité herméneutique)* im Sinne von Luthers letzten Sätzen: „Wir sind Bettler, das ist wahr". Es soll nicht darum gehen zu betteln, um überhaupt einen Sinn im Text zu finden, sondern darum, vom Text mitgenommen zu werden.[21] Aber es geht nicht um den einzelnen Interpreten, sondern um die Gemeinschaft, an der er Anteil hat und die er mit sich trägt. Es ist nicht möglich, den einzelnen Menschen unabhängig von den „Geschichten", mit denen sein Leben „verstrickt" ist, zu denken. Dem Konzept der „Verstrickung" des Philosophen Wilhelm Schapp kommt dabei große Wichtigkeit zu: Kein Mensch ist unabhängig von den vielen verschiedenen Beziehungsfäden, die seine Geschichte miteinander verstrickt.[22] Dabei ist mit dem Ausdruck der „Verstrickung" ein Erleiden verbunden: Jeder wird in Mitleidenschaft gezogen. Die Geschichten sind uns zunächst auferlegt, bevor wir es mit ihnen aufnehmen oder sie annehmen können.

---

[20] „Zugang zu Gott ohne Türhüter. Eine Variante zur Parabel ‚Vor dem Gesetz'" (Röm 5,1–5), In: Erlösungsbilder, 122–128.
[21] Pierre BÜHLER, Le renversement imprévu, 101.
[22] Wilhelm Schapp, In Geschichten verstrickt. Zum Sein von Mensch und Ding, Wiesbaden, 1953.

Wort im Bild: Predigt in einer dienenden Kirche

Zum Schluss muss jedoch auch, in Umkehrung zum Thema, das Bild im Wort in ein weiteres Bild gestellt werden. Denn die christliche Predigt ist nichtssagend, wenn die Christen kein lebendiges Bild vom gelebten Glauben darstellen. Das bekennende Wort „Ich bin Christ/in" kann keineswegs nur ein *Selfie* sein. Es braucht die Verstrickung in das Bild einer Gemeinschaft, der christlichen Kirche.

So ist auch die Predigt in der adäquatesten Sprache nichts, wenn sie nicht getragen wird vom Bild einer Gemeinschaft, die diese Sprache teilt, und sich an der Botschaft freut, diese weiterträgt und damit ihre Versöhnungsbereitschaft und ihre Hoffnung offenbart.

Wie das Wort „Ich bin Charlie" seine ursprüngliche Glaubwürdigkeit verlor, als die Zeitschrift wieder ein Bild der Zwietracht zeigte, wird das Wort „Ich bin Christ/in" erst glaubwürdig im Bild einer diakonischen Kirche, die durch den Dienst an den Menschen das unverwechselbare Bild des fürsorglichen Gottes in Jesus Christus anschaulich macht.

II.

„DIASPORA" – FALLBEISPIELE UND BEGRIFFSREFLEXIONEN

Diaspora im Wandel
Eine brasilianische Perspektive

von Gottfried Brakemeier

Diaspora war das Schicksal der evangelischen Kirchen, die sich im Laufe eines gewaltigen Kolonisationsprozesses allmählich auf südamerikanischem Boden bildeten. Denn diese Kirchen standen zunächst vor verschlossenen Türen. Die portugiesischen und spanischen Eroberer beanspruchten nämlich das Territorium als ihre Domäne und legten Wert auf konfessionelle Geschlossenheit. Der katholische Glaube war Norm für Lehre und Praxis und ließ keinen Raum für Andersgläubige. Die Einladung an Auswanderer aus Deutschland und anderen europäischen Ländern, sich in Lateinamerika niederzulassen, erfolgte aus Gründen der Staatsräson. Man brauchte Handwerker, Bauern, Fachkräfte, Soldaten. Unter denen, die sich anwerben ließen, waren nicht wenige, die sich dem reformatorischen Erbe verpflichtet wussten. Darauf gehen die Anfänge der evangelischen Kirchen auf diesem Kontinent zurück. Sie hatten sich gegen den energischen Widerstand der katholischen Kirche durchzusetzen.

Dafür ist die Geschichte der Evangelischen Kirche Lutherischen Bekenntnisses in Brasilien (IECLB) beispielhaft. Die Einwanderung aus Deutschland, die 1824 begann und sich in mehreren Schüben vollzog, brachte die ersten Evangelischen ins Land. Als Fremde in neuer Umgebung wurden diese Menschen in eine Situation besonders harter Diaspora geworfen. Mit der Urbevölkerung der Indigenen standen sie auf Kriegsfuß, da sie von jener verständlicher Weise als Eindringlinge betrachtet wurden. Es kam zu teils heftigen Konflikten. Als Kleinbauern waren sie in einer von Großgrundbesitz und Sklavenwirtschaft geprägten Gesellschaftsstruktur ein Fremdkörper. Sofern evangelisch, trugen sie den Makel von Häretikern. Sie litten unter empfindlichen Benachteiligungen. Ihre Gotteshäuser durften äußerlich nicht als solche kenntlich sein; die vor einem evangelischen Pfarrer geschlossenen Ehen wurden als ungültig betrachtet; es war ihnen verwehrt, ihre Toten auf öffentlichen Friedhöfen zu begraben. Erst 1889 wurde vom brasilianischen Staat das Recht auf Religionsfreiheit zugestanden. Sowohl kulturell als auch sozial und religiös waren die ersten evangelischen Einwanderer Außenseiter, die mehr toleriert als akzeptiert waren. Diaspora bedeutete in ihrem Fall nicht nur Zerstreuung, sondern nahezu Ausgrenzung.

Unter derart widrigen Umständen bildeten sich die ersten evangelischen Gemeinden. Sie waren völlig auf sich gestellt und mussten ihr Leben gleichsam aus dem Nichts heraus neu gestalten. Ob in Bildung, Sicherheit oder Gesundheit, in jeder Hinsicht musste Aufbauarbeit geleistet werden. So auch in Sachen des Glaubens. Es hat gedauert, bis sich eine Kirchenstruktur entwickeln konnte. Das geschah auf kongregationalistischer Basis. Es gab keine übergeordnete Instanz, die Orientierung hätte geben können. Sie war auch nicht wirklich erwünscht. Bis heute gibt es so genannte Freigemeinden, die Wert darauf legen, von keiner Kirchenbehörde bevormundet zu werden. Es ist klar, dass auf diese Weise Missstände eintraten, die das Gemeindeleben beeinträchtigten. Die Bildung von Synoden mit den damit gegebenen Verpflichtungen stieß bei Vielen auf zähen Widerstand. Jedenfalls ist die IECLB von unten nach oben gewachsen. Die Kirchwerdung musste hartnäckige Vorurteile überwinden und die Gemeinden von den Vorteilen des Zusammenschlusses überzeugen.

Was diese Gemeinden in der Anfangszeit zusammen hielt, waren die deutsche Sprache und Kultur. Es darf daher nicht verwundern, dass sie sich als bewusst deutsche Gemeinden verstanden. Ihrer Integration in die brasilianische Öffentlichkeit war das allerdings wenig förderlich. Sie blieben mehr oder weniger am Rande und hatten unter den Folgen der Weltkriege zu leiden. Als Deutsche und deren Nachkommen gehörten sie zu den Staatsfeinden Brasiliens und wurden Opfer von Verfolgung und Unterdrückung. Die Auswirkungen auf das kirchliche Leben waren verheerend. Besonders schwer zu verkraften war für die jungen Gemeinden das im Verlauf des zweiten Weltkrieges erlassene Verbot der deutschen Sprache. Die Gottesdienste, der Unterricht, die Gemeindeversammlungen, das alles kam nahezu zum Erliegen. Obwohl es bereits Ansätze zu Pastoraldienst auf Portugiesisch gab und auch die erste Literatur in der Landessprache erstellt worden war, blieb die deutsche Sprache vorerst unersetzlich. Auch die italienischen und japanischen Einwanderer waren Anfeindungen ausgesetzt. Dennoch hat es die Evangelischen deutscher Herkunft besonders hart getroffen. Viele Schulen mussten schließen, was einen Bildungsrückgang zur Folge hatte, der auch in späteren Jahren nicht wieder aufgeholt werden konnte. Aus all den Wirren wurde klar, dass eine rein ethnische Identität für die Kirche Jesu Christi unzureichend ist.

Das ist inzwischen selbstverständlich. Die evangelischen Gemeinden von damals haben sich – von wenigen Ausnahmen abgesehen – zu einer Kirche zusammengeschlossen, die sich konfessionell definiert. Sie hat es vermocht, Menschen reformierter, unierter und lutherischer Herkunft unter einem Dach zu vereinen. Auch wenn sich das lutherische Bekenntnis durchgesetzt hat, bleibt Raum für andere reformatorische Traditionen. Den Kirchen in Deutschland ist zu danken, dass sie diesen Prozess wohlwollend begleitet und vielfältig unterstützt haben. Inzwischen ist evangelischer Glaube in Brasilien heimisch geworden. Die IECLB versteht sich nicht als „deutsche" Kirche, wenngleich sie ihre Vergangenheit nicht leugnen kann und darf. Das Empfinden, in der gesellschaftlichen Umgebung fremd zu sein, ist dem Bewusstsein gewichen, Teil der brasilianischen Welt zu sein. Die evangelischen Gemeinden sind selbstständig und zu Partnern von Schwesterkirchen geworden. Das war ein langer und komplizierter Prozess. Es ging ja nicht nur um die Übersetzung von einer Sprache in die andere, sondern um Kontextualisierung im weitesten Sinn. Dabei hat das Gustav-Adolf-Werk (GAW), vor allem das in Deutschland, aber auch das später in Brasilien gegründete wertvolle Hilfe geleistet. Für die Förderung auf ihrem Weg in die Eigenständigkeit sind die Gemeinden diesem Werk zu bleibendem Dank verpflichtet.

Trotzdem ist die IECLB eine „Diasporakirche" geblieben. Sie erlebt „Zerstreuung" sehr konkret. In nur wenigen Gegenden stellt sie die Mehrheit der Bevölkerung. Meist bilden ihre Glieder eine verschwindende Minorität. Nur wenig mehr als ein halbes Prozent der Brasilianer bekennt sich zum lutherischen Glauben. Die Gemeinden verteilen sich auf riesige Gebiete und haben es schwer, für den eigenen Unterhalt aufzukommen. Die Entfernungen erschweren die Kommunikation und die Zusammenarbeit. So stellt sich bei nicht wenigen das Gefühl ein, auf verlorenem Posten zu stehen. Die IECLB versucht zwar, ihre Glieder zu begleiten. Aber das gelingt nur unvollkommen. Dabei stellen die Gemeinden in den Ballungszentren wie São Paulo, Rio de Janeiro oder Recife eine besondere Herausforderung dar. Auch hier leidet die IECLB unter dem Problem der Entfernungen. Was heißt es, evangelische Gemeinde unter den Bedingungen der Großstadt zu sein? In der Anonymität der Megalopolis, unter der Bedrohung durch die allgegenwärtige Gewalt, bei konstanter Verstopfung der Straßen durch den Verkehr und nicht zuletzt in der Konkurrenz der Angebote auf dem Vergnügungsmarkt hat Diaspora ein nochmals anderes Gesicht als auf dem Lande oder in Neusiedlungsgebieten. Es stellt sich die Frage nach einem nachhaltigen evangelischen Kirchenmodell in der mobilen, pluralistischen und individualistischen Gesellschaft.

Die Diasporasituation der IECLB spiegelt sich paradigmatisch in den Themen wider, die sie in ihrer Geschichte intensiv beschäftigt haben und die weiterhin auf der Tagesordnung stehen. Ich beschränke mich auf drei Fragenkomplexe und stelle dazu einige erläuternde Betrachtungen an: Es ist typisch für eine Diasporakirche, sich stets erneut um ihre **Identität** bemühen zu müssen. Was zeichnet eine bestimmte Kirche in ihrem ökumenischen und sozialen Umfeld aus und was legitimiert ihre Existenz? Anders gefragt: Was haben wir als Evangelische Kirche Lutherischen Bekenntnisses in Brasilien an Besonderem, das uns berechtigt und sogar zwingt, eine doch recht komplexe Kirchenstruktur zu unterhalten und den Gemeinden zuzumuten, sie zu tragen und zu finanzieren? Ist eine solche Kirche notwendig? Worin besteht ihr spezieller Beitrag? Dabei geht es nicht einfach um die berühmte „Lücke", in die die IECLB schlüpfen könnte und die ihr das Überleben auf dem religiösen Markt garantiert. Das wäre zu billig gedacht. Die Kirche Jesu Christi ist nicht da, um irgend welchen Kundenwünschen zu genügen, um ein Produkt zu verkaufen und sich damit als Akteur auf dem Markt der Sinnanbieter zu profilieren. Vielmehr folgt sie einem Ruf, dem sie sich verpflichtet weiß. Sie hat einen Auftrag erhalten, dem sie treu zu sein hat. Im Grunde geht es gar nicht um sie selbst, sondern um Menschen, denen sie eine Botschaft schuldig ist, bei der nicht weniger als Heil und Unheil auf dem Spiel stehen. Nimmt sie diesen Auftrag in rechter Weise wahr? So gesehen geht es bei der Frage nach der Identität nicht um dieses oder jenes, sondern um die evangelische Qualität von Diskurs und Praxis einer Kirche. Ist die IECLB eine „evangelische" Kirche?

Es ist keine Frage, dass sie von je versucht hat, genau das zu sein. In der Anfangszeit brauchte sie sich um ihre Eigenart keine Sorgen zu machen. Die IECLB war eine deutsche Kirche, die eine deutsche Klientel betreute. Evangelium und Deutschtum gingen eine enge Verbindung ein. Doch schon sehr früh war klar, dass eine solche Kirche keine Zukunft haben würde. Schon die zweite Generation sprach lieber Portugiesisch als Deutsch und wanderte aus der Kirche ihrer Eltern aus, sofern ihr das Evangelium nicht in der Landessprache nahe gebracht wurde. Müsste man erst deutsch werden, um evangelisch sein zu können? Das würde bedeuten, dass man dem Deutschtum Heilsfunktion zugesprochen hätte, eine reformatorisch unhaltbare Auffassung. Die Bindung an die Heimatkirchen in Deutschland konnte daher nur vorübergehender Natur sein, so wie die Krise der Weltkriege es nachdrücklich unter Beweis gestellt hatte. Die Gemeinden konnten nicht auf Dauer von der Entsendung deutscher Pfarrer abhängig bleiben. Der Pfarrernachwuchs musste aus Brasilien selbst kommen und mit Land und Leuten vertraut sein. Ähnliches galt für die theologische Literatur, für das Gesangbuch, für die Lehrerausbildung und Vieles mehr. Es hat schon früh Vorstöße in Richtung einer „Nationalisierung" der Gemeinden gegeben. Aber ein solcher Prozess ist schwierig und braucht Zeit. Jedenfalls wollte man evangelisch bleiben und hier seinen Glauben leben.

Im Rückblick ist festzustellen, dass die Bemühungen nicht umsonst gewesen sind. Das reformatorische Bekenntnis hat auch in diesen Breiten Wurzeln geschlagen und Dynamik entfaltet. Trotzdem ist die Frage nach lutherischer Identität nicht verstummt. Das mag sehr praktische Gründe haben. Man möchte wissen, ob es sich „lohnt", dieser Kirche anzugehören. Was hat sie zu bieten? Man will sich gegen kritische Stimmen wappnen und Antworten haben auf die Frage nach dem Warum einer solchen Kirche. Aber pragmatische Gründe allein reichen nicht aus, um das Interesse an der ekklesialen Identität lutherischer Kirchen zu erklären. Es ist bezeichnend, dass es etwas Entsprechendes auf katholischer Seite nicht gibt. Die Identität der Papstkirche unterliegt keinem Zweifel. Die hierarchische Struktur garantiert die Kontinuität der Kirche im Wandel der Zeiten und Orte und ist zureichender Ausweis ihrer Wahrheit. Das ist im Protestantismus anders. Laut Artikel 7 der Augsburgischen Konfession ist Kirche dort, wo das Evangelium recht gepredigt und – man darf hinzufügen – entsprechend gelebt wird. Das ist ein sehr viel unsichereres Kriterium als das Priestertum des Bischofs von Rom, der sich als Nachfolger des Apostels Petrus versteht. Eine evangelische Kirche kann nicht umhin, immer wieder zu prüfen, ob sie auf dem rechten Wege ist. Sie ist ihrem Wesen nach selbstkritisch. Die Frage nach ihrer Identität ist ihr eingepflanzt und gehört sozusagen mit zu dieser Identität hinzu.

Es wäre falsch, darin eine bedauerliche Schwäche zu sehen. Gewiss wäre den evangelischen Gemeinden ein gelegentlich kräftigeres Kirchenbewusstsein zu wünschen. Man kann Selbstzweifel auch übertreiben. Die Kirche braucht nicht nur Kritik. Sie braucht ebenso Liebe, Einsatz, Fürbitte. Trotzdem sollte keine Kirche einer kritischen Prüfung aus dem Wege gehen. Jesus Christus bleibt der Richter seiner Gemeinde. Das gilt für die katholische Kirche ebenso wie für die zahlreichen Pfingstkirchen, die überall aus dem Boden schießen und die Frage nach evangelischer Identität auf ihre Weise zuspitzen. Was ist

„evangelisch" am Wehen des Geistes in den so genannten charismatischen Bewegungen? Wiederum ändert das die Diasporasituation der IECLB. Sie muss ihre Identität sowohl gegenüber der katholischen Kirche definieren als auch gegenüber den neueren vom Geist bewegten Varianten des Christentums. Jede Kirche, die nicht blind durch die Welt tappt, vielmehr Wert darauf legt, den Herausforderungen der Welt gerecht zu werden und auf dem Boden des Evangeliums zu stehen, wird sich mit der Frage ihrer Identität beschäftigen müssen. Nicht zuletzt ist darauf hin zu weisen, dass die gemeinsame Suche nach dem genuin Christlichen Voraussetzung der Überwindung kirchlicher Spaltungen ist und damit echter Ökumene.

Nicht von ungefähr hat sich mit der Frage der Identität die nach der **missionarischen Aufgabe** der IECLB verbunden. Das ist das zweite Thema, das die IECLB bis heute nicht losgelassen hat. Eine Kirche, die in der Zerstreuung lebt und als Minderheit stets erneut an ihre Grenzen stößt, kann nur Bestand haben, wenn sie missionarisch aktiv wird. Tut sie das, kann Diaspora eine ausgesprochen positive Wirkung haben. Das wird bereits im Neuen Testament versichert. Die Verfolgung, die über die Gemeinde in Jerusalem herein gebrochen war, brachte neben Leid auch Segen. Die Apostelgeschichte sagt das so: „Die nun zerstreut worden waren, zogen umher und predigten das Wort." Diaspora bietet Gelegenheit zur Saat und damit zu Wachstum (Apg 8.4). Die IECLB hat kein Recht, die kleine Zahl ihrer Glieder vorzuschieben und den geringen Einfluss in der Öffentlichkeit zu beklagen, solange sie mit ihrer Botschaft hinter dem Berge hält. Mit anderen Worten, die IECLB muss missionarisch werden und zusehen, dass sie ihre Botschaft unter die Leute bringt.

Dafür ist sie schlecht gerüstet. Die ersten Evangelischen kamen nicht als Missionare ins Land. Die Ausbreitung ihres Glaubens war ihnen ausdrücklich untersagt. Sie waren zufrieden, wenn sie geduldet wurden. An eine Kirchengründung unter den „Einheimischen" war nicht zu denken. Noch heute hält sich vielfach das Vorurteil, dass evangelischer Glaube ein Exklusivrecht der deutschstämmigen Bevölkerung ist. So wird Mission von vornherein unmöglich. Hinzu kommt das Misstrauen der akademischen Theologie gegenüber der traditionellen Mission, die angeklagt wird, so etwas wie geistige Vergewaltigung zu sein. Die IECLB hat in dieser Sache nicht geringe Widerstände zu überwinden gehabt. Mission hatte ein schlechtes Image. Darf man versuchen, Menschen zum eigenen Glauben einzuladen und um Kirchenmitgliedschaft zu werben? Man verwechselte Mission und

Proselytismus. Worin unterscheidet sich das eine vom anderen? Das war Vielen nicht klar. Schließlich und endlich gab und gilt es, kulturelle Barrieren zu überwinden. Und hierin liegt das wohl eigentliche Problem. Ein reflektierter, ja nüchterner Glaube, eine Kirche, die von den Beiträgen ihrer Glieder lebt, eine Predigt, die an das Verstehen, nicht einfach an die Emotionen der Menschen appelliert, das alles ist den Menschen auf der Straße fremd. Die Mission der IECLB stößt auf einen anderen Typ von Frömmigkeit als den von der Tradition her bekannten.

Das bedeutet, dass in Brasilien die Menschen andere Erwartungen an die Kirche haben als in den Stammländern der Reformation. Man will feiern, sich begeistern, etwas von der Kraft des Geistes spüren. Deshalb kommt der pentekostale Stil so gut an. Kirche muss zu irgendetwas nützlich sein und sei es nur, den tristen Alltag für einige Zeit hinter sich zu lassen. Genauso wichtig ist der diakonische Dienst der Kirche. Die Menschen suchen Heilung für ihre körperlichen und seelischen Gebrechen. Es ist wahr, dass diese Sehnsucht missbraucht werden kann. Es gibt Kirchen, die den Glauben ausbeuten und aus Religion ein Geschäft machen. Aber das stellt nicht die Erwartung als solche in Frage. Es ist Aufgabe einer evangelischen Kirche, dem Missbrauch entgegen zu treten und sich schützend vor die Opfer zu stellen. Gleichzeitig aber hat sie den Notleidenden die helfende Hand zu reichen. Eine Mission ohne Diakonie wird die Menschen kaum erreichen. Umgekehrt ist Diakonie ohne geistliche Betreuung zum Scheitern verurteilt. Die IECLB hat einige bittere Erfahrungen in dieser Hinsicht machen müssen. Diakonie braucht eine Gemeinde, die sie trägt und ohne die sie sehr bald in bloßer Sozialhilfe endet. Einer solchen aber fehlt der evangelische Geist, der Heil im umfassenden Sinn versteht und es nicht auf ein Gefühl des Wohlseins beschränkt. In der Kirche Jesu Christi darf Mission und Diakonie nicht auseinander gerissen werden.

Mit der Betonung der Gemeinde widersetzt sich evangelische Kirche dem modernen Trend, den Glauben von der Kirche abzukoppeln und zu einer Privatsache des Einzelnen herabzustufen. Die Institution „Kirche" gerät damit ins Wanken und die „Gemeinschaft der Heiligen" löst sich in Beliebigkeit auf. In Brasilien gibt es Familien, in denen Angehörige sehr unterschiedlicher religiöser Orientierung unmittelbar zusammen leben. Jedes Familienglied bekennt einen anderen Glauben, ohne an derartiger Vielfalt, die oft Gegensätzlichkeit bedeutet, Anstoß zu nehmen. Man spricht von „Patchwork Religion". In solchen Fällen wird auch „Diaspora" neu definiert.

Sie wird privatisiert. Es geht nicht mehr um die Diaspora evangelischer Gemeinden, sondern um die einzelner Personen. Jede für sich befindet sich in der Zerstreuung und muss für den Glauben einstehen. Ein vereinsamter Glaube aber wird anfällig für dubiose Angebote und läuft Gefahr, den Halt zu verlieren. Sowohl das Entstehen als auch das Bewahren des Glaubens ist auf die Hilfe von Brüdern und Schwestern angewiesen. Eben deshalb braucht Mission den Rahmen der Gemeinde, die den Einzelnen trägt und Raum gibt für Gottesdienst und Glaubenspraxis.

Es ist daher bedenklich, wenn der Eindruck entsteht, dass Mission auf die Gemeinde verzichten kann. Gewiss, man will mit dem Evangelium die Gesellschaft provozieren und dem Reich Gottes vorarbeiten. Man will Menschen in ihrer Not zu Hilfe kommen, der Gerechtigkeit zum Sieg verhelfen, Strukturveränderungen anstoßen und Vieles mehr. Das ist richtig und gut und dennoch ungenügend. Solange nicht begriffen wird, dass eine der wesentlichen Aufgaben der Mission im Gemeindeaufbau besteht, bleibt sie auf halbem Wege stehen. Ohne „Koinonia" verrät sie eines ihrer grundlegenden Prinzipien. Das wird bereits im 14. Kapitel des ersten Korintherbriefes gesagt. Die prophetische Rede ist der Glossolalie vorzuziehen, weil sie Gemeinde stiftet und erhält. Die Schaffung von Gemeinschaft gehört zu den großen Aufgaben der Kirche. In ihr haben „Juden und Griechen", Männer und Frauen, Gesunde und Kranke, Menschen aller Klassen, Hautfarben und Nationalitäten ihren selbstverständlichen Platz (Gl 3.28). Die Gemeinschaft in Christus, in der das Gebot der Nächstenliebe gilt, ist offen für alle Menschen, die sich ihr anschließen wollen und sich von der Liebe Gottes getragen wissen.

Mit solcher Offenheit hat die IECLB Schwierigkeiten, und wahrscheinlich nicht nur sie. Denn sie setzt die Bereitschaft voraus, das Verschiedene zu integrieren. Eine Kirche, in der die deutsche Tradition immer noch nachwirkt, in der es Gemeinden mit einem gewissen Wohlstand gibt, die einen recht anspruchsvollen Glauben bekennt, wie soll eine solche Kirche der brasilianischen Welt begegnen? Vor einigen Jahren hatte sich die IECLB für das Jahresthema entschieden „Hier hast du einen Platz". Damit wollte sie Brücken bauen und zu verstehen geben, dass ihre Türen auch für andere Volksgruppen im Land offen stehen. Wieweit sie damit Erfolg gehabt hat, ist nicht festzustellen. Jedenfalls tut die IECLB einiges, um dem Eindruck entgegen zu wirken, eine „exklusive Gruppe" zu sein. Christliche Mission braucht offene Arme für das Fremde und Ungewohnte.

Damit ist das Problem pluraler Konvivenz angesprochen. Es wäre unangebracht, von evangelischer Gemeinde die Aufgabe des eigenen Frömmigkeitsstiles einzufordern. Die Gemeinschaft der Gläubigen muss Raum lassen für natürliche Vielfalt. Man kann nicht sein wie die anderen, und die anderen können nicht sein wie man selbst. Trotzdem muss es möglich sein, mit Differenzen zu leben und Gemeinschaft unter einander zu pflegen. Gleichförmigkeit war noch nie Merkmal der Gemeinde Jesu Christi. In ihr muss es die Freiheit zu unterschiedlichen Formen des Glaubenslebens geben. Mit Recht hat der Apostel Paulus betont, dass der Leib nur dann lebensfähig ist, wenn seine Glieder verschieden sind (1 Kor 12). Das, was absolut gleich ist, kann sich nicht gegenseitig dienen. Schon Jesus hat gewarnt: „Wenn ein Blinder den anderen leitet, so fallen sie beide in die Grube" (Mt 15.14). Pluralität ist darum kein Desaster. Im Gegenteil, sie ist Grundbedingung jeder Gemeinschaft. Entscheidend ist, dass das Verschiedene bereit ist, sich gegenseitig zu akzeptieren, zu ergänzen und gegebenenfalls zu korrigieren. Eben deshalb dürfen die Unterschiede ein gewisses Maß nicht überschreiten. Sie müssen dem Kriterium der Gerechtigkeit unterworfen bleiben. Es gibt einen zynischen Reichtum, der im Luxus schwelgt, während der Nachbar an Hunger zugrunde geht (vgl. Lk 16.19 ff). Das hat mit dem Recht auf legitime Vielfalt nichts zu tun. Die Kunst, Gemeinschaft in der pluralen Gesellschaft einzuüben, ist eine der großen Herausforderungen der Gegenwart. Sie ist Voraussetzung des Friedens, ja des Überlebens der Menschheit. Die christliche Gemeinde sollte darin ein Vorbild sein und ihr Gemeinschaft stiftendes Potenzial zur Geltung bringen.

Obwohl die IECLB mit der Integration von Menschen verschiedener Herkunft und Denkweisen kämpft, hat sie sich dennoch zu einer Kirche entwickelt, die ihre **ökumenische Aufgabe** ernst nimmt. Sie hat zur Verständigung und Zusammenarbeit der Kirchen erhebliche Beiträge geleistet. Dafür ist der „Nationale Rat Christlicher Kirchen" (Conselho Nacional de Igrejas Cristãs – CONIC), zu dessen Mitgliedern auch die große katholische Kirche gehört, ein gutes Beispiel. Die IECLB hat nicht nur an seiner Gründung im Jahre 1982 aktiv mitgewirkt, sondern auch ansonsten seine Arbeit kräftig unterstützt. Ökumenisches Engagement ist für die IECLB selbstverständlich. Gewiss gibt es Schwierigkeiten. Die ökumenische Praxis sieht nicht überall gleich aus. Entscheidend ist die Einstellung der Pfarrer, Priester und anderer leitender Persönlichkeiten. Wenn auf dieser Ebene nichts geht, stagniert die Zusammenarbeit. Aus diesen und anderen Gründen bleibt auch Ökumene ein permanentes Thema auf der Agenda der IECLB. Wie bestimmt sie als Minderheitskirche ihr Verhältnis zu den Schwestern und Brüdern an ihrer Seite? Die Frage wird durch die kirchliche Praxis wie Taufe, Eheschließung und anderes stets neu gestellt. Wie sieht es aus mit der eucharistischen Gastfreundschaft? Die Menschen wollen wissen, warum Lutheraner den Zölibat ablehnen, warum sie die Heiligenverehrung nicht teilen, warum sie den Laien entscheidende Mitverantwortung in Glaubenssachen einräumen. Es gibt viel, was evangelisch und katholisch unterscheidet. Genauso fallen die Unterschiede zu den Pfingstkirchen auf. Warum fehlt das Zungenreden in den lutherischen Gemeinden? Warum ist man gegenüber Wunderheilungen so zurückhaltend? Lutheraner gelten oft als steif und trocken. Woran liegt das? Die Nachbarschaft mit anderen Kirchen lässt die ökumenische Frage nicht zur Ruhe kommen.

Die IECLB ist sich bewusst, dass sie von ihren ökumenischen Partnern einiges lernen kann. Nicht dass sie fremde Erfolgsrezepte kopieren dürfte oder könnte. Für eine Diasporakirche ist die Versuchung groß, Anleihen bei anderen zu nehmen in der Absicht, auf diese Weise ihr Wachstum zu steigern. Doch damit würde sie sich selbst aufgeben. Das Plagiat kann das Original niemals ersetzen. Die IECLB tut also gut daran zu bleiben, was sie ist, das heißt eine evangelische Kirche lutherischen Bekenntnisses in Brasilien. Freilich gilt es zu sehen, dass ökumenische Offenheit für die Gemeinden auch eine Gefahr bedeuten kann. Die angestrebte Gemeinschaft mit anderen Kirchen erfolgt gewöhnlich aus einer unterlegenen Position heraus. Normaler Weise ist die IECLB die kleinere Kirche. Sie kann sich weder auf eine so mächtige Struktur stützen wie ihre katholischen Partner noch auf die vorgeblichen Bekundungen des Geistes bei den Pfingstlern. Nicht wenige Glieder der IECLB werden dadurch verunsichert und folgen vermeintlich attraktiveren Angeboten. Ökumenisches Miteinander benötigt den Geist der Geschwisterlichkeit. Für eine Diasporakirche war es daher ein schwerer Schlag, als Papst Benedikt XVI. ausdrücklich feststellte, die Kirchen der Reformation seien nicht als „Kirchen im eigentlichen Sinne" zu betrachten. Sie könnten nicht als Schwesterkirchen anerkannt werden. Natürlich ist ein solches Urteil für evangelische Christen nicht maßgeblich. Sie haben ein anderes Kirchenverständnis. Aber eine Ökumene auf Augenhöhe wird durch eine solche Herabwürdigung unmöglich gemacht. Darauf aber muss eine Diasporakirche Wert legen. Wohl ist es inzwischen amtlich, dass sich die Getauften als Schwestern und Brüder begegnen. Aber für die Institutionen gilt dies nicht, sehr zum Nachteil der Verbreitung des Evangeliums und der Menschen, die ihnen angehören.

Die IECLB wird der Erosion ihrer Mitgliederzahlen nur dann widerstehen können, wenn sie das ihr eigenes Charisma bei den Gemeinden ins Bewusstsein ruft und zur Geltung bringt. Sie beansprucht kein Monopol. Sie ist eine bescheidene Kirche und weiß um ihre Grenzen. Trotzdem gibt es Gründe, auf diese Kirche stolz zu sein. Sie hat nicht wenige Gaben, die sie zum Wohl der Allgemeinheit und besonders der Kirche Jesu Christi einsetzen kann. Nicht von ungefähr ist sie ein geschätzter theologischer Partner, dessen Stimme im ökumenischen Gespräch Gewicht hat. Es ist wie im Gleichnis Jesu (Mt 25.14 ff). Schuldig wird, wer sein Talent vergräbt und es ungenutzt lässt. Auch die IECLB hat ein solches Talent erhalten und ist verpflichtet, es missionarisch zu entfalten. Überhaupt ist Ökumene nur denkbar als Zusammenspiel von verschiedenen Charismen. Nur so wird die Gesundheit des Leibes Christi gewährleistet. Dass es dabei auch zu kräftigen Auseinandersetzungen kommen kann, gehört zur Natur der Sache. Man muss nicht alles gut heißen, was die anderen tun und sagen. Das kann man bei Martin Luther lernen. Sein Protest gegen die Missstände seiner Zeit hat eine Reformbewegung in Gang gesetzt, für die die gesamte Christenheit dankbar sein muss. Wichtig ist, dass man sich nicht gegenseitig exkommuniziert und damit die Beziehungen abbricht. Solange man mit einander redet und eventuell sogar streitet, ist die Gemeinschaft gewahrt.

All dies sollte der IECLB Mut machen, ihre Diasporasituation anzunehmen und deren Chancen zu nutzen. Sie hat die Aufgabe, das reformatorische Erbe im lateinamerikanischen Kontext zu vertreten und fruchtbar zu machen. Martin Luther und seine Mitstreiter haben auch heute ein gewichtiges Wort zu sagen. Nicht selten wird von maßgeblichen Persönlichkeiten des öffentlichen Lebens beklagt, dass sich der Kontinent so lange gegen die Reformation abgeschottet hat. Das sei von Nachteil gewesen sowohl sozial als auch politisch und kulturell. Es gibt also einiges aufzuholen. Natürlich muss das Evangelium in einer neuen Situation neu gesagt werden. Für das lutherische Bekenntnis gilt das gleiche. Das Rezitieren alter Dogmen reicht nicht aus. Sie dürfen ruhig kritisch hinterfragt werden, wenn die Absicht leitend bleibt, heutiges Glauben und Bekennen zu ermöglichen und zu stärken. Gerade darin liegt der Reiz der Predigt. Sie muss in der Tradition verwurzelt sein und doch als aktuelle Botschaft gesagt werden. Als Diasporakirche dürfte die IECLB ein besonderes Gespür für diese Aufgabe haben.

Mit dieser Aufgabe befindet sie sich nicht allein auf weiter Flur. Diaspora ist kein evangelisch-lutherischer Sonderfall. Sie teilt sie mit anderen evangelischen Kirchen in Brasilien und Lateinamerika wie auch zunehmend mit ihrer großen katholischen Schwesterkirche. Es ist nicht mehr selbstverständlich auf diesem Kontinent, „katholisch" zu sein. Dafür ist einmal das enorme Wachstum der pfingstlerisch orientierten Gruppen verantwortlich. Es gibt immer mehr Menschen, die sich selbstbewusst als „evangélicos" bezeichnen. Außerdem nimmt die Zahl derer zu, die angeben, keiner Religion anzugehören. Das ist das Ergebnis der letzten Volkszählung im Jahre 2010. Noch handelt es sich um eine kleine Gruppe. Aber sie befindet sich im Aufwind. Allerdings ist nicht klar, wie die Angabe „sem religião" (ohne Religion) zu interpretieren ist. Identifizieren sich mit ihr nur diejenigen, die keiner kirchlichen bzw. religiösen Institution angehören, oder tatsächlich Menschen, die konsequent dem Glauben abgesagt haben? Tatsache ist, dass auch die brasilianische Gesellschaft auf mehr Säkularität zusteuert und damit die Kirchen an den Rand drängt. Neben oft glühender Religiosität nimmt die Skepsis zu und multipliziert den Pluralismus in Glaubensfragen. Was darf, ja was muss man heute glauben? Darauf gibt es keine gemeinsame Antwort. Im Gegenteil, die Konkurrenz vieler disparater weltanschaulicher Strömungen sorgt für Verwirrung. Gleichzeitig verschärft sie die Diasporasituation der herkömmlichen Kirchen und fordert von ihnen den „Beweis des Geistes und der Kraft" (1 Kor 2.4).

Was für die evangelischen Kirchen in Brasilien und Lateinamerika zutrifft, ist in gewisser Weise typisch für die heutige Situation der Christenheit weltweit. Natürlich gibt es Unterschiede von Land zu Land und von einer Region zur anderen. Und doch hat die Kirche Jesu Christi im 21. Jahrhundert einen so schweren Stand wie lange nicht mehr. Sie befindet sich auf dem Rückzug oder wird brutal verfolgt. Auch im so genannten christlichen Westen verliert das Christentum Plausibilität. Religion ist für Viele suspekt und darum zu einem Phänomen geworden, auf das man verzichten sollte. Der Glaube an Gott scheint überflüssig. Weit schlimmer sieht es in den arabisch dominierten Gebieten aus, in denen die letzten Christen um ihr Überleben ringen. Gewiss, nicht überall geht die Zahl der Christen zurück. Es gibt auch Wachstum. Doch aufs Ganze wird man urteilen müssen, dass die Christenheit schrumpft. Dies vor allem in den Ländern ihres Ursprungs im Nahen Osten. Sie wird, wenn nicht alles täuscht, zu weltweiter Diaspora verurteilt und damit auf ihre Ausgangsposition zurück geworfen. Die Kirche Jesu Christi begann als kleiner Haufen, der sich gesandt wusste, im großen römischen Reich für den

Glauben zu werben und Gemeinden zu gründen. Die Apostel waren nicht überall willkommen. Doch davon ließen sie sich nicht abschrecken. Sie und ihre Mitarbeiter steckten mit ihrer Überzeugung Menschen an, die sich zunächst in Hausgemeinden zusammen fanden und damit das Fundament der Kirche legten, die sich später über den Globus verbreiten sollte. Diaspora war die Normalsituation der Christenheit.

Sie wird es wohl auch heute wieder werden. Umso wichtiger wird das, was man „Gemeindesolidarität" nennen kann. Die stärkeren Gemeinden unterstützen die schwachen und helfen ihnen auf die Beine. Das Gustav-Adolf-Werk hat darin eine Vorreiterrolle gespielt. Mit Recht ging es ihm zunächst um die evangelischen Gemeinden, die unter ihrer Diasporasituation besonders zu leiden hatten. Es orientierte sich an Gal. 6.10, wo es heißt: „Lasst uns Gutes tun an jedermann, allermeist aber an des Glaubens Genossen." Nicht selten hat man sich an dem Vorrang gestoßen, der den Glaubensgenossen zugesprochen wird. Dabei übersah man, dass Nächstenliebe, soll sie glaubwürdig sein, stets bei den „Familienangehörigen" beginnt. Wer die „nächsten Nächsten" übersieht, wird die fernen kaum erreichen. Jedenfalls hat sich das Gustav-Adolf-Werk nie in konfessionalistische Enge treiben lassen. Es ging ihm um Sammlung und Stärkung evangelischer Gemeinden in der Zerstreuung, nicht um Bekämpfung ihrer Gegner.

Das ist nach wie vor wichtig. Gemeindesolidarität muss bei den Konfessionsverwandten ihren Ausgang nehmen. Die müssen wissen, dass sie unterstützt werden von Brüdern und Schwestern, die ähnlich oder genauso glauben wie sie. Das Bewusstsein, einer Glaubensgemeinschaft anzugehören, entwickelt erstaunliche Kräfte. Das gilt freilich nicht nur für die evangelischen Christen. In globalen Zeiten sollten alle Christen näher zusammen rücken und sich neu als Schicksalsgemeinschaft verstehen lernen. Was einem Glied der Kirche Jesu Christi angetan wird, trifft den ganzen Leib. Das setzt ein geschärftes ökumenisches Bewusstsein voraus. Konfessioneller Exklusivismus sollte der Vergangenheit angehören. Nicht dass die Differenzen unter den Teppich gefegt werden dürften. Sie sind keineswegs irrelevant und sollten Diskussionsgegenstand sein und bleiben. Aber sie gehören in einen Horizont, in dem das Gemeinsame das Trennende überwiegt. Eine solche Überzeugung verändert entscheidend die Diasporasituation sowohl des einzelnen Christen wie auch der Gemeinden und Kirchen. Sie wird nicht suspendiert, aber sie bekommt neue und ermutigende Perspektiven durch das Wissen um mittragende Solidarität von Freunden und Glaubensgeschwistern in aller Welt.

Einheit in versöhnter Vielfalt
Die Buntheit der Evangelischen Kirche am La Plata

von René Krüger

Eine etwas wunderliche Meinung

Besucht jemand zum ersten Mal die Evangelische Kirche am La Plata (EKaLP),[1] so wird er ein äußerst buntes Panorama vorfinden. Eventuell wird er sich benommen oder verwirrt fühlen; aber er könnte auch versucht sein, dieses Szenario zu überschätzen und zu idealisieren.

Paulus schreibt im Ersten Thessalonicherbrief 5,21: *Prüfet aber alles, und das Gute behaltet.* So möchte ich Sie zu einem kurzen Durchgang durch einige Landschaften der EKaLP einladen, um zu sehen, zu prüfen, zu bewerten und abzuwägen, was für eine solche Kirche unverzichtbar ist.

Ich beginne mit einem Zitat: „In der EKaLP gilt alles, da fordert niemand etwas von dir; du kannst glauben und tun, was du auch immer willst".

Vor mehr als zwei Jahrzehnten habe ich diese Meinungsäußerung in einem Gespräch gehört, in dem die verschiedenen evangelischen Kirchen und die jeweiligen Glaubensrichtungen und „Vorschriften" miteinander verglichen wurden. Auch wenn sich vielleicht manche Mitglieder unserer Kirche sehr bequem mit dieser lockeren Ungezwungenheit fühlen und sie als Ausdruck der christlichen Freiheit ansehen mögen, so bin ich für meinen Teil zutiefst besorgt über diese Behauptung.

Es ist zunächst mal eine Tatsache, dass wir in der EKaLP eine enorme Vielfalt haben, sowohl was ihre Geschichte wie auch ihre Beschaffenheit als kirchliches Gebilde anbelangt. Ich erwähne nun einige wichtige Bestandteile dieser Vielfalt, die durch zwei Bänder zusammengehalten wurden und werden: durch den synodalen Charakter und die Diasporasituation. Dann komme ich zu den Wurzeln, aus denen die EKaLP lebt und mit denen sie

---

[1] Iglesia Evangélica del Río de la Plata (IERP), http://ierp.org.ar/
Kurzinfo: http://de.wikipedia.org/wiki/Evangelische_Kirche_am_La_Plata

ihre Aufgaben angeht, und weise schließlich auf einige konkrete Herausforderungen hin.[2]

Die erste Gemeinde dieser Kirche entstand 1842–1843 in der argentinischen Hauptstadt Buenos Aires durch Einwanderung deutschsprachiger
Evangelischer lutherischer, reformierter und unierter Herkunft. Durch die
staatlich geförderte Masseneinwanderung bildeten sich nach und nach in den
drei La-Plata-Ländern Argentinien, Paraguay und Uruguay immer mehr Gemeinden von deutschsprachigen Evangelischen aus deutschen Landen und ab
1871 aus Deutschland, aus der Schweiz und aus den deutschen Wolgakolonien
in Russland. Dazu kamen weitere Migrantenfamilien aus Österreich, den
deutschen Kolonien in Südrussland, Bessarabien, Wolhynien und Osteuropa.
Um die Jahrhundertwende kamen auch deutschsprachige Zweitwanderer aus
Brasilien nach Paraguay und Argentinien. 1899 schlossen sich die ersten acht
Gemeinden zur Deutschen Evangelischen La Plata Synode zusammen. Im
Laufe der Zeit schlossen sich auch die übrigen Gemeinden der Synode an.
1965 nahm die Synode den Namen Evangelische Kirche am La Plata an. Sie
umfasst heute 42 Gemeinden mit insgesamt 240 Predigtstellen.

1. Vielfalt in der Geschichte und im Wesen der EKaLP
1.1. Das Deutsche

Seit ihren Anfängen und nahezu durch das ganze 20. Jahrhundert hindurch
war unsere Kirche als die *Deutsche Kirche* bekannt. Das konnte weder von
einem Tag zum anderen durch die Umbenennung der Synode geändert werden noch durch den Namenswechsel mehrerer Gemeinden, die das Adjektiv
„Deutsch" aus ihrem offiziellen Namen entfernten. Für die Mitglieder und
die Umwelt waren wir die deutsche Kirche oder die Kirche der Deutschen.
Sprache schafft zwar Realitäten, schafft sie aber nicht einfach ab oder gar
aus der Welt.

---

[2] Alle hier vorgetragenen Fakten, Aussagen, Details usw. sind durch entsprechende
Belege wie Synodalberichte, Untersuchungen, Artikel und andere Texte gesichert und
werden gerne auf Anfrage geliefert. Aus Platzgründen werden nur ganz wenige davon
angeführt. Ich verweise zudem auf die ausgezeichnete Dissertation von Claudia Häfner
mit ihrer nahezu vollständigen Bibliografie zur EKaLP, siehe unten.

Dabei ist zu beachten, dass die Gemeinden von deutschsprachigen Evangelischen gegründet wurden, und diejenigen, die aus den Landen kamen, die erst 1871 zu Deutschland wurden, waren für die südamerikanische Wahrnehmung einfach Deutsche – auch lange bevor es das politische Gebilde *Deutschland* gab. Die deutschsprachigen Einwandererfamilien aus der Schweiz galten meistens als Schweizer, aber auch als Deutsche; diejenigen, die aus den deutschen Kolonien in Russland stammten, waren als russische Staatsbürger eingetragen und galten im Volksmund als „Russen", fühlten sich aber ausnahmslos als Deutsche. Die Zweitwanderer deutschen Ursprungs aus Brasilien galten mal als Deutsche, mal als Brasilianer; die Reichsdeutschen nannten sie Deutschbrasilianer. Mit Österreich und Osteuropa wurde keine so genaue Herkunftsgeografie betrieben und man sprach einfach von „Deutschen".

Die spanischsprachige, katholische Umwelt gab sich überhaupt keine Mühe, semantische Feinheiten der Unterscheidung zwischen „deutsch", „Deutsch", „Deutsche", „Deutschsprachige", „Reichsdeutsche", „Volksdeutsche", „Deutschstämmige" usw. festzustellen. Sprache und dazu Hautfarbe reichten vollkommen aus, um die Eingewanderten zu bestimmen. Der gemeinsame Nenner bestand ja darin, dass es Menschen deutscher Sprache waren, die sich in den von ihnen gegründeten evangelischen Gemeinden sammelten.

Trotz der sich aus diesem Erbe während der Nazizeit und in den folgenden Jahren ergebenden Schwierigkeiten wollen wir aber auch das Positive des gemeinsamen Nenners *deutsche Sprache und evangelischer Glaube lutherischer, reformierter und unierter Herkunft feststellen.*

Die Gründerinnen- und Gründergenerationen unserer Kirche haben einige Realitäten geschaffen, zu deren Verwirklichung es in Europa noch viele Jahrzehnte und in einigen Bereichen sogar anderthalb Jahrhunderte brauchte: die Vereinigung der Deutschen, bevor es ein sich Deutschland nennendes politisches Gebilde gab; das Zusammenwachsen von Menschen aus sehr unterschiedlichen geografischen Ursprüngen, als es weder die Vereinten Nationen und erst recht keine Europäische Union gab; die Vereinigung der Lutherischen und Reformierten über die Altpreußische Union hinaus, als sich noch niemand eine Leuenberger Konkordie vorstellen konnte. Hinzu kam eine die Landesgrenzen am La Plata übergreifende Bildung einer Dreiländerkirche, als das alte spanische La-Plata-Vizekönigreich schon lange zerstückelt worden war[3] und der Gemeinsame Markt des Südens *(MERCOSUR)*[4] nicht einmal in der tollsten Fantasie möglich war.

Das Panorama wäre jedoch zu idealistisch, wenn die Schwierigkeiten nicht auch auf den Tisch gelegt würden. Hiermit meine ich eine Art Zwiespalt in Bezug auf die Anbindung der Synode an Deutschland.

Auf der einen Seite sind wir als EKaLP allen kirchlichen Gebilden in Deutschland absolut dankbar, dass sie uns unter die Arme gegriffen und so lange geholfen haben bzw. helfen. Das gilt für die Altpreußische Union – unter welchem ihrer verschiedenen Namen auch immer; die mittlere Generation kennt sie als EKU bis 2003; für das Kirchliche Außenamt und seine Nachfolger, die den Kontakt zwischen dem übergreifenden Dachverband und den Kirchen im Ausland herstellten und pflegten; für die große EKD als Partnerin der kleinen EKaLP; für das Gustav-Adolf-Werk; für evangelische Vereine, die die deutschen Gemeinden im Ausland unterstützten; für vielfältige Beziehungen zu den Kirchen und Gemeinden in Württemberg, Westfalen, Rheinland, Berlin usw. Das gilt für die Entsendung von Pfarrern und Pfarrerinnen, Beratung, Hilfe zur theologischen Aus- und Fortbildung, massiver Unterstützung der Diakonie, Beihilfen, Spenden, Literatur, Finanzierung von Kirchbauten, Partnerschaften, Besuche, Veröffentlichungen und vieles andere mehr.

Es war ein starker Fluss an Personal und Mitteln vom deutschen Norden in den La-Plata-Raum, praktisch seit 1842–1843, als eine erste Versammlung der deutschsprachigen Evangelischen in Buenos Aires sich als Deutsche Evangelische Gemeinde einen eigenen Pfarrer wünschte, der auch als Lehrer einer deutschen Schule wirken sollte. Sie richteten ein entsprechendes Gesuch an einen Hilfsverein in Bremen, dessen Ziel die Unterstützung der Protestanten im Ausland war. 1843 traf der von diesem Verein entsandte Pfarrer Ludwig Siegel in Buenos Aires ein, und seitdem fließt besagter Fluss aus Deutschland.

Klar, die Ziele der 1858 entstandenen Schweizerischen reformierten Kirchenkonferenz sahen eine solche Hilfe für die von Schweizern gegründeten Gemeinden im Ausland noch nicht vor; und als der Schweizerische Evangelische Kirchenbund 1920 gegründet wurde, hatte die Altpreußische Union

---

[3] Der Auflösungsprozess dieses Vizekönigreichs begann 1810 und endete mit der Bildung mehrerer unabhängiger Staaten. Außer den drei heutigen La-Plata-Ländern gehörte auch ein Großteil des heutigen Bolivien zum Gebiet dieses Vizekönigreichs.

[4] http://www.mercosur.int/

schon viele Jahrzehnte Erfahrung mit den Beziehungen und der Unterstützung der Evangelischen im Ausland. Ebenso das GAW, bekannt, geschätzt und geliebt in jeder einzelnen Gemeinde der deutschstämmigen Kirchen in Chile, Brasilien und in den La-Plata-Staaten.

Russland hatte überhaupt kein Interesse für die Russlanddeutschen, die sich in den USA, Kanada, Brasilien und Argentinien ab 1870 eine neue Existenz aufbauen mussten und ihre Gemeinden gründeten; die Sowjetunion noch viel weniger; Österreich war zu 90 Prozent ein katholisches Land, und die Protestanten dort brauchten selber Hilfe (ja, wenn es das GAW nicht gäbe, müsste man es erfinden!); und so konzentrierten sich unsere Beziehungen eindeutig auf Deutschland. Nur dort war man gewillt und in der Lage, den Bitten um Entsendung von Pfarrern und finanziellen Beihilfen nachzukommen.

Diese Beziehungen erstarkten mit der Schaffung des Deutschen Reiches 1871 und gaben der Synode ein starkes nationales bis nationalistisches, preußisch-deutsches Gepräge. Die Synode wurde auf beiden Seiten des Atlantiks als eine südamerikanische Filiale der Heimatkirche angesehen.

Das Selbstbewusstsein am La Plata verzeichnete ein interessantes Gefälle von den sogenannten Reichsdeutschen zu den Volksdeutschen aus Osteuropa, Russland und Brasilien hin. Einige Folgen dieser unterschiedlichen Bewertungen, die auch stark mit sprachlichen Gegebenheiten und Frömmigkeitsstilen zusammenhingen, waren noch lange Jahre hindurch zu bemerken. Quer zu dieser Einordnung der zwei „Klassen" von Deutschen befanden sich die Schweizer, denn sie gehörten weder zum „Reich" (Gott bewahre!) noch zu den Volksdeutschen.

Durch die Beziehungen zu Deutschland, die sich eben nicht zu den Herkunftsländern aller Gemeindeglieder herstellen ließen, kam es zu einer Art „Einverleibung" mehrerer Dimensionen der Kirche, die eigentlich nicht strikt deutsch waren oder zu Deutschland gehörten. Viele Mitglieder, unter ihnen auch viele Volksdeutsche, fühlten sich von der deutschen nationalen Idee angezogen und erlagen in den Braunen Jahren der Ideologie des Nazismus, die ihnen eine vermeintliche Anerkennung als „wahre Deutsche" und nicht mehr „Deutsche zweiter Klasse" vermittelte. Mit dem Zusammenbruch Deutschlands 1945 erwies sich dieses Gefühl des Dazugehörens als blankes Trugbild, wie so vieles in diesem „Tausendjährigen Reich".

Für die Wolgadeutschen am La Plata kam es 1941 auch zum völligen Abbruch der bis dahin noch gelegentlich funktionierenden Postverbindung zu ihren inzwischen weitläufigen Verwandten an der Wolga. Nachdem am

22. Juni 1941 Hitler den Pakt mit Moskau gebrochen hatte, hatte Stalin nun auch ein Scheinmotiv, mit totaler Härte gegen die Wolgadeutschen vorzugehen, nachdem bereits in den Hungerjahren viele von ihnen elendig gestorben waren und in den Dreißigerjahren ihr kirchliches Leben vernichtet worden war. Mit der Scheinbegründung, Blutvergießen zu verhindern, da die Deutschen der Autonomen Sozialistischen Sowjetrepublik der Wolgadeutschen angeblich „Spione, Kollaborateure und Saboteure Hitlers" waren, wurde durch den Erlass vom 28. August 1941 diese Republik liquidiert und die Deutschen nach Sibirien und Kasachstan verbannt. Mit dieser Zwangsumsiedlung und der Vernichtung Tausender Menschen durch Massenerschießungen, in der Trudarmee und im Gulag erstarb auch jeglicher Kontakt mit Südamerika. Daran änderte auch die Rehabilitation von 1964 nichts mehr.

Der tragische Wahn des Dritten Reichs hat den deutschen Charakter der Synode verstärkt, jedoch auch dazu geführt, dass nicht nur mehrere Mitglieder sich unwohl in diesem angebräunten Milieu fühlten, sondern sogar ganze Gemeinden. Nueva Helvecia in Uruguay, eine stabile Gemeinde mit schweizerischem und deutschem Ursprung, löste sich von der Synode, allerdings ohne die Verbindung ganz abreißen zu lassen, ließ dann 15 Jahre lang ihre Gottesdienste und Amtshandlung von Pfarrern der benachbarten Waldenserkirche und ab und zu vom Pfarrer von Montevideo durchführen und schloss sich erst 1962 wieder der La-Plata-Synode an. In den Dreißigerjahren siedelten sich in der Provinz Misiones Migranten aus der Schweiz an, die durch Entsandtpfarrer aus der Schweiz betreut wurden. Die Evangelische Schweizerkirche in Misiones, finanziell unterstützt aus der Heimatkirche, zog es vor, sich nicht der La-Plata-Synode EKaLP anzuschließen. Der Hauptgrund braucht nach dem bisher Dargelegten ja wohl nicht genannt zu werden. Erst 1995, ein langes halbes Jahrhundert nach dem Ende der Naziherrschaft und nach mehreren Jahren guter Kontakte zu EKaLP-Gemeinden in Misiones, hat sich diese Gemeinde der EKaLP angeschlossen.

Es darf aber auch hervorgehoben werden, dass es in der Synode Gemeindeglieder und Pfarrer gab, die sich entschieden der Naziideologie und -politik entgegen stellten. Die Pfarrer Ernst Heuser und Gottfried von der Trenck stehen hier für so manche.

Das ist inzwischen alles Geschichte; und wir können Gott dankbar sein, dass diese starken politischen Differenzen in jenen Jahren die Kirche nicht zerrissen haben, sondern institutionell und durch einen wenn auch langsamen, aber doch natürlichen Verwurzelungsprozess der Kirche am La Plata überwunden wurden. Der Rückblick erlaubt uns heute festzustellen, dass die Vielfalt der Ursprünge und Ausdrücke von Kultur und Glaubensformen auch ein enormer Reichtum war. Ebenso sind wir dankbar, dass die EKaLP neben dem partnerschaftlichen Vertrag mit der EKD nun auch nach langjährigen Verhandlungen 2007 einen Partnerschaftsvertrag mit dem Schweizerischen Evangelischen Kirchenbund unterschrieben hat.

1.2. Die Sprachenfrage

Die sprachliche Vielfalt mit ihren unterschiedlichen Bewertungen und Problemen und die langwierigen Diskussionen in der Kirche um Deutsch, nur Deutsch, Deutsch und Spanisch, nur noch Spanisch haben zahlreiche Pfarr- und Bezirkskonferenzen, Sitzungen des Kirchenrates, Vorträge, mehrere Synodalversammlungen und eine Riesenmenge Seiten des *Evangelischen Gemeindeblatts* (die offizielle Veröffentlichung der Synode/Kirche) in Anspruch genommen. Mit der Zeit siegte hier die seelsorgerliche Besonnenheit über sämtliche extreme Haltungen, die oft unsachlich und mit auf Kulturvorstellungen und Gefühlen gegründeten Argumenten hochgehalten wurden, aber an den Menschen vorbeischauten. Die sprachliche Komplexität wurde seelsorgerlich gelöst, nicht mit philosophischen Scheinbeweisen, deren Fragestellungen heute vielleicht skurril erscheinen, wie zum Beispiel ob man das Evangelium reformatorischer Prägung überhaupt in einer anderen Sprache als Deutsch verkündigen kann oder welchen Sinn es habe, das Spanische zu benutzen, wo es doch in Argentinien genügend evangelische Kirchen gäbe, die dies bereits tun. Und im Hintergrund standen oftmals schweigend und entmutigt die Eltern der nicht mehr des Deutschen mächtigen Kinder, die Mischehen und die ersten „Hiesigen", die sich in einen Gottesdienst verirrt hatten, ohne viel davon zu verstehen.[5]

Die seelsorgerliche Lösung war die bewusste und engagierte Aufnahme der Zweisprachigkeit in dem Sinn, dass die Mitglieder und Gemeindegruppen jeweils in der Sprache betreut werden sollen, die sie besser verstehen, mit einer

---

[5] Ein kleines Beispiel zu dieser Thematik: Die Probleme der Zweisprachigkeit unserer synodalen Arbeit. Sonderdruck aus dem Bericht über die 20. Tagung der Deutschen Evangelischen La Plata-Synode, DELPS, Buenos Aires (1959).

ganz natürlichen Tendenz zum Spanischen durch das Nachrücken der am La Plata geborenen und aufgewachsenen Generationen. Heute sieht dies so einfach aus, aber bis zu diesem Schritt war es ein weiter Weg.

Die Geschichte hat diesen Synodalentschluss voll bestätigt und sogar noch bereichert. Heute ist die EKaLP eine Kirche, in der neben der Hauptsprache Spanisch auch noch in manchen Gemeinden deutsche Gottesdienste gefeiert werden, dazu kommt Portugiesisch durch die erneute Einwanderungswelle von Brasilien nach Paraguay und Misiones in den Sechzigerjahren; bei vielen Gemeindegliedern in Paraguay auch Guarani, zwar nicht als Kirchen-, aber als Umgangssprache im Verkehr mit ihren Mitmenschen; und dazu mindestens drei klar zu unterscheidende Dialekte, die noch breit verwendet werden: Schweizerdeutsch, riograndenser Hunsrückisch und Wolgadeutsch – abgesehen von Mischsprachen wie Belgranodeutsch und Portuñol (Mix aus Portugiesisch und Spanisch in den Grenzgebieten). Theologiestudierende studieren gerne ein Jahr in Leipzig durch das Stipendium des GAW, so mancher Pfarrer macht einen Studienaufenthalt in der EKD, gegenseitige Besuche aller Art sind an der Tagesordnung, mehrere Jugendliche aus der EKaLP arbeiten als Volontäre ein Jahr in einer Gemeinde in Deutschland und zurzeit helfen etwa 70 junge Leute aus Deutschland ein Jahr lang in einer La-Plata-Gemeinde mit. In Deutschland und am La Plata werden Diplomarbeiten[6] und Dissertationen[7] über die Geschichte der EKaLP verfasst und man bemüht sich, die Zusammenhänge und die gemeinsamen Wege zu erfassen.

---

[6] Aus Platzgründen ist es nicht möglich, alle im Detail aufzulisten; Diplomarbeiten über die EKaLP wurden geschrieben von Ayala, Becker, Beros, Cirigliano, Dalinger, Kalmbach, Mohr, Münter, Pellini, Rochon, Rosenthal, Tech, Techera, Zapte – inzwischen nahezu alle im Pfarramt der EKaLP. Eine in Deutschland geschriebene Arbeit muss unbedingt erwähnt werden: Barbara Ucik-Seybold, „Compartir el pan" – Das Brot teilen. Die Iglesia Evangélica del Río de la Plata (IERP) als diakonische Kirche. Entstehung, Vernetzung und heutige Situation im Kontext Argentiniens, Diplomarbeit am Diakoniewissenschaftlichen Institut der Ruprecht-Karls-Universität Heidelberg, 2007.

[7] Drei Dissertationen: Ekkehardt Heise, La Diaconía de la Encarnación como liberación de las iglesias. ISEDET, 1995. Bovenden, Unitext-Verlag Göttingen, 1995; Daniel Beros, Heimat für Heimatlose. Die Sprache des Glaubens und die Suche nach Bodenständigkeit bei russlanddeutschen Migranten in der La-Plata-Region zwischen 1925 und 1955, Erlangen, Erlanger Verlag für Mission und Ökumene, 2007 (Spanisch: Buenos Aires, 2012); Claudia Häfner, Heimischwerdung am La Plata. Von der Deutschen Evangelischen La Plata Synode zur Iglesia Evangélica del Río de la Plata, Münster, LIT-Verlag 2008. (Spanisch: Buenos Aires, 2014).

1.3. Die politische Ebene

In unserer Kirchengeschichte mussten zwei sehr gefährliche Epochen durchgestanden werden, in der die politischen Differenzen stark an der Einheit der Kirche zerrten: die Jahre des Dritten Reichs und die der Militärdiktaturen in den La-Plata-Ländern. Die erste Bedrohung löste sich praktisch von selbst durch den Zusammenbruch 1945, obwohl der Nachhall dieser Stacheln noch mehrere Jahrzehnte hindurch zu bemerken war und es immer noch Zysten davon gibt. Die zweite Gefährdung wurde wieder mit seelsorgerlichem Feingefühl der Kirchenleitung und mehrerer Kollegen überwunden, die die Begleitung und Verteidigung politisch verfolgter Menschen als Teil ihrer Aufgabe ansahen und sich dementsprechend engagierten. Während die Evangelisch-Lutherische Kirche in Chile[8] wegen der damals nicht auszusöhnenden gegensätzlichen Haltungen in Sachen Menschenrechtsarbeit und Begleitung der vom Militärregime Pinochets Verfolgten eine leidvolle Spaltung erlitt, die trotz aller Vermittlungsversuche der EKD zur Bildung einer weiteren lutherischen Kirche auf chilenischem Boden führte und immer noch nicht überwunden ist,[9] konnte die EKaLP trotz gravierender Meinungsunterschiede in ihrer Mitte eine Kirchenspaltung vermeiden. Der Einsatz für Verfolgte, Verschwundene und deren Familien wurde mit pastoraler und ökumenischer Diplomatie und Verständnis für andere Meinungen durchgeführt, ohne immer das Engagement sofort zur Schau zu stellen; und im Laufe der Zeit konnte dann ein gewisses Bewusstsein für diese Aufgabe wachsen, sodass die Verteidigung und Förderung der Menschenrechte (und auch die Bewahrung der Umwelt) sogar in die neuen Statuten der Kirche aufgenommen werden konnte, so geschehen auf der Synodal- und Generalversammlung 1998.[10]

---

[8] Iglesia Evangélica Luterana en Chile (IELCH), http://ielch.cl/v2/
[9] Iglesia Luterana en Chile (ILCH), http://www.iglesialuterana.cl/
  Zu diesen Kirchen siehe: Fritz Mybes, Die Geschichte der aus der deutschen Einwanderung entstandenen lutherischen Kirche in Chile. Von den Anfängen bis zum Jahre 1975, Düsseldorf, Schriften des Archivs der EKiR Nr. 5, 1993; Daniel Lenski, Die Spaltung der Evangelisch-Lutherischen Kirche in Chile 1974/75, herausgegeben vom Rat der lutherischen Kirchen in Chile. La división de la Iglesia Evangélica Luterana en Chile 1974/75. Köln, Roland Reischl Verlag, 2006. (zweisprachig).
[10] Synodalbericht 1998, S. 160–161.

Noch liegt eine Riesenaufgabe vor der Kirche: die kritische Aufarbeitung der Geschichte mit all dem, was in ihrer Mitte in jenen verhängnisvollen Jahren des „Braunen Lochs",[11] d. h. der Nazizeit, und in den „Bleiernen Jahren",[12] d. h. während der Militärregierungen im Südkegel Lateinamerikas. Sicher wird das auch eines Tages in Angriff genommen werden; Ansätze für eine solche Aufarbeitung sind bereits vorhanden, wovon mehrere Artikel und Diplomarbeiten Zeugnis geben.[13]

1.4. Die theologische Vielfalt

Hier handelt es sich um ein äußerst komplexes Feld, denn die am La Plata zusammentreffenden theologischen Erbanteile und Frömmigkeitsstile sind so verschiedenartig, dass es wie ein Wunder scheint, dass wir weiterhin eine im Vollsinn des Wortes Unierte Kirche sind. Doch gerade diesen Tatbestand möchte ich *versöhnte Vielfalt* nennen.

In den sechziger und siebziger Jahren des 20. Jahrhunderts gab es mehr als ein Dutzend zum Teil sehr verschiedener Ausbildungsrichtungen in der Pfarrerschaft.[14] Es war wirklich nahezu alles vertreten, was man sich hier vorstellen konnte: von der klassischen Theologischen Fakultät einer deutschen Universität mit ihren verschiedenen Ausrichtungen, mal liberal, mal Bultmannianisch, mal Barthianisch, bis zur Ausbildungsstätte für Katecheten, dazwischen die ersten Bodenständigen aus der Lutherischen und der Evangelischen Fakultät in Buenos Aires, Unterweissacher (Bahnauer Bruderschaft), Prediger pietistischer Richtung und aus Bibelschulen, Gemeindehelfer, Diakone, ein Jugendwart, Gemeindehelferinnen, Missionare, Evangelisten, Lektoren. Obwohl es auch manch harte Diskussion gab, in denen den Einen akademische Überheblichkeit und den Anderen Frömmelei vorgeworfen wurde oder ein Superschlauer mit etwas Geringschätzung auf die „Schmalspur-Theologen"

---

[11] Formulierung in Anlehnung an die Schwarzen Löcher, die der Astronomie bekannt sind und wegen der extremen Gravitation alles schlucken, sogar das Licht.

[12] Argentinischer Ausdruck für die Jahre der Militärdiktatur genannt, wegen der Bleikugeln: *Años de plomo.*

[13] Pablo Münter, Diplomarbeit ISEDET 1993; Walter Techera, idem, 1995.

[14] Das ist jetzt nicht gegen-gegendert, denn die erste Pfarrerin Silvia Ramírez wurde 1980 ordiniert.

blickte; und obgleich es auf einer Pfarrkonferenz 1973 zu einer gefährlichen Konfrontation zwischen den „rebellischen Bodenständigen" der „verfluchten Eck" dieser „Jungen" und den „quadratischen,[15] spießigen Deutschen" kam, so waren doch das gemeinsame Erbe der Reformation und der bekenntnismäßig unierte Charakter der Kirche stärker als das Gezerre zwischen Liberalen, Freidenkern, Vertretern der Theologie der Deutschen Christen, Antinazis, Freimaurern (ja, die gab's auch, sogar in allerhöchsten Rängen), orthodoxen Lutheranern, Pietisten, Fundamentalisten, Befreiungstheologen, Menschenrechtlern, überzeugten Reformierten, Praktikern, Theoretikern, „Unpolitischen" und „Politischen" und anderen Spezies.

Ein Ähnliches kann man von den Gemeindetypen sagen. Da wurden einige von Freidenkern beherrscht und andere waren wiederum stark vom Pietismus und der wolgadeutschen Brüderbewegung geprägt. Verschiedene Richtungen innerhalb der Gemeinden gab es immer und an allen Orten. In den Urwaldsiedlungen und in den endlosen Weiten der Pampa sahen die Menschen vielleicht ein- bis zweimal pro Jahr einen Reiseprediger, dann gab's Massentaufen und Nachtrauungen und mehr war nicht drin; andere Gemeinden hielten treu an ihren lutherischen bzw. reformierten Gepflogenheiten fest, vor allem an den jeweiligen Katechismen (Luthers Kleiner und der Heidelberger); dann gab es wieder Mitglieder, die mit enthusiastischen Frömmigkeitsausdrücken und pfingstlerischen Evangelisationsmodellen liebäugelten, und andere, die von Mission neben den traditionellen Gottesdiensten überhaupt nichts wissen wollten. Aber überall konnte die Diakonie entstehen und wachsen!

Das soll nun wirklich keine romantische Verklärung eines religiösen „Multi-Konfe-Klubs"[16] sein. Die Geschichte der EKaLP registriert auch zwei Abspaltungen, die zu ihrer Zeit tiefe Betroffenheit, Trauer und Sorgen hervorriefen und zu Rivalitäten, Entzweiungen in Familien, Geringschätzung, Verachtung und in einem Fall sogar zu einem Gerichtsprozess wegen Verleumdung geführt haben.[17]

Zu Anfang des 20. Jahrhunderts hat ein gewisser Mathesius eine Spaltung auf dem Gebiet der Gemeinde San Antonio in Entre Rios hervorgerufen, nachdem er einige Zeit lang dort bereits pfarramtliche Dienste getan hatte. Als er vom Synodalrat nicht als Pfarrer anerkannt wurde, da er keinen

---

[15] Im spanischen Sprachgebrauch für unflexibel.
[16] Frei nach dem deutschen „Multi-Kulti".
[17] Synodalbericht 1914, S. 22–24.

Beweis seiner von ihm behaupteten Ordination erbringen konnte, rief er 1905 die Missourisynode der Vereinigten Staaten zu Hilfe und übergab dem von diesem Kirchengebilde von Brasilien aus entsandten Pfarrer das Gebiet zur Betreuung. Das war der Beginn der heutigen *Argentinischen Evangelisch-Lutherischen Kirche.*[18] Später ist ein Großteil der Mitglieder der Gemeinde San Antonio wieder zur ursprünglichen Kirche zurückgekehrt.

1922 hat der Lehrer Georg Geier in der Gemeinde San Antonio eine weitere Spaltung hervorgerufen. Dieser wolgadeutsche Einwanderer hatte wegen des akuten Pfarrermangels Lesegottesdienste, Konfirmandenunterricht u. a. m. übernommen, konnte aber wegen fehlender Ausbildung von der Synodalleitung nicht mit dem vollen Pfarramt beauftragt werden. Nach Zwistigkeiten in der Gemeinde beschloss eine abgespaltene Gruppe, eine eigene Gemeinde zu bilden und setzte Geier als Pfarrer ein. Er wurde später von den aus den USA zu Hilfe gekommenen Kongregationalisten ordiniert. Dies war der Beginn der heutigen *Evangelisch-Kongregationalen Kirche.*[19]

Nun ist die schnelle Ausdehnung der Missouri und der Kongregationalisten in Entre Rios und in anderen Provinzen Argentiniens und der Missouri später auch in Paraguay nicht auf die Ordinationsprobleme eines Mathesius oder eines Geier zurückzuführen, sondern hauptsächlich auf zwei Faktoren: Die La-Plata-Synode sah sich außerstande, das riesige Gebiet, auf dem in rasender Geschwindigkeit ständig neue Bauernsiedlungen von Evangelischen deutscher Sprache entstanden, pfarramtlich zu betreuen; und dazu kam die Finanzierungsfrage der Pfarrstellen. Durch die in den ersten Jahrzehnten praktisch hundertprozentige Übernahme der Kosten durch beide Mutterkirchen in den USA brauchten sich die neu entstehenden Gemeinden keine Sorgen wegen der Pfarrgehälter und der Kirchbauten zu machen. Bei relativ armer Landbevölkerung war das ein stichhaltiger Grund „überzutreten". In der EKaLP hingegen mussten die Mitglieder den Großteil der Pfarrgehälter selber aufbringen. Aber auch massive Abwerbung, verbunden mit Hetze und Verleumdungen, fand statt.

---

[18] Iglesia Evangélica Luterana Argentina (IELA), http://www.iela.org.ar/
In Paraguay: Iglesia Evangélica Luterana del Paraguay (IELPA),
http://www.iglesialuterana.org.py/

[19] Iglesia Evangélica Congregacional (IEC), http://www.congregacional.org.ar/

Dieses Gegeneinander und heute Nebeneinander wird heute von so manchen ökumenisch denkenden Mitgliedern als kleine Tragödie angesehen. Die Polemik und die gegenseitigen Verunglimpfungen gehören inzwischen zur überwundenen Geschichte, aber noch immer ist sehr viel zu tun, denn bisher war es noch nicht möglich, die pfarramtliche und missionarische Arbeit sinnvoll, effektiv und ökumenisch zu koordinieren, also, zu einem Miteinander zu gelangen. Durch die Unterschiede der jeweiligen theologischen Ausrichtungen ist vorerst jedoch an keinen Zusammenschluss zu denken.

1.5. Die ekklesiologische Realität: synodaler Charakter und Diasporasituation

Zwei Faktoren haben der EKaLP geholfen, eine ganze Reihe von Konflikten anzugehen und kreativ zu überwinden: ihr synodaler Charakter und die Diasporarealität. Das *gemeinsam auf dem Weg sein und gehen* – das ist ja die Bedeutung von *Synode*[20] – befindet sich in gleicher Entfernung von zwei „Extremen", die für mich, der ich eine typische EKaLP-Identität und -Ausbildung vertrete, gleicherweise „bedrohlich" sind: ein episkopaler Zentralismus, der alles in einer hierarchischen Figur oder in einem allmächtigen Kirchenrat monopolisiert; und ein extremer Kongregationalismus, für den die einzige Macht und alle Macht nur in der Ortsgemeinde liegt, womit dann jede Gemeinde und jeder Pfarrer oder Pfarrerin das tun, was sie wollen. Für beide ekklesiologischen Modelle gibt es Beispiele am La Plata.

Dieser synodale Charakter und die Diasporasituation der EKaLP fördern sich gegenseitig. Dazu ein ganz kurzer Blick auf die alte Geschichte. Sowohl die jüdische Diaspora der zwischentestamentlichen und neutestamentlichen Zeit wie auch die christliche Kirche des ersten Jahrhunderts hatten einen synodalen Charakter. Sie konnten ihre Einheit (nicht Einheitlichkeit) dank einer Reihe von Elementen erhalten, die wie strukturbildende Fäden und quer verbindende Bänder ein riesiges Gewebe darstellten und der geografisch weit ausgedehnten Gemeinschaft eine starke Identität vermittelten. Diese Bänder grenzten durch die klaren Unterscheidungen zwischen Juden und Nichtjuden bzw. zwischen Christen und Nichtchristen die eigene Gemein-

---

[20] Griechisch σύνοδος, sýnodos, *gemeinsamer Weg,* dann *Zusammenkunft, Konzil.*

schaft von der übrigen Mehrheit ab, erlaubten beiden Seiten, diese Unterschiede zu identifizieren, und ermöglichten während jener Jahrhunderte den Gemeinden das Überleben. Im Judentum waren das die Torah, der strikte Monotheismus und die Verwerfung der anderen Religionen, eigene Gesetze, die Beschneidung, der Schabbat, die Ortsgemeinde, die Synagoge, der Tempel (solange er bestand) und die Heimat Israel.[21] In der frühen Christenheit waren es Jesus Christus, das Gemeindeleben, die Taufe, das Mahl des Herrn, der Widerstand gegen den Kaiserkult, die Heiligen Schriften und der missionarische Elan.

Ein Beispiel dazu aus der Geschichte der EKaLP, das aufzeigt, wie die gegenseitige Förderung von synodalem Charakter und Diasporasituation geholfen hat, eine sehr angespannte Lage zu überwinden. Die dramatische finanzielle Situation des Bezirks Entre Rios hat in den Zwanzigerjahren zur Suche nach radikalen Lösungen geführt, wobei unter den verschiedenen Möglichkeiten auch das Projekt einer Einkaufsgenossenschaft in Urdinarrain zur Diskussion kam, alle in der Umgebung bestehenden Gemeindegebilde zu einer einzigen, völlig unabhängigen Gemeinde zu vereinigen;[22] ferner die von Pf. Lang auf der Synode 1928 vorgetragenen Möglichkeiten: die Umbenennung der La-Plata-Synode in Entre Rios in eine „Russlanddeutsche-Synode" als Filiale, die Bildung einer Vereinigung der Gemeinden in Entre Rios mit einer gemeinsamen Kasse und einem einheitlichen Beitrag, die Übernahme des Schulbetriebs durch die Pfarrer zwecks Einsparung eines Teils der Pfarrgehälter, die Aufteilung des ganzen Bezirks auf zwei Reisepredigerämter, die Abtretung des Bezirks an eine deutsche Missionsgesellschaft, die Übergabe aller Gemeinden an eine geistesverwandte Kirche; und der von P. Fröse gestellte Antrag zur Schaffung einer Kreissynode für Entre Rios.[23] Nach ausgiebiger Diskussion wurde lediglich die Kürzung der synodalen Zuschüsse beschlossen, während „von einer Erörterung der in seinem Referat von Herrn P. Lang gemachten Vorschläge mit Bewusstsein Abstand genommen wird, da zunächst die Entschließungen der Gemeinden angesichts der neuen Situation abzuwarten seien".[24] Synodaler geht's nicht.

---

[21] Siehe hierzu René Krüger, Die Diaspora. Von traumatischer Erfahrung zum ekklesiologischen Paradigma, Leipzig, Verlag des Gustav-Adolf-Werks e.V., 2011, S. 75–84.
[22] Synodalbericht 1924, S. 41.
[23] Synodalbericht 1928, S. 42–53.
[24] Ibidem, S. 53; auch S. 20.

Ebenso dachte man an einen Antrag auf Hilfe durch die Deutsche Evangelische Synode Nordamerikas und auch an einen Zusammenschluss mit der Vereinigten Evangelisch-Lutherischen Kirche[25] zu einer gemeinsamen Arbeit, die von bereits bestehenden Gemeinden ausgehen sollte und von da aus die Landesbevölkerung missionieren sollte; aber auch das war aus verschiedenen Gründen nicht durchführbar.

Es war letztendlich der makrosynodale Elan mit Berücksichtigung der Diasporasituation, der diese Lage gemeistert hat; und mit der Zeit entwickelte sich Entre Rios zu einem finanziell soliden Bezirk, der fest in der Gesamtkirche verwurzelt war.

Zu diesem Panorama der Spannungen gehört auch ein gewisses latentes Unbehagen auf dem EKaLP-Gebiet in Bezug auf eine als zu dominant argentinisch empfundene oder sogar nur auf Buenos Aires beschränkte Sicht der La-Plata-Wirklichkeit. Bestimmte Stellungnahmen, die vom Kirchenbüro aus verschickt werden – selbst wenn der Rat sie beschlossen hat – werden manchmal als „Auflagen aus Buenos Aires" angesehen, wenn es sich um Themen handelt, die von der Inlandbevölkerung, von Paraguay oder Uruguay aus anders bewertet werden. Hier handelt es sich um eine Ebene, in der die Kirche noch viel Sensibilität und Dialogfähigkeit entwickeln muss.

2. Die Wurzeln, aus denen die EKaLP lebt und wirkt

Ein Großteil des ekklesiologischen und theologischen Reichtums der EKaLP ist der Tatsache zuzuschreiben, dass wir nicht die Grunddinge verhandeln müssen, sondern dass wir uns in der Vielfalt, die wir darstellen, unbesorgt annehmen können, denn das Gemeinsame ist der Weg und nicht die Physiognomie der Individuen und Gemeinden.

Zu diesen Grunddingen oder Wurzeln, dank deren wir als Gläubige überhaupt leben und die nicht verhandelbar sind, gehören sicherlich mehr als die vier, die ich kurz nennen möchte: die Bibel, die reformatorische Theologie, der Pietismus und die lateinamerikanische Theologie. Es sind die Reservequellen, aus denen die Kirche genährt wird in diesem kontinuierlichen Prozess der Stärkung ihrer Identität und ihres Zeugnisses.

---

[25] Iglesia Evangélica Luterana Unida (IELU), http://www.ielu.org/; eine Kirche in Argentinien, die aus der Missionstätigkeit lutherischer Missionare aus den USA entstanden war.

2.1. Die Bibel

Die **Bibel** nimmt in allen Kirchen der Reformation eine zentrale Stellung ein. Die EKaLP hat dies in Artikel 2 ihrer Statuten festgeschrieben. Die Heilige Schrift trägt und hinterfragt gleichzeitig alle Aspekte des Lebens der Kirche und legt ihre Aufgaben und die Inhalte ihrer Mission fest. Ich halte es nicht für notwendig, weiter auszuführen, warum für uns dieses Fundament unverzichtbar ist und nicht zur Debatte steht.

2.2. Die reformatorische Theologie

Das Lesen und Aktualisieren der Bibel finden in den protestantischen Kirchen in einem Interpretationsrahmen statt, der von der Theologie der **Reformation** vorgegeben ist. Natürlich steht für uns die Bibel über menschlichen Strukturen und kirchlichen Traditionen; doch wir sind nicht so naiv zu glauben, dass es einen völlig neutralen und unmittelbaren Zugang zu Gottes Offenbarung in der Bibel gibt. Die Reformation hat uns einen hermeneutischen Rahmen vermittelt; und dieses Ja zur Hermeneutik der Reformation wurde ebenso klar durch die EKaLP in ihren Statuten festgehalten.

Dieser Rahmen wird von den sogenannten vier Prinzipien der Reformation gebildet:

> *Sola fide,* Allein durch den Glauben
> *Sola gratia,* Allein durch Gnade
> *Sola Scriptura,* Allein durch die Schrift
> *Solus Christus,* Allein Christus

Dies wird durch die Lehre von der Rechtfertigung durch den Glauben zum Ausdruck gebracht, gegen jedwedes Werk der Selbstrechtfertigung, nicht nur des religiösen Marketings der Ablässe zu Luthers Zeit oder der heutigen Religionsfirmen, die Rezepte gegen das Leid und zum Reichwerden verkaufen; sondern auch gegen die Selbstrechtfertigung der ideologischen Struktur und der Praxis des globalisierten Neoliberalismus, in dem allein derjenige gerettet wird, der viel produziert und konsumiert, und wo es keinen Platz für die schwachen Glieder der Gesellschaft gibt.

Die Betonung der freien Gnade Gottes, die uns „von draußen" durch Jesus Christus zugesprochen wird und nicht durch unsere Verdienste, hat konkrete Folgen für die Umstrukturierung aller menschlichen Beziehungen und somit auch des sozialen und wirtschaftlichen Lebens.

Wichtige Bestandteile dieses Fundaments der Reformation drückten sich in zahlreichen Liedern und in den Katechismen aus. Das Verbannen dieser Formulierungen in die Ecke der historischen und musealen Erinnerungen ist wahrlich kein Anzeichen für eine Erneuerung der Theologie, sondern eher eine klägliche Vernachlässigung. Sicher hat ein Teil der Verflüchtigung unserer Identität seine Ursachen im Verkennen des sehr reichhaltigen Materials, das die fünfzehn Generationen, die uns mit der Reformation verbinden (nicht: trennen!), Bildung und Identität gegeben hat.

2.3. Der Pietismus

In der EKaLP leben viele Elemente, die aus dem **Pietismus** stammen, von denen manche bewusst und andere unbewusst sind. Von der Frömmigkeit, vor allem aus Württemberg und aus Westfalen, bis hin zur unermüdlichen Arbeit der Pfarrer, die mit dieser Perspektive ausgebildet worden waren und sie auch vortrugen; vom reichen Schrifttum an Gesangbüchern und Predigtsammlungen bis hin zur Brüderbewegung der Gemeinden in der Provinz Entre Rios, die diese Theologie aus Russland mitgebracht hatten; von der Institution der Bibelstunde, die ja eine Schöpfung des Pietismus ist, bis hin zum enorm großen diakonischen Einsatz, der die Gemeinden und die Gesamtkirche auszeichnet – in nahezu allen Ecken, Regungen und Entwicklungen der EKaLP lässt sich pietistisches Erbe unterschiedlicher Intensität und Herkunft ausmachen.

Da an vielen Orten der EKaLP die Struktur der traditionellen Gemeindezugehörigkeit abbröckelt, die von der sogenannten Volkskirche herstammt, wo man Mitglied war, weil man in die Kirche hineingeboren worden war, bin ich davon überzeugt, dass wir eine der aus dem Pietismus stammenden Forderungen neu artikulieren sollen: die freie und bewusste Entscheidung für den Glauben an Jesus Christus zur aktiven Teilnahme am Leben der Gemeinde.

Vielerorts spuken noch noch Elemente der volkskirchlichen Mentalität weiter, aber das ist nur noch eine Fiktion. Der Weg einer Kirche mit Beteiligung aus persönlicher Entscheidung und nicht einfach aus familiärer Tradition wird immer deutlicher; einer Kirche mit Mitgliedern, die überzeugt und mit Begeisterung die tiefe Bedeutung der Annahme Gottes aktualisieren. Das ist dann ein Ja zur freien Gnade Gottes, die sich treffend in der Praxis der Kindertaufe ausdrückt, so wie wir es in unserer Kirche halten.

2.4. Lateinamerikanische Theologie

Über die Erfolge und Misserfolge, Hoffnungen, Enttäuschungen und Fiaskos der sechziger und siebziger Jahre hinaus hat die lateinamerikanische Theologie der Befreiung die weltweite Theologie mit einer Anzahl von Elementen bereichert, die unaufgebbar sind. Aus Lateinamerika kam der Impuls zur Aufnahme einer kritischen Analyse der Gesellschaft in das christliche Bewusstsein und zur beständigen Hinterfragung der Realität. Die Kirche selbst muss sich dieser Analyse stellen; tut sie es, hat sie auch das Recht, ihre prophetische Stimme der Anklage und Verurteilung der Zustände und der Verkündigung des Evangeliums öffentlich zu erheben.

Bibel, Reformation, Pietismus und kritische Theologie Lateinamerikas widersprechen sich nicht und schließen sich auch nicht gegenseitig aus, wenn wir sie vermittels des gemeinsamen Nenners des Glaubens an den gekreuzigten und auferstandenen Herrn miteinander verbinden.

3. Einige Herausforderungen

Ganz im Gegensatz zu dem, was der „Wortführer" der „Partei der absoluten Freiheit" in der eingangs zitierten Meinung behauptete, bin ich davon überzeugt, dass in der EKaLP eben nicht alles gilt und dass man nicht glauben und machen kann, was man will. Die EKaLP hat in Artikel 2 ihrer Statuten mit absoluter Klarheit bestimmt, was ihr Glaube, ihre Ziele, ihre biblischen und konfessionellen Grundlagen, ihre soziale und ökumenische Verantwortung, ihre Praxis und ihre Mission sind. Das stellt die gesamte Mitgliedschaft und alle Gremien vor eine Reihe von Herausforderungen. Es ist unmöglich, sie alle auf ein paar Seiten zu bringen; und so erlaube ich mir, einfach einige brennende Dinge zu erwähnen.

3.1. Kindergottesdienst

Auch wenn es unglaublich scheint: Wir haben kein Konzept und kein gewachsenes Programm für den Kindergottesdienst. Jede Gemeinde, jede Pfarrerin, jeder Pfarrer und sehr oft jede Kindergottesdiensthelferin müssen meistens sehen, wie sie zurechtkommen. Die Versuche einiger Kommissionen, ein gemeinsames Konzept und ein Programm für die ganze Kirche auszuarbeiten, führten nicht zum gewünschten Resultat. Dieses Defizit muss endlich mal erkannt und behoben werden.

3.2. Konfirmandenunterricht

Was den Konfirmandenunterricht angelangt, gibt es mindesten dreißig verschiedene Programme, die alle gut gemeint sind, aber leider gibt es kein richtiges Konzept und noch viel weniger ein Programm für alle Gemeinden. Von einigen etablierten Traditionen abgesehen, liegt fast alles in der Verantwortung des jeweiligen Pfarrers oder Pfarrerin.

In diesen beiden Bereichen – Kindergottesdienst und Konfirmandenunterricht – ist die Vielfalt mitnichten versöhnt, sondern sie spaltet und trennt, da sie keineswegs evangelische Identität fördert.

3.3. Menschen mit Behinderung und Inklusion

Nach vielen Jahren des einsamen „Kampfes" einiger Pioniere hat die Kirche in diesem Bereich einige entschiedene theologische und institutionelle Schritte getan, die auch am La Plata und international Anerkennung finden. Ich erlaube mir jedoch zu fragen, inwieweit die Inklusion in der Mentalität und im konkreten Leben der Gemeinden angesiedelt ist.

3.4. Haushalterschaft

Dieses Thema ist älter als die EKaLP. Es ist ein Generalbass, der disharmonisch in allen Gemeindeversammlungen und auf den Synoden quer tönt. Es wurden schon ganz verschiedene Vorschläge gemacht und zahlreiche Versuche unternommen, um das finanzielle Problem der Gemeinden und der Diakonie zu lösen. Gerade auf der letzten Synode 2014 wurde wieder einmal der Vorschlag eines Gemeindebeitrags von 2 Prozent des Einkommens jedes Mitglieds vorgetragen und auch angenommen.

Wenn wir uns auf den biblischen Grundsatz besinnen, dem zufolge die Mitarbeit am Werk Gottes eine Verantwortung ist, die wir in Dankbarkeit für Gottes Werk übernehmen können, wäre es dann nicht möglich, eine breite Überlegung nicht nur zu den 2 Prozent, sondern zur Möglichkeit eines freiwilligen Zehnten in Gang zu setzen? Warum diese Angst vor dem – ich betone: freiwilligen – Zehnten? Ist damit zuviel verlangt? Will man sich von den Kirchen abgrenzen, in denen dies ein Muss ist? Ich bin davon überzeugt, dass die Aufnahme dieser Praxis – nochmals: freiwillig und keineswegs gesetzlich! – sämtliche Probleme aller Gemeinden, der Diakonie und der Kirche auf einen Schlag lösen wird. Es gibt bereits Erfahrungen, die das bestätigen, wenn auch bisher in einem bescheidenen Rahmen und ohne Publikumswirkung.

3.5. Mission

Auch wenn unsere Vorfahren nicht als protestantische Missionare nach Südamerika kamen und ihre religiösen Interessen die Bedürfnisse der eigenen Volksgruppe im Auge hatten, können wir uns mit dem Etablierten nicht zufriedengeben und uns der missionarischen und evangelistischen Herausforderung entziehen. Gott hat uns aufgetragen, unseren Geschwistern im südlichen Lateinamerika das Evangelium in seiner reformatorischen Version zu verkündigen, vorzuleben und anzubieten, als gemeinschaftliche, freie, antihierarchische Alternative, im Bewusstsein des Wertes und der Würde jedes Menschen und der gesamten Schöpfung.

Die Zukunft unserer Kirche liegt in Gottes Hand und hängt unsererseits davon ab, ob wir uns als Glieder dieser Kirche von Gott für seine Mission verwandeln lassen, unseren Glauben bewusst leben, Christus nachfolgen und andere Menschen einladen, bewusst den Schritt zum christlichen Glauben und zur entschiedenen Teilnahme am Gemeindeleben zu tun.

Zum Weiterdenken ...

Die so überwältigend vielfältige Geschichte der EKaLP ruft dazu auf, alle Minderheiten gleich welcher Art zu achten, zu schätzen und zu lieben, denn sie sind Teil dieser Vielfalt. Die Wahrheit wird nicht durch Mehrheitsbeschluss bestimmt. Durch Stimmenmehrheit können viele Dinge entschieden werden; aber die Wahrheit des Schmerzes, des Glaubens, der Hoffnung und der Liebe ist Wahrheit durch sich selbst und nicht, weil eine zufällige Mehrheit es so beschließt.

„Diaspora" und der deutsche Protestantismus[*]

von Klaus Fitschen

Der Diaspora-Begriff ist in theologie- und kirchengeschichtlicher Hinsicht keine Selbstverständlichkeit. Denn auch wenn in theologisch-kirchlichen Veröffentlichungen zum Thema Minderheitenkirchen immer wieder die Rede davon ist, dass sich der Begriff gewissermaßen von selbst aus der hebräischen Bibel – dem Alten Testament – und dem Neuen Testament heraus als Deutungskategorie anbietet, ist das nur eine sekundäre, eine moderne Konstruktion und somit ein Versuch, dem, was man in der Neuzeit mit „Diaspora" meint, ein biblisches und historisches Fundament zu geben. Dass die griechischen Bibeltexte, die diesen Begriff enthalten, nicht allzu zahlreich sind, ist zu betonen und auch oft betont worden. Ich nenne hier nur aus dem Neuen Testament den Anfang des Jakobusbriefes mit seinem Gruß an die zwölf Stämme in der „Diaspora" – wie immer man das dann auch übersetzen will.

---

[*] Vortrag, unter dem Titel „Protestantismus und Diaspora" gehalten auf der Tagung „Multiple Diasporas. Kulturwissenschaftliche und theologische Perspektiven auf den europäischen Protestantismus" in der Evangelischen Akademie Neudietendorf (4.–6. März 2015) im Beisein von Dr. Wilhelm Hüffmeier. Ihm verdanke ich die Anregung, Franz Lau gesondert zu würdigen. Dazu verweise ich auch auf seinen Beitrag „Um Diaspora und Katholizität. Franz Lau als Präsident des Gustav-Adolf-Werkes" in dem von Markus Hein und Helmar Junghans herausgegebenen Band „Franz Lau (1907–1973). Pfarrer, Landessuperintendent und Kirchenhistoriker", Leipzig 2011, 57–66. Ansonsten habe ich herangezogen (in Auswahl): Hermann Wolfgang Beyer: Die Geschichte des Gustav-Adolf-Vereins, Göttingen 1932; Hermann-Josef Röhrig: Diaspora – Kirche in der Minderheit. Eine Untersuchung zum Wandel des Diasporaproblems in der evangelischen Theologie unter besonderer Berücksichtigung der Zeitschrift „Die evangelische Diaspora", Leipzig 1991; Diasporaarbeit im Wandel der Zeit. Festschrift zum 175. Gründungsjubiläum des Gustav-Adolf-Werkes, Leipzig 2007; Karl-Christoph Epting: Diasporawissenschaft aus der Sicht des Gustav-Adolf-Werkes als Diasporawerk der EKD, in: Karl-Christoph Epting: Evangelische Diaspora. Ökumenische und internationale Horizonte, Leipzig 2010, 79–112.

Immer wieder ist darauf hingewiesen worden, dass es Nikolaus von Zinzendorf war, der den Begriff als theologische Kategorie einführte. Er wollte damit die Stellung von Herrnhutern, die nicht in Herrnhut selbst lebten, im Kontext des landeskirchlichen Protestantismus beschreiben: Sie sollten sich nicht absondern, sondern den landeskirchlichen Pfarrern unterstellt bleiben – auch zu ihrem eigenen Schutz. Die in der Diaspora lebenden Anhängerinnen und Anhänger sollten so nach der biblischen Weisung das Salz der Erde sein – anders gesagt: das fromme Salz in der Suppe des landeskirchlichen Christentums. Betreut wurden sie von herumwandernden „Diasporaarbeitern" und auch deren Ehefrauen.

Die bis heute weiter wirkende Verwendung des Diaspora-Begriffs im Protestantismus ist allerdings unabhängig von dieser Wurzel und an das im 19. Jahrhundert begründete Vereins- und Verbandswesen gebunden, also an eine bestimmte Sozialgestalt des evangelischen Christentums. Zu nennen sind in diesem Zusammenhang die Gustav-Adolf-Stiftung bzw. der Gustav-Adolf-Verein und die Gotteskasten-Vereine, also der heutige Martin-Luther-Bund. Von „Diaspora" war bei der Gründung der Gustav-Adolf-Stiftung im Jahre 1832 freilich noch keine Rede. Erstmals findet der Begriff 1842 in ihrem Kontext Verwendung. Die Aufrufe aus der Gründungszeit sprechen noch ganz pragmatisch von Hilfe und Unterstützung protestantischer Gemeinden und vom „christlichen Gemeingeist", noch nicht von Diaspora. Dieser Begriff stellte dann auch eher eine Art theologische Überhöhung der oft rauen Minderheitenexistenz dar. Schon damals befand sich die Gustav-Adolf-Stiftung in der gleichen Verlegenheit wie das Gustav-Adolf-Werk heute, nämlich mehr sein zu wollen als „ein Geld-Institut, ein bloßer Sammelverein ohne innere geistige Tendenz", wie es Carl Lampe, der langjährige Schatzmeister, 1857 ausdrückte. Darin liegt eine Parallele zur Inneren Mission, die oft auf die praktische Diakonie reduziert wurde, vor der das Interesse an einer Reevangelisierung verblasste.

Der Begriff Diaspora entwickelte jedenfalls im kirchlichen Kontext der zweiten Hälfte des 19. Jahrhunderts eine gewisse Attraktivität und wurde so auch von der „Eisenacher Kirchenkonferenz" aufgenommen. Dabei handelte es sich um ein erstmals 1852 tagendes gemeinsames Gremium der Kirchenleitungen der deutschen evangelischen Landeskirchen, das gleich bei seiner ersten Sitzung zu einer „Diasporakollekte" aufrief. Diese Kollekte wurde seit 1884 alle zwei Jahre eingesammelt, und die Diasporaarbeit wurde durch einen Diasporaausschuss verstetigt, der sich vor allem um die evangelischen Auslandsdeutschen kümmern sollte. Diaspora war also auch hier schon nicht nur eine religiöse Frage, sondern eine kulturelle und herkunftsbezogene.

Damit ergab sich eine Asymmetrie der Zuschreibung, die vom deutschen Mehrheitenprotestantismus ausging und den Minderheitenprotestantismus in Europa und der globalen Ökumene betraf, allerdings auch den Minderheitenprotestantismus in den katholisch dominierten Gebieten Deutschlands selbst. Vor allem der Gustav-Adolf-Verein, der tief in den protestantischen Honoratiorenschichten verankert war, konnte den Diaspora-Begriff popularisieren. Anders als die lutherische Gotteskastenbewegung verstand man sich hier auch im protestantischen Sinne als überkonfessionell und konnte so die immer noch tiefen Gräben zwischen Lutheranern und Reformierten zumindest ansatzweise überwinden. Antikatholische Affekte waren, auch schon vor dem Kulturkampf, durchaus ebenfalls eine Motivation, sich mit der Diaspora zu befassen.

Spätestens in der Zeit des Deutschen Kaiserreiches fand der Diaspora-Begriff im evangelischen Bereich weitere Verwendung und etablierte sich im kirchlichen und protestantisch-gesellschaftlichen Feld. Dafür spricht auch seine Verwendung im Kontext der „Inneren Mission". Eine von dem einflussreichen Theoretiker und Praktiker der Inneren Mission Theodor Schäfer herausgegebene Zeitschrift trug seit 1881 den Titel „Monatsschrift für innere Mission mit Einschluß der Diakonie, Diasporapflege, Evangelisation und gesamten Wohltätigkeit".

Noch spezifischer ausgerichtet war die Zeitschrift „Deutsch-Evangelisch im Ausland", die seit 1902 erschien. Dieses Organ hatte sich „die Kenntnis und Förderung der deutschen evangelischen Diaspora im Ausland" zur Aufgabe gemacht. Der Herausgeber dieses Blattes war Wilhelm Bussmann, ein deutscher Auslandspfarrer, der zur Zeit der Gründung in Buenos Aires und bald darauf an der deutschen Gemeinde in Jerusalem tätig war und der 1908 eine umfängliche „Evangelische Diasporakunde" veröffentlichte. In seiner Sicht „war es das schöne Vorrecht der deutschen evangelischen Gemeinden im Ausland, durch ihre Pflege der deutschen Sprache und Sitte, des deutschen Glaubens und Geistes, die keine Fremdherrschaft dulden, die hervorragendsten Träger des Deutschtums zu sein."

Solche scheinbaren Selbstverständlichkeiten wurden durch die Umwälzungen nach dem Ende des Ersten Weltkriegs erheblich in Frage gestellt. In dieser Zeit befand sich der deutsche Protestantismus ohnehin in einer vom ihm narzisstisch ausgelebten Orientierungskrise, die nicht zuletzt mit der Abtretung deutscher Gebiete und protestantischer Bevölkerungsteile an Frankreich und Polen in Folge des Versailler Vertrages zu tun hatte. Die nationale Kränkung durch die Niederlage im Ersten Weltkrieg verstärkte die Verknüpfung von nationaler und konfessioneller Diasporathematik noch einmal, zumal der deutsche Protestantismus sich insgesamt in eine nationale und nationalistische Isolation begab, aus der er sich erst nach einer Revision des Versailler Vertrages zu befreien gedachte. Dabei war die nun an Dynamik gewinnende ökumenische Bewegung einer der Hauptforderungen der Vertreter der Diaspora-Thematik gar nicht abgeneigt, nämlich dem Schutz nationaler und konfessioneller Minderheiten.

Zum Thema theologischer Reflexionen im engeren Sinne wurde der Diasporabegriff genau in dieser Zeit, wobei auch vor dem Ersten Weltkrieg schon deutliche Tendenzen in diese Richtung zu erkennen sind. Ein wichtiges Organ wurde die Zeitschrift „Die Evangelische Diaspora", die von Franz Rendtorff verantwortet wurde, jenem Leipziger Theologieprofessor, der zugleich Präsident des Gustav-Adolf-Vereins war. Pläne für diese Zeitschrift reichten bei Rendtorff bis an den Anfang des 20. Jahrhunderts zurück. Rendtorff hatte sich schon vor dem Ersten Weltkrieg für eine wissenschaftlich-theologische Fundierung der Arbeit des Gustav-Adolf-Vereins stark gemacht. Er stand darin in einer Linie mit seinem Vater Heinrich, der 1855 ein Buch veröffentlicht hatte, das den Diaspora-Begriff im Titel trug und laut dem Sohn Franz „die erste evangelische Diasporakunde" war.

Das nun diagnostizierte Theoriedefizit hatte auch damit zu tun, dass die Frage nicht geklärt war, ob der Diasporabegriff insgesamt auf die Existenz des Minderheitenprotestantismus zu beziehen war oder ob er nur auf den inlands- oder auslandsdeutschen Protestantismus Anwendung finden sollte. Tatsächlich war die Zeitschrift „Die Evangelische Diaspora" ein Organ, das von den unter dem Dach der Deutschen Evangelischen Kirche vereinigten Landeskirchen den Auftrag erhalten hatte, das Band zum evangelischen Auslandsdeutschtum zu bilden. So hieß die Zeitschrift auch zwischen 1920 und 1928 vollständig: „Die Evangelische Diaspora insbesondere des Auslandsdeutschtums". Bedingt durch die Folgen des Ersten Weltkriegs machte sich in dieser Zeit die ganze Deutsche Evangelische Kirche die Diaspora zum Thema und zur Aufgabe, nicht zuletzt aus nationalistischen Gründen. Diaspora war aus dieser Perspektive vor allem und eigentlich also die deutsche evangelische Auslandsdiaspora. Rendtorff scheute bei einem

Vortrag auch nicht davor zurück, die Deutschen mit den unter alle Völker zerstreuten Juden zu vergleichen. Allerdings sollte Rendtorff auch nicht zu denen gezählt werden, die es auf eine nationalistische Verengung des Begriffs anlegten, denn immerhin war er es auch, der auf der Grundlage des biblischen und nicht zuletzt alttestamentlichen Befunds den Begriff als einen primär religiösen bestimmte.

Die Zeitschrift „Die Evangelische Diaspora" sollte das Fachorgan für eine ganz neue Disziplin werden, die Diasporawissenschaft oder Diasporakunde also. Fragt man, wo das Fach seinen Ort haben sollte, so gehörte es offensichtlich in die Praktische Theologie, also in das für die Reflexion kirchlichen Handelns zuständige Gebiet, in dem ja auch Franz Rendtorff arbeitete. In seiner Antrittsrede als Rektor der Universität Leipzig im Jahre 1925 beschrieb Rendtorff die Diasporakunde im weiteren Sinne als Teil einer umfassenderen „Auslandskunde" oder „Auslandsbildung", die durchaus auf eine Internationalisierung von Studieninhalten zielte, zum Beispiel im Jurastudium. Im engeren Sinne aber sollte die Diasporakunde Teil eines Studiums des Auslandsdeutschtums sein und damit „die Einsicht in die tiefsten und wirksamsten Kräfte des Volkstums selbst" ermöglichen.

Der Versuch, das Fach an Theologischen Fakultäten zu verankern, kann in Parallele zur Etablierung des Faches Missionswissenschaft seit dem Ende des 19. Jahrhunderts gesehen werden, das ebenfalls eine theologische Reflexion praktischer Arbeit darstellen sollte und entscheidend an die Existenz bestimmter Trägergruppen – hier der Missionsgesellschaften – gebunden war. Eine weitere Parallele besteht zu einem anderen Fach, das sich aber genauso wie die Diasporawissenschaft nicht an den Theologischen Fakultäten etablieren konnte: der Kirchenkunde nämlich, die eine Vorläuferin der Religionssoziologie war und der Pfarrerschaft Kenntnisse über die religiöse Wirklichkeit nahe bringen sollte.

Franz Rendtorff ließ in Leipzig ein Studienhaus für Studenten aus den Diasporakirchen erbauen, das heute den Sitz des Gustav-Adolf-Werkes darstellt. Zu Rendtorffs Plänen gehörte auch die Verankerung der Diasporawissenschaft im Lehrbetrieb evangelisch-theologischer Fakultäten und die Etablierung entsprechender Professuren. Vor allem aber sollten die Studenten aus den Kirchen der evangelischen Diaspora bei ihrem Aufenthalt in Leipzig gerade im Blick auf die spezifische Situation ihrer Kirchen und Gemeinden geschult werden. Das Ziel war also eine kontextuelle Theologie, die aber nicht aus den Ländern und Kirchen der Diaspora selbst kam, sondern aus

Deutschland, da man die theologischen Ausbildungseinrichtungen in den Ländern der Diaspora selbst für zu klein dafür hielt. Ungeklärt blieb dabei die Frage des Umgangs mit der nationalen Diaspora, denn immerhin kamen nicht nur Studenten aus den deutsch geprägten Minderheitenkirchen nach Leipzig.

Das alles wurde durch den Nationalsozialismus letztlich überholt, der seine eigenen Pläne mit dem Auslandsdeutschtum und der Evangelischen Kirche hatte. Gerade angesichts des Nationalsozialismus aber stellte sich die Frage noch einmal viel schärfer, wie Diaspora denn nun zu verstehen sei: national und damit auch politisch, oder konfessionell, im Wesentlichen religiös. Konkret stellte sich diese Frage den deutschen Minderheiten in Ost- und Ostmitteleuropa. Der Rigaer Pfarrer und Dozent am dortigen Herder-Institut Viktor Grüner schrieb, die Diaspora sei keine „Trotzgemeinschaft, in die sich eine Minderheitengruppe inmitten bedrängter Lebenswirklichkeit vielfach hineinredet, bereit, lieber mit Ehren unterzugehen, als in Unehren zu vegetieren". Und so sprach Grüner auch davon, „dass die Verwechslung der völkischen und christlichen Totalität die Sinne verwirrte". Andere sahen das allerdings ganz anders, vor allem in den ehemals preußischen Gebieten Polens, in Siebenbürgen und im Sudetenland, aber auch anderswo. Der im slowenischen Celje tätige Pfarrer Gerhard May veröffentliche 1934 das Buch „Die volksdeutsche Sendung der Kirche". Das Buch war in gewisser Weise das Resümee seiner Tätigkeit als Studienleiter des Franz-Rendtorff-Hauses in Leipzig.

Eng ist bei May die Bindung des Diasporagedankens an den Volkstums-gedanken, der in dieser Zeit unter Protestanten ohnehin überaus populär war. Immerhin rang sich May noch zu Einsichten durch wie „Vor Gott ist der Deutsche nicht besser als der Slawe – trotz aller gott-gesetzten Ungleichheit der Völker." Allerdings – und auch das muss gesagt werden – lernte May bald aus der nationalsozialistischen Kirchenpolitik, dass die Kontamination von konfessioneller und nationaler Diaspora ideologisch unerwünscht war, und so konnte er 1940 schon schreiben: „Der Begriff der Diaspora wird in seinem eigentlichen Sinn nur auf dem kirchlichen Gebiet mit Fug und Recht gebraucht." So kam es auch nicht zur Umsetzung des Planes, an der Evangelisch-Theologischen Fakultät in Wien einen Lehrstuhl für Diaspora-kunde mit May als Inhaber einzurichten. May wurde dann 1944 Bischof der Evangelischen Kirche in Österreich und sah Diasporaexistenz fortan nur noch als Leben seiner Kirche unter einer katholischen Mehrheit an.

Überhaupt wurde die Wiener Evangelisch-Theologische Fakultät nach 1945 zum Standort einer revidierten Diaspora-Theologie. Dafür stand auch der hier lehrende Systematische Theologe Wilhelm Dantine, der die Erfahrung seiner eigenen Kirche als Normalzustand protestantischer Existenz in der Diaspora interpretierte und in einer glaubwürdigen Minderheitenexistenz eine wichtige Aufgabe sah.

Nach 1945 übernahm die neu gegründete Evangelische Kirche in Deutschland den „Dienst an der evangelischen Diaspora" in ihre Grundordnung, zugleich mit dem Auftrag zur Mission. Dabei überließ sie diesen Dienst den schon bisher damit betrauten Vereinen und Verbänden, namentlich dem nun Gustav-Adolf-Werk genannten Großverein, der sich aber auch schon bald in einen ostdeutschen, weiterhin in Leipzig beheimateten, und in einen westdeutschen Zweig, der in Kassel angesiedelt wurde, teilen musste. Seit 1953 erschien auch wieder die Zeitschrift „Die Evangelische Diaspora". Stärker mit theoretischen Fragen befasst war nun auch die konfessionell-lutherische Konkurrenz, der Martin-Luther-Bund.

Nach den Erfahrungen in und mit der nationalsozialistischen Diktatur brach die Verbindung zwischen nationaler und konfessioneller Diaspora zusammen, offiziell jedenfalls. Reste des Volkstumsdenkens blieben einstweilen erhalten und wurden auf die verbliebenen deutschen Minderheiten im Osten angewendet, beispielsweise auf die Siebenbürger Sachsen. „Assimilation" wurde als Gefahr im Kontext der Diaspora thematisiert. Die Deutsche Evangelische Kirche als Institution aber hatte im Zweiten Weltkrieg erleben müssen, dass ihr Beitrag zur Deutschtumspflege vom nationalsozialistischen Staat nicht gefragt war, und durch die Vertreibungen hatte sich das Problem sozusagen weithin erledigt. Dies gilt allerdings nicht für die Diasporakirchen selbst: Konfrontiert wird nämlich gerade das Gustav-Adolf-Werk bis heute damit, dass sich nicht Deutsche, sondern die Nachfahren protestantischer Ungarn, die durch den Vertrag von Trianon Bürger anderer Staaten wurden, nicht allein als konfessionelle, sondern auch als nationale Diaspora sehen. Zu den unerledigten Fragen gehört also bis heute, ob es so etwas wie eine „reine", bloß konfessionell-religiöse Diaspora überhaupt geben kann oder ob nicht Herkunft und Nation doch eine große Rolle spielen.

Es war der Leipziger Kirchenhistoriker Franz Lau, der als Präsident des Gustav-Adolf-Werkes nach 1945 auch in dieser Hinsicht entscheidende inhaltliche Impulse für eine Neuorientierung gab. Ihm verdankte sich auch die Weiterexistenz der Zeitschrift „Die Evangelische Diaspora" (sie erschien seit 1966 als Jahrbuch) als eines theologischen Fachorgans für die Diaspora-wissenschaft. Wovon Lau sich distanzierte, war die Verquickung von Volks-tum und Diaspora, woran er aber festhielt, war die Bezugnahme auf die Situation der Diasporakirchen, die sich in einem kulturell, sprachlich und konfessionell verschiedenen Umfeld befanden. Lau verdankte sich auch eine intensive Reflexion über das Verhältnis von Ökumene und Diaspora, und dabei spielte das eine Rolle, was heute „Ökumene der Profile" heißt.

In Deutschland selbst ist „Diaspora" seit der ersten Säkularisationswelle in den späten 1960er und in den 1970er Jahren hier und da wieder eine Kategorie zur eigenen Standortbeschreibung des Protestantismus geworden: Die ehemalige konfessionelle Mehrheit ist nun selbst eine Minderheit gewor-den, und Kirchenmitgliedschaftsuntersuchungen lassen den Schluss zu, dass daraus eine kleine Minderheit werden könnte. Bei dieser Selbstbeschreibung spielen dann auch die eingangs erwähnten biblischen Texte eine Rolle, die dem Begriff durchaus eine positive Bedeutung verleihen können. Andererseits schwand der Gebrauch des Begriffs, da er stark an realem Bezug eingebüßt hatte: Der deutsche Protestantismus hatte sich nicht nur von nationalem Pathos weitgehend verabschiedet, sondern sich auch viel besser als nach dem Ersten Weltkrieg in die ökumenische Bewegung integriert. Außerdem mil-derte sich der konfessionalistische, antikatholische Impetus seit dem Zweiten Vatikanischen Konzil ab, so dass auch der katholische Diasporabegriff auf evangelischer Seite Beachtung fand, freilich gelegentlich mit einer gewissen Genugtuung darüber, dass es der katholischen Kirche auch nicht besser in der säkularer werdenden Welt erging.

Der Ruf nach einer Diasporatheologie, der vor dem Zweiten Weltkrieg so laut geworden war, war nun eher eine Pflichtübung geworden, auch wenn er in den gängigen Publikationen wie dem Jahrbuch des Gustav-Adolf-Werkes immer wieder einmal zu hören war. Bestandteile dieser Theologie wurden die schon klassisch gewordenen Rekurse auf die einschlägigen Bibeltexte auf der einen Seite und die Reflexion auf die konkrete Situation auf der anderen Seite, die aber stark deskriptiv ausgeprägt ist und somit eher einer Diasporakunde nahe kommt. Faktisch nahm die Evangelische Theologie insgesamt von Appellen, sich mit der Diasporathematik zu befassen, keine Notiz. Das gilt letztlich auch für den Standort Leipzig, an dem im Zuge der Wiedervereinigung Pläne für eine Etablierung der Diasporawissenschaft geschmiedet worden waren, die aber an den hochschulpolitischen Realitäten scheiterten.

Aktualität hatte der Diasporabegriff in Theologie und Kirche unterdessen vor allem in der DDR gewonnen. Die weithin erzwungene Säkularisierung durch die SED-Diktatur ließ den Protestantismus, auch in seiner landeskirchlichen Ausformung, sehr schnell zu einer Minderheit in einem atheistischen Umfeld werden. Allerdings führte dies auch nicht automatisch zur Anwendung des Diaspora-Begriffs, mit dem in den 1960er Jahren noch sehr sparsam umgegangen wurde, auch, um einer Selbstmarginalisierung entgegenzuwirken. Der Mitwirkungsanspruch der Kirche in der Gesellschaft blieb ja erhalten, auch unabhängig von ihrer Mitgliederzahl. Insofern wollte man sich auch nicht vorschnell von der Vorstellung der Volkskirche verabschieden. Eben darum verband sich mit der Selbstbeschreibung der Kirche als Diaspora auch der Ruf nach Mission. Der Magdeburger Bischof Werner Krusche sprach darum 1973 in einem Vortrag auch von der Gefahr der Selbstabschließung evangelischer Gemeinden in der Diaspora. Es gehe, so Krusche, nicht um Bestandserhaltung, sondern um die „Bereitstellung der Glieder der Gemeinden zum Missionsdienst in ernüchterter Hoffnung". Die Diaspora, in der man lebte, war schließlich eine ideologische.

Dass der Diaspora-Begriff in der Situation der Kirche unter der SED-Diktatur Attraktivität besaß, zeigte sich darin, dass der Bund Evangelischer Kirchen in der DDR seiner Theologischen Studienabteilung die Aufgabe gab, sich damit zu befassen. Das Ergebnis war eine Studie, die 1975 abgeschlossen wurde. Allerdings war ihr Tenor sehr kritisch: Der Begriff wurde als ungeeignet angesehen, da er dazu dienen könne, die vorhandene Situation theologisch festzuschreiben. Er schien also gerade das zu blockieren, was Krusche wollte, ein missionarisches Engagement der Gemeinden nämlich. Hilfreicher sei es, von Minderheit, Säkularisierung oder Minorisierung zu sprechen. Im Übrigen registrierte die Studie auch schon „eine verwirrende Fülle von Begriffsbildungen": Neben jüdischer, evangelischer, katholischer und orthodoxer Diaspora sprach man schon von urbaner, sozialistischer, ideologischer und anderer Diaspora.

Nach der politischen und kirchlichen Wiedervereinigung sind die Minderheitenerfahrungen des ostdeutschen Protestantismus hier und da als Vorabbildung dessen gesehen worden, was in der gesamtdeutschen Gesellschaft auch ohne den ideologischen Druck zur Säkularisierung geschehen werde. Die in westdeutschen Kirchenkreisen häufig noch beschworene „Volkskirche" wird demgegenüber als ein illusionäres Modell angesehen.

Das gilt auch in der gesamtdeutschen Gegenwart und womöglich in allen evangelischen Minderheitenkirchen. Der immense Säkularisierungs-schub der letzten Jahre und Jahrzehnte hat den Protestantismus in Europa fast überall zu einer Minderheit werden lassen. Was in dieser Situation mit dem Diaspora-Begriff anzufangen ist, ist durchaus nicht eindeutig. Seine historischen Kontexte sind kaum mehr sichtbar, und einfacher schiene es, andere Begriffe zu gebrauchen, die weniger theologisch aufgeladen sind. Andererseits findet der Diaspora-Begriff in anderen Wissenschaftsdisziplinen Anwendung, so dass eine Chance für seine Revitalisierung im Bereich von Theologie und Kirche gegeben sein könnte. Vor allem aber wäre die Frage zu klären, ob es sich womöglich um eine typisch deutsche Typisierung der Situation protestantischer Minderheiten in der Welt handelt – eine These, die nicht einfach dadurch zu widerlegen ist, dass sich solche Minderheiten gelegentlich tatsächlich selbst als Diaspora bezeichnen.

Kirche als Diaspora
Perspektiven aus europäischer Sicht [1]

von Michael Bünker

Vorbemerkung

Die Weisheit der Planenden fügte es, dass just an dem Tag, an dem dieser Vortrag gehalten wurde, das Gustav-Adolf Werk (GAW) – das Diasporawerk der EKD – für seine zukünftige Arbeit ein neues Leitbild beschlossen hat. In diesem Leitbild heißt es: „Das GAW weckt und pflegt in Gemeinden, Landeskirchen und der EKD das Bewusstsein für evangelische Diaspora" [2]. Dieses Vorhaben könnte nicht aus berufenerem Mund kommen: Das GAW hat sich durch Jahrzehnte in publizistischer und institutioneller Form (da wäre an die Mitwirkung im Verein für Diasporawissenschaft der Universität Leipzig zu denken), vor allem aber durch die konkrete Arbeit als das maßgebliche Kompetenzzentrum für kirchliche Diaspora im europäischen Protestantismus und darüber hinaus profiliert. Wilhelm Hüffmeier hat durch seine Tätigkeit in Brasilien und für die „Gemeinschaft Evangelischer Kirchen in Europa (GEKE)" Erfahrungen mit Diasporakirchen gesammelt, die er in der leitenden Aufgabe für das GAW organisatorisch und auch theologisch [3] fruchtbar machen konnte. Ihm sollen die folgenden Überlegungen gewidmet sein.

---

[1] Vortrag anlässlich der Vertreterversammlung des GAW in Meißen am 23.9.2014. Ein längerer Text zum Thema ist erschienen in: Wege der Weisheit. Perspektiven kirchenleitenden Handelns und gesellschaftlicher Verantwortung, FS Frank-Otfried July, hg. von Hans-Joachim Eckstein/Evelina Volkmann/Gabriele Wulz, Stuttgart 2014, 17–36 (wieder abgedruckt in: Michael Bünker, Unruhe des Glaubens, Wien 2014, 285–298).

[2] www.gustav-adolf-werk.de/leitbild.html (3.1.2015).

[3] Wilhelm Hüffmeier, Theologie der Diaspora. Plädoyer für eine selbstbewusste und offensive evangelische Diaspora, EvDia 78 (2010) 12–26.

Bausteine einer Theologie der Diaspora

Die „selbstbewusste und offensive evangelische Diaspora", für die Wilhelm Hüffmeier plädiert, steht in gewisser Spannung zu dem zitierten Satz aus dem Leitbild des GAW. Belegt dieser doch, dass es um das Bewusstsein für evangelische Diaspora vor allem in den weithin (noch) volkskirchlich verfassten und agierenden Kirchen in Deutschland offensichtlich nicht zum Besten bestellt ist. In der Tat finden sich Versuche zu einer „Theologie der Diaspora" in der Tradition des europäischen Protestantismus bislang eher vereinzelt. Einige Schlaglichter sollen das erhellen:

Der erste, der – soweit ich sehe – den Begriff der Diaspora in einem positiven Verständnis verwendet hat, war der erste „Bischof" der Herrnhuter Brüdergemeinde, Nikolaus Ludwig Graf von Zinzendorf (1700–1760). In einem Hymnus, den er wohl 1756 geschrieben hat[4], lauten die Anfangsworte:

> *Gott Lob für die Diaspora,*
> *Die nun erscheinet hie und da;*
> *Sie ist ein gutes Salz der Erd';*
> *Man ehret sie, sie ist es werth.*

Zinzendorf hatte auf seinem Gut in Berthelsdorf in der Lausitz zuerst die aus Böhmen und Mähren vertriebenen oder ausgewanderten Evangelischen zur „Brüdergemeine" gesammelt. Aber bald fand seine Gemeinschaft auch Anhänger, die weit verstreut in ganz Europa lebten und ihre Form des christlichen Glaubens in anderen, bereits existierenden Kirchen umzusetzen versuchten. Sie bildeten für Zinzendorf die Diaspora. Dabei ging es nicht darum, eigene Gemeinschaften zu bilden, sondern ihren von Gott gegebenen

---

[4] Der Hymnus findet sich in der Schrift Zinzendorfs: Einige Reden des Ordinarii Fratrum, die Er vornehmlich Anno 1756. Zur zeit seiner retraite in Bethel, an die gesamte Bertholdsdorfische Kirchfahrt gehalten hat, Barby 1758. Der Text trägt die Überschrift: „Hymnus von der Diaspora der Kinder Gottes, die mit uns anrufen den Namen unsers Herrn Jesu Christi an allen ihren Orten. (1. Cor. 1.2.)", Seite 17. Zitiert wird nach der digitalisierten Ausgabe unter http://digitale.bibliothek.uni-halle.de/vd18 (Zugriff am 14.1.2014); abgedruckt in: Erich Beyreuther/Gerhard Meyer (Hg.), Nikolaus Ludwig von Zinzendorf. Hauptschriften in sechs Bänden, Bd. 6: Verschiedene Schriften, Hildesheim 1963, 169 ff. Dazu: Wilhelm Bettermann, Der Diasporagedanke Zinzendorfs und der Brüdergemeine, EvDia 18 (1936) 408–415.

Auftrag zu erfüllen, wie Salz in der Christenheit zu wirken. Hier sind die Wurzeln der Herrnhuter und speziell Zinzendorfs im Pietismus deutlich zu spüren. Erst später, als sich – nota bene gegen den Willen Zinzendorfs – die Brüdergemeine als eigene Kirche etablierte, verstand man unter „Diaspora" jene Anhänger, die vereinzelt und verstreut „in der Welt" lebten. Es ist hier nicht der Ort, um auf Details der Kirchengeschichte näher einzugehen, es ist aber auffällig, dass bei Zinzendorf etwa seit der Mitte des 18. Jahrhunderts der Begriff der Diaspora in einem positiven Sinn verwendet wird.

Beinahe zweihundert Jahre später veröffentlichte der Oberpastor an St. Jacob in Riga, Viktor Grüner (1889–1941) „Systematische Grundfragen der Diasporatheologie"[5]. Grüner setzt mit einer nüchternen Analyse ein: „Es gibt in der evangelischen Theologie keine eindeutige These zur Bestimmung der Diaspora". Gerade um eine ethnisch gefärbte Instrumentalisierung der kirchlichen Diaspora im Sinne der später sogenannten „doppelten Diaspora" zu vermeiden, braucht es nach Grüner eine profunde theologische Besinnung. Diese gewinnt er aus der lutherischen Rechtfertigungslehre. Mit dieser theologischen Fundierung gelingt es ihm auch, die Diasporaexistenz nicht als bloße Schicksalsgemeinschaft, als Trotzgemeinschaft oder Problemgemeinschaft, die ständig zwischen Resignation und Selbstüberschätzung schwankt, zu verstehen, sondern als „wirklich gottgewollte Gemeinschaft". Nur so kann sie – Grüner scheut das offene Wort nicht – dem „völkische(n) Totalitätsgedanke(n)" widerstehen, der „eine Diasporagemeinde mit seinem Wahn besticht"[6]. Die Aufgabe der Diaspora beschreibt er als „Dienstgemeinschaft" an der Gesamtgesellschaft. Schon bei Grüner hat die Diasporakirche einen öffentlichen Auftrag, der im Öffentlichkeitsanspruch des Evangeliums gründet. So kann er – durchaus modern klingend – die Diasporakirche als „Gewissen der Welt" beschreiben[7].

Seit dem 19. Jahrhundert sprach man von einer „doppelten Diaspora", nämlich der kirchlichen und der ethnisch-kulturellen. Franz Lau hat von der doppelten Diaspora als einer „schweren Versuchung" gesprochen[8]. Der erste Bischof der Evangelischen Kirche A. B. in Österreich, Dr. Gerhard May

---

[5] Viktor G. H. Grüner, Systematische Grundfragen der Diasporatheologie, ZSysTh 13 (1936) 429–467. Dazu ausführlicher: Harald Uhl, Evangelische Akademie und Diaspora. Zwei unbekannte theologische Wesen, Wien 2006, 14–20.

[6] Viktor Grüner (Anm. 5), 444.

[7] Ebd., 458.

[8] Franz Lau, Zur Einführung, EvDia 24 (1953) 3 f.

(1898–1980), kann als ein prominenter Vertreter dieser doppelten Diaspora gelten. Er war Pfarrer in Cilli/Celje im heutigen Slowenien und verstand seine pastorale Tätigkeit immer auch als Stärkung des deutschen Volkstums in der Grenzsituation angesichts der katholischen und slowenischen Mehrheitsbevölkerung[9]. Noch 1934 schrieb er von der „volksdeutschen Sendung der Kirche"[10]. Begründet wurde dies durch die sogenannte Erlanger Theologie, der zufolge dem Volkstum eine besondere theologische Bedeutung als einer Schöpfungsordnung Gottes zukomme. Erst nachdem offenkundig geworden war, dass sich die Kirche hier für ideologische Zwecke hat instrumentalisieren und missbrauchen lassen, begann Gerhard May ein differenzierteres Bild zu entwickeln und distanzierte sich von der bis dahin weithin üblichen Ineinssetzung von Diasporahilfe und Volkstumspolitik[11].

Für den Wiener Dogmatiker Wilhelm Dantine (1911–1981) war das Ausgestreut-Sein der Kirche im Ackerfeld der Welt kein zu bedauerndes Geschick, sondern eine mutig anzupackende Herausforderung für die Kirche[12]. Er sprach – in deutlichem Unterschied zu den Vertretern der „doppelten Diaspora" – von den „außertheologischen Faktoren" im Leben einer Diasporakirche, die immer nur ein begrenztes Recht haben[13].

Wilhelm Dantine hat sein Verständnis von Diaspora unter Bezugnahme auf Johannes 12,14 kreuzestheologisch zugespitzt: „‚Diaspora' aber heißt eingestreut sein als Weizenkorn Gottes im zerpflügten Acker der Welt. Das Weizenkorn bringt viel Frucht, wenn es stirbt. Zukunftswillige Kirche wird ‚sterbende Kirche' ... Sterbende Kirche ist hier wesentlich verstanden als jene Kirche, die sich um ihres Zeugnisses willen jeweils in den Tod begibt, weil sie

---

[9] Gerhard May, Doppelte Diaspora als Gemeinschaftsordnung, in: Zwischen Völkern und Kirchen. FS Bruno Geißler, Leipzig 1935, 107–123; dazu: Karl W. Schwarz, Unter dem Gesetz der Diaspora. Das Diasporaverständnis des österreichischen Theologen Gerhard May zwischen politischer Konjunktur und theologischer Metaphorik, Quellen und Forschungen zur Diasporawissenschaft (= Beihefte Evangelische Diaspora) 3, Leipzig 2006, 9–40; Hermann-Josef Röhrig, Diaspora – Kirche in der Minderheit, Leipzig 1991
[10] Gerhard May, Die volksdeutsche Sendung der Kirche, Göttingen 1934.
[11] Gerhard May, Diaspora als Kirche, ZSysTh 17 (1940) 459–480.
[12] Wilhelm Dantine, Strukturen der Diaspora, EvDia 38 (1967) 37–56.
[13] Wilhelm Dantine, Theologie der Diaspora und die sogenannten „außertheologischen Faktoren" im Leben der Kirche, in: Michael Bünker (Hg.), Wilhelm Dantine. Protestantisches Abenteuer. Beiträge zur Standortbestimmung der evangelischen Kirchen in der Diaspora Europas, Innsbruck-Wien-Göttingen 2001, 222–229.

nicht um ihrer selbst willen leben will. Kirche in der Nachfolge ihres Herrn ist nicht nur Kirche in der Welt, sondern Kirche für die Welt."[14] Auch der katholische Theologe Karl Rahner (1904–1984) hat in diesem Sinn Diaspora auf die Situation der Kirche heute angewandt: „Die christliche Situation der Gegenwart ist, soweit sie wirklich von heute und für morgen gilt, charakterisierbar als Diaspora, welche ein heilsgeschichtliches Muss bedeutet, aus dem wir für unser christliches Verhalten Konsequenzen ziehen dürfen und müssen."[15] Kirche kann gar nicht anders sein als ein ausgestreutes Saatgut, dem allerdings gemäß dem Gleichnis vom vierfachen Ackerfeld (Mk 4,1–9) die Verheißung der hundertfachen Frucht gilt.

Diaspora – biblische Erinnerungen

Dieses positive Aufgreifen des Konzepts der „Diaspora", wie es sich bei Zinzendorf ankündigt und bis heute in theologischen Anläufen immer wieder zeigt, ist deshalb bedeutsam, weil ja die biblischen Grundlagen des Begriffs diese positive Bezugnahme durchaus nicht erwarten lassen[16]. Von den biblischen, vor allem den alttestamentlichen Wurzeln her ist die Diaspora ein negativ empfundener Zustand. Für die jüdische Tradition änderte sich dies erst spät[17].

---

[14] Zitiert nach Ulrich Trinks, „Offene Kirche" Zur Erinnerung an Wilhelm Dantine, in: Michael Bünker (Hg.), Wilhelm Dantine. Protestantisches Abenteuer. Beiträge zur Standortbestimmung der evangelischen Kirchen in der Diaspora Europas, Innsbruck-Wien-Göttingen 2001, 12.

[15] Karl Rahner, Der Christ in der modernen Welt, in: Ders., Sendung und Gnade. Beiträge zur Pastoraltheologie, Innsbruck-Wien 1988, 24, dazu: Hermann-Josef Röhrig, Diaspora in römisch-katholischer Sicht, EvDia 62 (1993) 91–100.

[16] Grundlegend zur theologischen Reflexion von Diaspora: Rene Krüger, Die Diaspora. Von traumatischer Erfahrung zum ekklesiologischen Paradigma, Quellen und Forschungen zur Diasporawissenschaft (= Beihefte Evangelische Diaspora) 7, Leipzig 2011; dazu auch der Beitrag von Rüdiger Lux in der vorliegenden Publikation.

[17] Matthias Morgenstern, Diaspora und Exil als Deutungskonzepte jüdischer Geschichte, in: Diaspora und Kulturwissenschaften, Quellen und Forschungen zur Diasporawissenschaft (= Beihefte Evangelische Diaspora) 6, Leipzig 2010, 33–57; Michael Brenner, Von der Galut zur Diaspora, in: Weit von wo? Menschen in der Diaspora (Das jüdische Echo 59), Wien 2010/2011, 11–13; Hanno Loewy, Warum Israel die Diaspora neu begründet. Zwölf paradoxe Thesen, in: Isolde Charim/Gertraud Auer Borea (Hg.), Lebensmodell Diaspora. Über moderne Nomaden, Bielefeld 2012, 195–206.

Dies trifft auch auf das Neue Testament zu, in dem das Wort Diaspora nur an drei Stellen vorkommt (Joh. 7,35; 1. Pet. 1,1; Jak. 1,1)[18]. Erst wenn auf andere Stellen, wie etwa den Missionsauftrag aus dem Matthäusevangelium (Mt 28,18 ff) geblickt wird, kann der Diaspora als dem Ausgestreut-Sein im Ackerfeld der Welt auch einen positiver Sinn zugeschrieben werden. Rüdiger Lux hat gemeint, das jüdische Verständnis von Diaspora sei durch zentripetale Kräfte bestimmt, nämlich die ständige Hoffnung auf endgültige Rückkehr ins verheißene Land, während das Diasporaverständnis der ersten christlichen Gemeinden eher zentrifugal zu verstehen ist, nämlich vom Gedanken der Sendung von Jerusalem aus zu allen Völkern und bis an die Enden der Welt. Aber auch das ist eingebettet in das Hoffnungsbild der endgültigen Sammlung bei Gott[19]. Heute werden zusätzlich andere Stellen der Bibel angeführt, um die Stellung der Kirche in der Welt als „Diaspora" zu deuten. Dabei wurde nicht nur auf den schon erwähnten Missionsbefehl zurückgegriffen, sondern vor allem auf Aussagen Jesu in der Bergpredigt. Diaspora – das ist die Stadt auf dem Berge[20]; Christinnen und Christen sind berufen, Salz der Erde und Licht der Welt zu sein[21]. Diaspora wäre dann nicht ein mehr oder weniger negativ verstandener Übergangszustand und eine Ausnahme von der Regel, sondern der Normalfall der Existenz der Kirche in der Welt. Sie hätte dann auch nicht ausschließlich und vorwiegend mit der soziologischen Frage zu tun, ob eine Kirche in der jeweiligen Bevölkerung eine zahlenmäßige Mehrheit oder Minderheit darstellt, sondern würde für alle Kirchen gelten, unabhängig von der jeweiligen konfessionellen oder gesellschaftlichen Situation. Diaspora ist weniger die (negative) Zerstreuung, sondern die (positive) Aussaat im Ackerfeld der Welt.

---

[18] Rudolf Schnackenburg, Gottes Volk in der Zerstreuung. Diaspora im Zeugnis der Bibel, in: Ders., Schriften zum Neuen Testament, München 1971, 321–336; Kurt Niederwimmer, Kirche als Diaspora, in: Ders., Quaestiones Theologicae. Gesammelte Aufsätze, Berlin-New York 1998, 102–112.

[19] Rüdiger Lux, Diaspora – was bedeutet das im Alten Testament?, in: Diaspora und die Zukunft der Kirchen. Biblische und praktisch-theologische Überlegungen und Konzepte, Quellen und Forschungen zur Diasporawissenschaft (= Beihefte Evangelische Diaspora) 2, Leipzig 2010, 9.

[20] Wilhelm Dantine, Stadt auf dem Berge?, in: Michael Bünker (Hg.), Wilhelm Dantine. Protestantisches Abenteuer. Beiträge zur Standortbestimmung der evangelischen Kirchen in der Diaspora Europas, Innsbruck-Wien-Göttingen 2001, 48–89.

[21] So z. B. bei: Helmut Franz, Diaspora. Der Ort des Christen in der Welt, Stuttgart 2003.

Einen großen Schritt, das Vorhaben einer „Theologie der Diaspora" auf europäischer Ebene voranzubringen, stellt das Studienprojekt der „Gemeinschaft Evangelischer Kirchen in Europa (GEKE)" dar[22], das mit Beschluss der 7. Vollversammlung der GEKE im Jahr 2012 initiiert wurde. Nüchtern stellen die am Studienprojekt beteiligten Forscher und Forscherinnen fest, dass gegenwärtig Theologie und Kirche kaum noch an dieser traditionellen Deutung anknüpfen. Dies bestätigt ein Blick in zwei neue Publikationen zu Kirche und Kirchentheorie, in denen Diaspora nicht thematisiert wird, ja nicht einmal als Stichwort vorkommt[23]. Auch hier bestätigen Ausnahmen die Regel[24]. Das Studienprojekt strebt nicht weniger an, als Überlegungen für ein künftiges Selbstverständnis des Protestantismus in Europa unter dem Stichwort der Diaspora zu liefern, die sich als eine Gestalt von öffentlicher Theologie begreift. Dabei wird Diaspora nicht nur als empirischer Begriff verstanden, sondern als theologische und biblisch orientierte Begründung der Minderheitensituation.

Die säkulare Renaissance der Diaspora

Es ist erstaunlich, dass der Begriff „Diaspora" seit den 1980er Jahren eine unerwartete Renaissance vor allem in den Kultur- und Sozialwissenschaften erfahren hat[25]. Nicht selten wird dabei auf die Erfahrungen des Judentums und das Geschick der Armenier zurückgegriffen. „Der Begriff ‚Diaspora' wurde bekanntlich in den letzten 20 Jahren aus der bedrängenden 2000-jährigen Geschichte des Judentums befreit und damit auch von seinen negativen Konnotationen wie Zerstreuung, Vertreibung, Exil erlöst. Die Umcodierung

---

[22] Darüber wird in dieser Publikation an anderer Stelle ausführlich berichtet.

[23] Eberhard Hauschildt/Uta Pohl-Patalong, Kirche, Lehrbuch Praktische Theologie Band 4, Gütersloh 2013; Jan Hermelink, Kirchliche Organisation und das Jenseits des Glaubens. Eine praktisch-theologische Theorie der evangelischen Kirche, Gütersloh 2011.

[24] Etwa Eberhard Winkler, Gemeinde zwischen Volkskirche und Diaspora. Eine Einführung in die praktisch-theologische Kybernetik, Neukirchen 1998.

[25] Dazu z. B.: Robin Cohen, Global diasporas, London 1997; Diaspora und Kulturwissenschaften, Quellen und Forschungen zur Diasporawissenschaft (= Beihefte Evangelische Diaspora) 6, Leipzig 2010.

hat dem Begriff eine unglaubliche Karriere ermöglicht"[26]. Die Übernahme des biblisch geprägten Diasporabegriffs hat sich auf der einen Seite als hilfreich erwiesen, auf der anderen Seite ist es beinahe zu einer inflationären Verwendung des Begriffs gekommen, sodass beinahe jede Gruppe von Migranten/innen so bezeichnet wurde. Kritisch hat Roger Brubaker angemerkt, dass es schon so etwas wie eine „Diaspora Diaspora" gäbe. Der Begriff selbst ist in die Zerstreuung geraten, sodass man beinahe nicht mehr sagen kann, was er denn nun spezifisch meint[27]. Wenn nun Diaspora auf das Phänomen der Migration angewendet wird, dann geht es um die komplexe Dreiecksbeziehung zwischen dem Herkunftsland, der Residenzgesellschaft und der Gruppe der Migranten/innen[28]. Von daher wird zumindest einmal klar: Nicht jede Minderheit ist eine Diaspora (etwa die Basken in Spanien oder die Sorben in Deutschland), aber jede Diaspora ist eine Minderheit. Weiter ist Diaspora in diesem Sinn – vor allem wenn die Auswanderung nicht freiwillig geschieht – immer mit negativen Stimmungen begleitet und von einer Sehnsucht nach Heimkehr, nicht selten auch von einer Verklärung der verlorenen Heimat geprägt. Im kollektiven Gedächtnis der Diaspora wird die Erinnerung gepflegt, werden gemeinsame Geschichten erzählt und vielfältige Deutungen für das Verständnis der neuen Situation entwickelt, die gemeinsam mit Leben erfüllt werden, etwa bei Festen und Feiern. Diese Fähigkeit, die eigenen Merkmale zu betonen und im Unterschied zu den Merkmalen der Residenzgesellschaft auch zu profilieren, nennt die Soziologie Identitätsmanagement. Dabei steht jede Diaspora in der Gefahr, zu einer Art „Verteidigungsbündnis" zu werden. Das führt manchmal zu einer mythischen Verklärung der eigenen Geschichte, zu einer Überbetonung der Unterschiede als vermeintlich identitätsstiftender Merkmale. Hier kommt der Residenzgesellschaft eine große Verantwortung zu, denn diese unerwünschten Reaktionen der Diaspora

---

[26] Isolde Charim, Einleitung, in: Isolde Charim/Gertraud Auer Borea (Hg.), Lebensmodell Diaspora. Über moderne Nomaden, Bielefeld 2012, 11 f.

[27] Roger Brubaker, Diaspora Diaspora, Ethnic and Radical Studies 28 (2005), 1–19 zitiert nach: Martin Sökefeld, Das Diaspora-Konzept in der neueren sozial- und kulturwissenschaftlichen Debatte, in: Diaspora und Kulturwissenschaften, Quellen und Forschungen zur Diasporawissenschaft (= Beihefte Evangelische Diaspora) 6, Leipzig 2010, 19.

[28] Robert Hettlage, Diaspora: Umrisse einer soziologischen Theorie, Österreichische Zeitschrift für Soziologie 16 (1991), 4–24.

werden umso stärker, je mehr sie in die Defensive gedrängt wird und vor Assimilationsforderungen steht, die womöglich ein Aufgeben der eigenen Identität bedeuten. Generell sollte die Chance nicht vertan werden, die sich auch für die Residenzgesellschaft durch kulturelle Vielfalt bietet. Für den Bereich der Religionsvielfalt hat etwa Martin Baumann seit Jahren nachgewiesen, dass Gesellschaften davon profitierten, wenn sie religiöse Vielfalt nicht nur zulassen, sondern aktiv fördern[29]. Der Diasporabegriff wird in den modernen säkularen Wissenschaften positiv verwendet. Zugleich wird er durch einen inflationären Gebrauch geschwächt und getrübt. Um zu klären, was Kirche als Diaspora heute bedeuten kann[30], ist daher die biblisch fundierte theologische Klärung unerlässlich. Rüdiger Lux spricht von der „Gnade der Diaspora"[31]. In seiner Auslegung der Geschichte vom Turmbau zu Babel kommt er zu der Einsicht, dass es nichts als Angst war, was die Menschen zum gigantischen Projekt des Turmbaus angetrieben hat. Die Angst vor der Vielfalt der Welt führte zum vermeintlich einigenden Projekt eines himmelhohen Turmes und in letzter Konsequenz dazu, sich selbst an die Stelle Gottes zu setzen. Gottes Zerstreuung der Menschen, die die ethnische Vielfalt zur Folge hatte, ist nicht bloß eine Strafe, sondern auch eine Rettungstat für die Vielfalt des Lebendigen, die schon in der Schöpfung angelegt ist. So gelesen ist die Turmbaugeschichte ein Plädoyer gegen Vereinheitlichung und für die Vielfalt. Nicht die Einheit, für die das Andere, das Fremde und das Unterschiedliche assimiliert oder ausgestoßen werden

---

[29] Martin Baumann, Diaspora als analytische Kategorie, Marburg 2000; Ders., Migration-Religion-Integration. Buddhistische Vietnamesen und hinduistische Tamilen in Deutschland, Marburg 2000; Ders., Alte Götter in neuer Heimat. Religionswissenschaftliche Analyse zur Diaspora am Beispiel von Hindus auf Trinidad, Marburg 2003, Ders., Viele Religionen schaden der Gesellschaft nicht, NZZ 29. Januar 2005.

[30] Beispielhaft dazu: Karl-Christoph Epting, Evangelische Diaspora – Ökumenische und internationale Horizonte, hg. Von Karl Schwarz/Klaus Fitschen, Leipzig 2010; Ders., Diasporawissenschaft – Bemerkungen zum Anfang und zur Entwicklung, in: Diaspora – ihre Bedeutung für Theologie und Kirche am Anfang des 21. Jahrhunderts, Quellen und Forschungen zur Diasporawissenschaft (= Beihefte Evangelische Diaspora) 10, Leipzig 2011, 6–9.

[31] Rüdiger Lux, Von Babel bis an das Ende der Welt, in: Diaspora und Mission. Eine Verhältnisbestimmung, Quellen und Forschungen zur Diasporawissenschaft (= Beihefte Evangelische Diaspora) 9, Leipzig 2011, 6–20, hier S. 20.

muss, ist das Fundament des menschlichen Lebens, sondern die Vielfalt, die freilich immer nur Stückwerk und Fragment bleibt. So verwirklichen die in die Zerstreuung geschickten Menschen den Schöpfungssegen Gottes auf der Erde, und Diaspora wird damit in der Tat zur Gnade Gottes, die die Kirche ohne jede Glorifizierung ihres gegebenen Zustands, aber doch voll Zuversicht als Gabe und Aufgabe annimmt.

Diaspora – die offene und öffentliche Kirche

Auch wenn weltweit – wie das Pew Research Center des Pew Forum on Religion & Public Life in seinem jüngsten Bericht vom Dezember 2012 festgestellt hat – Christen zu 87 % in Ländern mit christlicher Mehrheitsbevölkerung leben und darin nur von den Hindus (97 %) [32] übertroffen werden: Religionsvielfalt ist auch für bislang christlich geprägte Gesellschaften zum bestimmenden Faktor geworden. Zur Religionsvielfalt kommt die für Europa kennzeichnende fortschreitende Säkularisierung. Die am schnellsten wachsende Bevölkerungsgruppe ist in vielen europäischen Ländern die derjenigen Menschen, die gar keiner Kirche oder Religionsgemeinschaft angehören. Sie sind sogenannte Alltagsatheisten, Agnostiker und andere, die vielleicht schon vergessen haben, dass sie Gott vergessen haben. Zu dieser Gruppe der Bevölkerung gehören aber auch viele, die – dem modernen Geist der Individualisierung entsprechend – ihre Religion selbst „komponieren" [33]. Dies wird durch die neueste (V.) Kirchenmitgliedschaftsuntersuchung der EKD bestätigt [34]: Mittelfristig werden so gut wie alle evangelischen Kirchen in Europa in ihren Ländern zu zahlenmäßigen Minderheiten werden. Neu ist, dass dies nicht bloß gegenüber anderskonfessionellen (zumeist katholischen oder orthodoxen) Kirchen gilt, sondern gegenüber einer konfessionslosen Bevölkerungsmehrheit. Die verschiedenen Kirchen mögen ihre Diaspora-

---

[32] Pew Research Center, The Global Religious Landscape, 2012, 11. Dazu: Conrad Hackett u. a., Methodology of the Pew Research *Global Religious Landscape* Study, in: Yearbook of International Religious Demography 2014, Leiden/Boston 2014, 167–175.

[33] Zu Begriff und Sache: Paul M. Zulehner, Verbuntung. Kirchen im weltanschaulichen Pluralismus. Religion im Leben der Menschen 1970–2010, Ostfildern 2011.

[34] EKD, Engagement und Indifferenz. Kirchenmitgliedschaft als soziale Praxis, Hannover 2014.

existenz unterschiedlich deuten[35], betroffen sind sie davon alle. Verbunden sind sie zusätzlich durch die Herausforderungen, die die Migration für sie darstellt. Die aktuellen Entwicklungen, geprägt durch fortschreitende Säkularisierung, demographische Trends, ständige Wanderbewegungen, zunehmende Religionsvielfalt und wachsende Globalisierung lassen erwarten, dass Diaspora nicht nur für die derzeitigen zahlenmäßigen Minderheitskirchen ein Leitbegriff werden wird. 1990 hat Dieter Knall seine Erfahrungen als Generalsekretär des GAW in einem Vortrag in seiner siebenbürgischen Heimat zusammengefasst. Seine Überlegungen gipfeln in folgender Aussage: „Diasporaarbeit ist das Schlüsselwort für die Kirche von morgen. In Zukunft werden alle Kirchen darum ringen müssen, ganz abgesehen davon, ob sie klein oder groß sind, ihre eigenen Glieder diasporafest und dialogfähig zu machen, also ökumenisch mündig"[36].

Die evangelischen Kirchen in Europa sind in ihrer großen Mehrheit zahlenmäßige Minderheitskirchen. In der „Gemeinschaft Evangelischer Kirchen in Europa (GEKE)" hat daher das Verhältnis von Mehrheits- und Minderheitskirchen stets eine große Rolle gespielt. Die Kirchenstudie „Die Kirche Jesu Christi" aus dem Jahr 1994, mit der die Kirchengemeinschaft auf der Grundlage der Leuenberger Konkordie von 1973 ihre gemeinsame Ekklesiologie vorgelegt hat, spricht von der Weite der Bestimmung evangelischer Kirchen und von der Deutlichkeit ihres Zeugnisses und ihres Dienstes. Dabei nimmt die Studie auch den Unterschied zwischen Mehrheits- und Minderheitskirchen und damit – zumindest implizit – auch das Thema der Diaspora in den Blick[37]. In der „Regionalgruppe Südosteuropa" der GEKE, in der seit dem Jahr 1975 Vertreter/innen von evangelischen Kirchen aus mehr als 14 Ländern zu regelmäßigen Tagungen zusammenkommen, ist eine Standortbestimmung erarbeitet worden, die diesem Umstand auch

---

[35] Ioannis Zizioulas, Orthodox Diaspora: Facing a Canonical Anomaly, Kanon (= Jahrbuch der Gesellschaft für das Recht der Ostkirchen) 22 (2012), 1–11; Vladimir Fedorov, Der ökumenische Beitrag der russisch-orthodoxen Diaspora im 20. Jahrhundert, Quellen und Forschungen zur Diasporawissenschaft (= Beihefte Evangelische Diaspora) 10, Leipzig 2011, 32–51; Klaus Stadel, Das Verständnis von Diaspora aus der Sicht der römisch-katholischen Kirche, Quellen und Forschungen zur Diasporawissenschaft (= Beihefte Evangelische Diaspora) 10, Leipzig 2011, 19–31.
[36] Dieter Knall, Evangelisches Zeugnis in der Minderheit, EvDia 65 (1996) 42 ff.
[37] Die Kirche Jesu Christi, Leuenberger Texte 1, Leipzig ⁴2012, 50.

explizit nachgeht. Dort heißt es: „Es wird von der zukünftigen Fähigkeit zur Gestaltung von Kirche abhängen, welche Folgerungen aus der Tatsache der Minderheit gezogen werden. Viele der Minderheitskirchen im Bereich der Regionalgruppe vertreten zudem ethnische Minderheiten. Das ist eine Bereicherung der jeweiligen kulturellen Vielfalt wie auch eine potentielle Bedrohung als Konfliktpotential. Erfahrungen der jüngsten Vergangenheit zeigen, dass unter gesellschaftlichem Veränderungsdruck die Orientierung an Volk und Nation die gelebte Kirchengemeinschaft nach wie vor in Frage stellen kann. Die fortschreitende Säkularisierung und zunehmende Pluralisierung auf dem Markt der religiösen Sinnanbieter kann mittelfristig dazu führen, dass sich Kirchen und Religionsgemeinschaften in den jeweiligen Gesellschaften zahlenmäßig in der Minderheit befinden werden. Es bildet sich eine vielgestaltige und zunehmend unübersichtliche Diaspora, die es den Kirchen schwer macht, sich zu orientieren und den Ort in der jeweiligen Gesellschaft einzunehmen, der ihrem Auftrag entspricht und ihr Zeugnis und ihren Dienst sinnvoll macht. Es bleibt die Aufgabe der Kirchen, für die ungeteilte Geltung der Menschenrechte einzutreten und für eine tragfähige Zivilgesellschaft zu arbeiten, in der gesellschaftliche Pluralität als Bereicherung erfahren wird. Der Einsatz für die Rechte aller Minderheiten, ein gemeinsamer Dienst an den Schwachen und die im Gebet, im Gottesdienst und im diakonischen Handeln gelebte Gemeinschaft der Kirchen ermöglichen es, die soziologische Tatsache der Minderheit positiv aufzunehmen und zur theologischen Aufgabe einer Diasporakirche zu wandeln."[38]

Wilhelm Dantine hat die Gefahr eines „unreformatorischen Sektierertums"[39] klar gesehen und davor gewarnt, dass sich die Kirche als ein „religiöser Trachtenverein"[40] versteht und damit ihrem Auftrag nicht nachkommt.

---

[38] Kirche gestalten – Zukunft gewinnen, in: Wilhelm Hüffmeier/Martin Friedrich (Hgg.), Gemeinschaft gestalten – Evangelisches Profil in Europa. Texte der 6. Vollversammlung der 4 GEKE in Budapest, 12. bis 18. September 2006, Frankfurt/Main 2007, 76–152, hier S. 119.

[39] Wilhelm Dantine, Protestantisches Abenteuer in einer nichtprotestantischen Welt, in: Michael Bünker (Hg.), Wilhelm Dantine. Protestantisches Abenteuer. Beiträge zur Standortbestimmung der evangelischen Kirchen in der Diaspora Europas, Innsbruck-Wien-Göttingen 2001, 37–47, hier S. 39.

[40] Ebd., 39.

Kirche als Diaspora zielt also auf eine offene und öffentliche Kirche[41]. Es ist der Öffentlichkeitsanspruch des Evangeliums, der den Öffentlichkeitsauftrag der Kirche begründet. Kirche ist dieser Welt etwas schuldig, nämlich das Evangelium, die befreiende Botschaft von der unbedingten Gnade Gottes, die wir in Jesus Christus erfahren. Aus dieser Botschaft bittet die Kirche wie der Apostel[42]: Lasst euch versöhnen mit Gott! Wie jede Kirche ist auch die Diasporakirche nicht eine fordernde, nicht eine verlangende und befehlende Kirche, sondern eine bittende Kirche, eine dienende Kirche. Zeugnis und Dienst umschreiben die Aufgabe. Darauf liegt die Verheißung Gottes, auch für die Kirche, die ausgestreut ist im Ackerfeld der Welt. Rene Krüger formuliert zusammenfassend: „Es geht nicht mehr darum, in der Diaspora zu leben, sondern Diaspora zu sein ... Samen, Aussaat und Saat zu sein – kurzum: Menschen zu sein, die das Evangelium aussäen. Kirche in der Diaspora zu sein, bedeutet, eine Minderheit mit einer Mission zu sein"[43]. Zum Schluss erhält noch einmal Zinzendorf das Wort:

> *Diaspora! in Seiner Freud*
> *Geh thue Seine Haupt-Arbeit,*
> *Und scheine als ein Licht, der Welt;*
> *Er hat Dich so dahin gestellt*[44].

---

[41] Wilhelm Hüffmeier, Theologie der Diaspora. Plädoyer für eine selbstbewusste und offensive evangelische Diaspora, EvDia 78 (2010) 12–26; Wolfgang Huber, Kirche in der Zeitenwende. Gesellschaftlicher Wandel und Erneuerung der Kirche, Gütersloh 1999 (2. A.), 37; dazu umfassend: Sylvia Losansky, Öffentliche Kirche für Europa. Eine Studie zum Beitrag der christlichen Kirchen zum gesellschaftlichen Zusammenhalt in Europa, Öffentliche Theologie 25, Leipzig 2010.

[42] Eberhard Jüngel, Die Autorität des bittenden Christus, in: Ders., Unterwegs zur Sache. Theologische Erörterungen, Tübingen ³2000, 179–188.

[43] Rene Krüger, Die Diaspora. Von traumatischer Erfahrung zum ekklesiologischen Paradigma, Quellen und Forschungen zur Diasporawissenschaft (= Beihefte Evangelische Diaspora) 7, Leipzig 2011, 135.

[44] Nikolaus Ludwig von Zinzendorf (Anm. 2), 20.

Theologie der Diaspora als Gestalt öffentlicher Theologie

von Ulrich H. J. Körtner

2012 hat die Vollversammlung der Gemeinschaft der Evangelischen Kirchen in Europa (GEKE) in Florenz einen Studienprozess zum Thema „Theologie der Diaspora" beschlossen. Das Thema der Diaspora steht auch als praktische Aufgabe auf der Agenda der GEKE. So ist sie in eine Kooperation mit der Arbeitsgemeinschaft evangelischer Diasporawerke in Europa (AGDE) eingetreten. Diese hat sich auf ihrer Jahrestagung 2009 intensiv mit Skizzen einer zukünftigen protestantischen Solidaritätsarchitektur in Europa befasst. Das Präsidium der GEKE sieht die Zusammenarbeit zwischen GEKE und AGDE im Sinne von Artikel 36 der Leuenberger Konkordie als beredten Ausdruck der Einheit von Zeugnis und Dienst.

Neben der Praxis gelebter Solidarität bedarf es aber auch vertiefter theologischer Reflexion über die Diasporaexistenz protestantischer Kirchen, die exemplarisch für die Diasporaexistenz der Kirche in dieser Welt überhaupt ist. In der modernen pluralistischen Gesellschaft findet sich das Christentum in einer Diasporasituation vor. In vielen Ländern Europas bilden evangelische Christen und Kirchen eine Minderheit. Auch gesamteuropäisch betrachtet ist die Zahl der Protestanten in Europa geringer als die von römischen Katholiken und orthodoxen Christen zusammengenommen. Zunehmend machen aber auch katholische Christen die Erfahrung, zur gesellschaftlichen Minderheit zu werden. Die Diasporaexistenz des Glaubens wird zur gemeinsamen ökumenischen Erfahrung. Auch die im Bericht des Präsidiums angesprochene Migration, die Existenz von Migrationskirchen und -gemeinden und ihre Auswirkungen auf die Kirchengemeinschaft sind in diesem Kontext ebenso zu bedenken wie der interreligiöse Dialog und die Pluralität der Religionen.

Das Thema sollte aber über diese Aktivitäten hinaus von der GEKE behandelt werden. Und zwar sollte es darum gehen, eine Theologie der Diaspora zu entwickeln, die sich als eine Gestalt von öffentlicher Theologie begreift. Will die GEKE ihrer Aufgabe, die Stimme des Protestantismus in Europa vernehmbar zu machen, gerecht werden, bedarf sie einer solchen öffentlichen Theologie.

Mit Wolfgang Huber kann man unter öffentlicher Theologie „die kritische Reflexion über das Wirken und die Wirkungen des Christentums in die gesellschaftliche Öffentlichkeit hinein sowie die dialogische Teilnahme am Nachdenken über die Identität und die Krisen, die Ziele und die Aufgaben der Gesellschaft" verstehen.[1] Ebenso definiert Wolfgang Vögele den Begriff.[2] Der Begriff selbst stammt jedoch aus Nordamerika. Erstmals hat ihn Martin E. Marty zu Beginn der 1970er-Jahre in einem Beitrag zur Debatte über Zivilreligion gebraucht. Damit ist auch schon einer der Diskurse benannt, innerhalb derer der Terminus öffentliche Theologie/public theology verortet ist. Öffentliche Theologie ist nach wie vor ein offenes Paradigma, das in unterschiedlichen Kontexten verschiedenartig interpretiert wird.[3]

Es sind verschiedene Diskurse, die sich in der Debatte über öffentliche Theologie überlagern.[4] Neben der Debatte über Zivilreligion im nordamerikanischen Raum, die seit einiger Zeit auch für den europäischen Kontext geführt wird, steht der Diskurs über Begriff und Konzeptionen einer politischen Theologie. Aber auch der Diskurs über kontextuelle Theologien und die verschiedenen Spielarten einer Theologie der Befreiung findet in demjenigen über öffentliche Theologie bzw. über die Vielfalt öffentlicher Theologien eine Fortsetzung. Eine weitere Überschneidung besteht mit dem Diskurs über öffentliche Religion.[5] Wurde unter diesem Begriff seit Beginn der 1990er-Jahre zunächst die Rolle von Religionen als Quellen und Prägekräften zivilgesellschaftlichen Engagements diskutiert, richtet sich das Forschungsinteresse inzwischen auch auf Religionen als Institutionen und politische Akteure.

---

[1] WOLFGANG HUBER, Offene und öffentliche Kirche, in: FLORIAN HÖHNE/ FREDERIKE VAN OORSCHOT (Hg.), Grundtexte Öffentliche Theologie, Leipzig 2015, 199–209, hier 206.

[2] Vgl. WOLFGANG VÖGELE, Menschenwürde zwischen Recht und Theologie. Begründungen von Menschenrechten in der Perspektive öffentlicher Theologie (Öffentliche Theologie 14), Gütersloh 2000, 23 f. Vgl. DERS., Zivilreligion in der Bundesrepublik Deutschland (Öffentliche Theologie 5), Gütersloh 1994, 418 ff.

[3] Wichtige Grundtexte seit den Anfängen der Debatte sind jetzt bequem zugänglich in der in Anm. 1 genannten Edition, die Florian Höhne und Frederike van Oorschot besorgt haben.

[4] Vgl. dazu auch DIRK J. SMIT, Das Paradigma Öffentlicher Theologie. Entstehung und Entwicklung, in: HÖHNE/VAN OORSCHOT (Hg.), Grundtexte (s. Anm. 14), 127–141.

[5] Vgl. JOSÉ CASANOVA, Public Religions in the Modern World, Chicago 1994.

Mit Florian Höhne lassen sich drei Grundfragen öffentlicher Theologie formulieren: die sozialethische Frage nach der öffentlichen Geltung partikularer religiöser Orientierungen, die fundamentaltheologische Frage nach der öffentlichen Kommunizierbarkeit derartiger Geltungsansprüche und ihrer Begründungen sowie schließlich die ekklesiologische Frage nach der Rolle der Kirche in den genannten Kommunikationsprozessen.[6]

Alle drei Grundfragen sind nun m. E. in Richtung auf eine Theologie der Diaspora hin zu vertiefen. Die Partikularität christlicher Überzeugungen und Orientierungen hängt mit dem theologischen Thema der Diaspora auf das Engste zusammen. Der australische Theologe James Haire reflektiert z. B. die Diasporasituation des Christentums im asiatischen Kontext. Eine sich als öffentliche Theologie positionierende Theologie der Diaspora hat demnach den interkulturellen Charakter christlicher Theologie und seine Implikationen für die Frage zu bedenken, welchen Beitrag eine öffentliche Theologie zu den Debatten einer Zivilgesellschaft leisten kann, in welcher der christliche Glaube der Glaube einer Minderheit ist.[7] Im asiatischen Kontext ist „die Interaktion zwischen der christlichen Minderheitsgemeinschaft und der größeren Gemeinschaft"[8] ein zentrales Thema. Dabei sieht Haire die Anliegen öffentlicher Theologie „schon im multikulturellen Kontext der Anfänge des Christentums" gegeben.[9] Die australische, jetzt in Neuseeland lebende und lehrende Theologin Elaine M. Wainwright berichtet von der Arbeit des PaCT (Public and Contextual Theology Strategic Research Center) an der Charles Sturt University (Australien), dessen Tagungen regelmäßig Menschen aus verschiedenen pazifischen Nationen zusammenbringen. Diese Veranstaltungen und ihre Publikationen seien „Öffentliche Theologie, insofern sich Menschen mit ihrem Leben und den unvorstellbaren Herausforderungen und Möglichkeiten des Lebens in der Diaspora befassen".[10]

---

[6] Vgl. FLORIAN HÖHNE, Öffentliche Theologie. Begriffsgeschichte und Grundlagen (Öffentliche Theologie 31), Leipzig 2015.

[7] Vgl. JAMES HAIRE, Öffentliche Theologie – eine rein westliche Angelegenheit?, in: Höhen/van Oorschot (Hg.), Grundtexte (s. Anm. 1), 153–171, hier 154.

[8] A. a. O., 159.

[9] A. a. O., 158.

[10] ELAINE M. WAINWRIGHT, „Texts@Context" … um einen Ausdruck zu leihen, in: Höhne/van Oorschot (Hg.), Grundtexte (s. Anm. 1), 145–152, hier 146

2011 wurde in der Gemeinschaft Evangelischer Kirchen in Europa (GEKE) ein Projekt zum Thema Theologie der Diaspora begonnen, das sich an Studierende der Theologie richtet und an dem mehrere theologische Fakultäten beteiligt sind. Das Projekt wurde – im 40. Jahr der Leuenberger Konkordie – mit einer Konferenz in Italien beendet. 2012 hat die GEKE auf ihrer Vollversammlung in Florenz einen Studienprozess empfohlen, für den vom Rat der GEKE eine Expertengruppe eingesetzt worden ist, die ihre Arbeit bereits begonnen hat.[11] Es geht in diesem Studienprozess ausdrücklich darum, eine Theologie der Diaspora zu entwickeln, die sich als eine Gestalt von öffentlicher Theologie begreift.

Wie in einer ersten Thesenreihe aus dem Studienprozess festgestellt wird, sind im Diskurs über eine Theologie der Diaspora freilich drei Diaspora-Begriffe zu unterscheiden: 1. „Ein deskriptiv-soziologischer Begriff, welcher sich auf die zahlenmäßig erfassbare Situation von Kirchen hinsichtlich ihrer Mitgliederzahlen in einer Gesellschaft bezieht. In dieser Hinsicht wird der Begriff synonym mit Minderheitensituation verwendet." 2. „Ein deskriptiver Begriff, der die Selbstdeutung einer Kirche beschreibt. ‚Diaspora' meint dann ein bestimmtes Selbstverständnis einer Kirche angesichts ihrer Minderheitensituation." 3. „Ein theologischer Interpretationsbegriff, der die Minderheitensituation von Kirche(n) aus einer biblisch-christlichen Tradition heraus deutet. Im theologischen Begriff von Diaspora sind immer ein bestimmtes theologisches Geschichtsbild und eine bestimmte Ekklesiologie impliziert."[12]

Zu den weiter zu bearbeitenden Fragestellungen gehört die interdisziplinäre Analyse von Minderheitensituationen und ihrer jeweiligen Dynamik. Die Beschäftigung mit soziologischen, politikwissenschaftlichen, historischen und ökonomischen Analysen zu Minderheitensituationen und ihren Bewältigungsstrategien kann auch für einen theologischen Begriff der Diaspora förderlich sein. Allerdings ist die theologische und kirchliche Interpretation von Minderheitensituationen nicht notwendigerweise auf den Diaspora-Begriff angewiesen. Neben diesem gibt es noch weitere biblische Motive und theologische Topoi, weshalb das Anliegen einer Theologie der Diaspora, die

---

[11] Vgl. dazu die Beiträge in: GEKE focus 20, 2013 (http://issuu.com/ecumenix/docs/geke_focus-20_web?e=1141279/5894576; zuletzt abgerufen am 5.2.2014).

[12] Die englische Fassung dieser Thesen ist in dem in Anm. 41 zitierten Heft, 10–12 veröffentlicht (hier 11).

sich zugleich als Gestalt öffentlicher Theologie versteht, nicht ausschließlich an den Diaspora-Begriff gebunden ist.

Für eine öffentliche Theologie der Diaspora finden sich wegweisende Impulse bei Ernst Lange sowie im Werk des österreichischen lutherischen Theologen Wilhelm Dantine (1911–1981), einer der Väter der Leuenberger Konkordie. Diese Impulse gilt es aufzugreifen und für unsere Situation und die Herausforderungen der Gegenwart weiter zu entwickeln. Das Leben in der Diaspora ist keineswegs nur die spezifische Situation von Minderheitenkirchen, sondern ein Wesensmerkmal des christlichen Glaubens und der Kirche, das in ökumenischer Perspektive zu bedenken ist.

Unter dem Titel „Ekklesia und Diaspora" hat Ernst Lange die Existenz und das Leben der Kirche im Wechselspiel zwischen Sammlung und Zerstreuung beschrieben. Die Situation der Diaspora trifft nach diesem Verständnis in modernen Gesellschaften auch auf solche Kirchen zu, deren Mitglieder statistisch betrachtet einen hohen Bevölkerungsanteil oder sogar die religiöse Mehrheit bilden. Bei Sammlung (Ekklesia) und Zerstreuung (Diaspora) handelt es sich nach Lange um einander abwechselnde und aufeinander bezogene Phasen, wobei er sein Phasenmodell auf das Gemeindeleben bezieht:

„In der Versammlung geht es von vornherein und ausschließlich um die Kommunikation des Glaubens, freilich in dem breiten Sinn, in dem wir das Wort zu verstehen suchten: Letztlich ist die ganze Wirklichkeit Gegenstand der Verhandlung.

In der Zerstreuung kann der Glaubende nur darauf hoffen, dass er, wo er präsent und verfügbar ist, Kommunikation finden und in der Kommunikation den Durchbruch der Verheißung erfahren wird. [...]

In der Versammlung geht es darum, die Verheißung im Licht der Wirklichkeit wahrzunehmen. Da helfen viele Augen und viele Ohren mit.

In der Zerstreuung geht es darum, die Wirklichkeit im Licht der Verheißung wahrzunehmen. Da ist der Glaubende auf seine eigenen Augen und Ohren angewiesen." [13]

---

[13] ERNST LANGE, Chancen des Alltags. Überlegungen zur Funktion des christlichen Gottesdienstes in der Gegenwart (Handbücher der Christen in der Welt 8), Stuttgart/ Berlin 1965, 142 f.

„Das Problem und zugleich die Chance heutigen Gemeindelebens ist, dass die Diasporaphase gegenüber der Gemeinde in Versammlung unerhört an Gewicht und auch an Ausdehnung gewonnen hat. Die Ekklesia ist abgedrängt in einen ganz schmalen Bereich der Freizeit. Verlassen die Christen die Versammlung, dann wechseln sie buchstäblich die Welt, und zwar muss jeder den Übergang in seine Welt finden.“ [14] Nach Lange liegt die *„Last der Bürgschaft in der Diasporaphase“* weniger auf den Pfarrerinnen und Pfarrern oder anderen hauptamtlichen Mitarbeitern als vielmehr *„fast ganz auf den nichtbeamteten Christen, den sogenannten ‚Laien‘“* [15].

Langes Phasenmodell ist darin wegweisend, dass es den Diasporabegriff nicht auf die demographische Minderheitensituation beschränkt, sondern auf die Existenz von Kirche und Gemeinde in der modernen säkularen Gesellschaft anwendet. Die Gegenüberstellung von versammelter Gemeinde und Vereinzelung der Christen in der Diasporaphase bietet freilich eine verengte Sicht der Präsenz der Kirche in der modernen Gesellschaft, weil kirchliche Formen der Vergemeinschaftung außerhalb des Gottesdienstes und ihre Schnittstellen zu außerkirchlichen Vergemeinschaftungsformen unberücksichtigt bleiben. Sie reichen vom Kirchenchor über diverse Gemeindegruppen und -aktivitäten, Gemeindefeste und kulturelle Aktivitäten bis zum Kindergarten. Hier wären auch die Zusammenhänge zwischen Gemeindearbeit und Gemeinwesenarbeit zu bedenken.

Weitere Impulse für eine Theologie der Diaspora, die sich als öffentliche Theologie versteht, findet man bei Wilhelm Dantine. In ökumenischer Ausrichtung hat Dantine die Diasporaexistenz der evangelischen Kirche in Österreich als „protestantisches Abenteuer in einer nichtprotestantischen Welt“ [16] beschrieben. Sein gleichnamiger Aufsatz aus dem Jahr 1959 plädierte für den Aufbruch und theologischen Neubeginn seiner Kirche nach 1945. Gelegentlich konnte er die Diasporagemeinde auch als „christliche Parti-

---

[14] A. a. O., 149.
[15] Ebd.
[16] WILHELM DANTINE, Protestantisches Abenteuer in einer nichtprotestantischen Welt, in: DERS., Protestantisches Abenteuer. Beiträge zur Standortbestimmung der evangelischen Kirche in der Diaspora Europas, hg. v. Michael Bünker, Innsbruck 2001, 37–47.

sanengruppe" bezeichnen.[17] Das hat ihn bisweilen in Konflikt mit seiner eigenen Kirche, jedenfalls mit der Amtskirche gebracht.

Ihm war daran gelegen, die biblische Botschaft der Freiheit in einer Gesellschaft zu Gehör zu bringen, die noch immer tief durch das Erbe der Gegenreformation und der Restauration nach dem Wiener Kongress geprägt war. Die von Gott geschenkte Freiheit grenzt Dantine gleichermaßen gegen Tendenzen zur Privatisierung des Glaubens wie gegen moderne Tendenzen der Entindividualisierung und Vermassung ab. Als Institution der Freiheit könne der „Minderheitsprotestantismus aus einem Kuriosum zu einer ‚Stadt auf dem Berge' werden", freilich nur dann, wenn sich die evangelische Kirche nicht als Selbstzweck begreife. Das protestantische Abenteuer, von dem Dantine spricht und auf das einzulassen er seine Kirche ermutigt, besteht darin, „unter Verzicht auf jegliche Proselytenmacherei das Beste des Landes zu suchen, in dem man lebt. [...] Es geht um das Abenteuer des Glaubens und der Liebe, die nie das Ihre sucht, sondern sich der Müden, Ratlosen und Gehetzten annimmt." [18]

Diaspora meint die in die Völkergemeinschaft eingestreute Kirche. In Anspielung auf Joh 12,24 hat Dantine seine Theologie der Diaspora kreuzestheologisch zugespitzt: „‚Diaspora' aber heißt eingestreut sein als Weizenkorn Gottes im zerpflügten Acker der Welt. Das Weizenkorn bringt viel Frucht, wenn es stirbt. Zukunftswillige Kirche wird ‚sterbende Kirche'. [...] Sterbende Kirche ist hier wesentlich verstanden als jene Kirche, die sich um ihres Zeugnisses willen jeweils in den Tod begibt, weil sie nicht um ihrer selbst leben will. Kirche in der Nachfolge ihres Herrn ist nicht nur Kirche in der Welt, sondern Kirche ‚für die Welt'." [19]

Öffentliche Theologie als Theologie der Diaspora könnte ein neues ökumenisches Projekt für Europa und eine ökumenische Zeitansage werden. Nicht als Ausdruck des Rückzugs aus der säkularen Welt, sondern im Gegenteil: als Ermutigung, sich in diese Welt einzumischen und das Evangelium von der Liebe Gottes, seiner Agape oder Caritas, in Wort und Tat zu bezeugen.

---

[17] Zitiert nach ULRICH TRINKS, „Offene Kirche". Zum Erinnern an Wilhelm Dantine, in: DANTINE, Protestantisches Abenteuer (s. Anm. 16), 9–22, hier 12.
[18] DANTINE, Protestantisches Abenteuer (s. Anm. 16), 46.
[19] Zitiert nach TRINKS, „Offene Kirche" (s. Anm. 17), 21.

III.

PERSPEKTIVEN & RÜCKBLICKE

Wir sind für die Diaspora verantwortlich!

von Enno Haaks

1832, anlässlich der Gedenkfeiern zum 200. Todestag des Schwedenkönigs Gustav II. Adolf, rief der Leipziger Superintendent Prof. D. Christian Gottlob Leberecht Großmann dazu auf, die Protestanten in der Diaspora zu unterstützen. Gegründet werden sollte „eine Anstalt zu brüderlicher Unterstützung bedrängter Glaubensgenossen und zur Erleichterung der Not, in welche durch die Erschütterung der Zeit und durch andere Umstände protestantische Gemeinden in und außerhalb Deutschlands mit ihrem kirchlichen Zustand geraten, wie dies nicht selten bei neu entstehenden Gemeinden zu sein pflegt."

Die Not, von der Großmann sprach, gibt es auch heute noch. Auch in unseren Tagen gibt es Situationen, in denen protestantische Solidarität gefordert ist. Diese Not kann extrem sein, wie beispielsweise die Not, der protestantische Christen im syrischen Bürgerkrieg ausgesetzt sind. Sie kann aber auch einfach aus einem Mangel an Mitteln und Möglichkeiten bestehen: Sei es, dass das Geld für ein Bauvorhaben oder ein diakonisches Projekt fehlt, oder sei es, dass es Rechtsunsicherheit bzw. Ungleichbehandlung gegenüber einer Mehrheitskirche in einer Gesellschaft gibt. Kirchen – reformierte, lutherische, unierte – brauchen unsere Solidarität und die Gewissheit, dass wir sie wahrnehmen und sie nicht vergessen.

Deshalb gilt noch heute, was Großmann damals sagte: Wir tragen Verantwortung für die evangelische Diaspora. Denn wenn es uns wichtig ist, dass auf evangelische Weise bei uns vor Ort geglaubt werden kann, dann darf es uns nicht egal sein, wie es evangelischen Glaubensgeschwistern in der weltweiten Diaspora geht. Wir haben eine Aufgabe und Verantwortung.

Das will das GAW stellvertretend leisten für alle Gliedkirchen der Evangelischen Kirche in Deutschland.

In sieben Leitsätzen möchte ich die bleibende Verantwortung für die evangelische Diaspora, die das GAW übernimmt, deutlich machen.

1. Das GAW will der Kirche dienen. Es übernimmt stellvertretend für die Evangelischen Kirchen in Deutschland die *Diasporaverantwortung,* die immer schon eine Lebensäußerung der Kirche war. (Vgl. Art. 16 der Grundordnung der EKD)

„Lasst uns Gutes tun an jedermann, allermeist aber an des Glaubens Genossen." – Dieses Wort aus Galater 6,10 steht seit 1832 richtungsweisend als biblisches Leit- und Lebenswort über dem Gustav-Adolf-Werk (GAW). Galater 6,10 lenkt den Blick auf evangelische Minderheitskirchen. Denn wie zu Zeiten des Apostels Paulus, als er für die arme Gemeinde in Jerusalem – der ersten Diasporagemeinde überhaupt – sammelte, bleibt die Verantwortung für die Diaspora als eine Lebensäußerung und als eine Wesensaufgabe der Kirche – neben Mission, Diakonie und Ökumene – bestehen.

Davon gehen auch Verfassungen der Gliedkirchen der EKD aus – z. B. der Nordkirche. Sie formuliert in Artikel 1 „Vom Wesen der Kirche": „[Die Nordkirche] weiß sich mit den Gemeinden in der Diaspora verbunden." Diasporaverantwortung bekommt hier Verfassungsrang. Damit wird dem Wesensauftrag der Kirche entsprochen. Wird jedoch die Diasporaverantwortung als eine Lebensäußerung der Kirche außer Acht gelassen, dann kommt es bildlich gesprochen zu Gleichgewichtsstörungen. Es geht bei der Gesamtverantwortung für die Diaspora also nicht um etwas, was man vielleicht tun könnte bei all den vielen und zahlreichen Aufgaben und Herausforderungen, sondern es geht um eine existentielle Verantwortung der Kirche. Sicher: Durch Partnerschaftsarbeit auf Gemeindeebene wird beispielhaft ein kleiner Teil dieser Verantwortung wahrgenommen. Die Arbeit des GAW geht jedoch um einen wichtigen, nicht zu unterschätzenden Punkt über diese Partnerschaftsarbeit – in der es um vertiefte menschliche Beziehungen, um die Pflege von Gemeinschaft und um gegenseitiges Kennenlernen und Helfen geht – hinaus: Es geht um die „Katholizität evangelischer Kirche". Weltweit gibt es evangelische Gemeinden. Diesen Zusammenhang mit Leben zu füllen – dafür gibt es das GAW. Dafür wird es gebraucht. Das leistet keine Partnerschaftsarbeit.

Die Partnerschaftsarbeit kann aber in positiver Hinsicht eine gute Brücke sein, über die menschlichen Beziehungen und gesammelten Erfahrungen Verständnis für Sorgen, Nöte und Herausforderungen der Diasporaarbeit zu gewinnen. In der Satzung des GAW heißt es dazu im ersten Artikel: „Zur Erfüllung dieser Aufgaben hält das GAW Verbindung zu evangelischen Minderheitskirchen und -gemeinden, informiert über sie und bringt Mittel zur Förderung des kirchlichen Lebens in der Diaspora auf. Damit will das GAW im Zusammenwirken mit der Evangelischen Kirche in Deutschland (EKD), ihren Gliedkirchen und Gemeinden, die besondere Verantwortung für den Dienst in der Diaspora gemäß Artikel 16 der Grundordnung der EKD vom 13.07.1948 wahrnehmen."

Diese Diasporaverantwortung wird bleiben. Sie wird sogar noch zunehmen, denn auch unser Kontext wird mehr und mehr zur Diaspora.

Der ehemalige GAW-Generalsekretär Paul Wilhelm Gennrich schrieb 1963 Worte, die heute aktuell sind: „Heute gilt es erst recht, ‚dass wir die treue Hand einer dem anderen reichen', dass wir den Glaubensgenossen in der Diaspora helfen, ihren Glauben zu bewahren und ihr kirchliches Leben zu erhalten. ‚Wir können es vor Gott und der Welt nicht verantworten, wenn wir unsere Glaubensverwandten im Stich lassen' (Gustav Adolf). Darum ist der Dienst des Gustav Adolf-Werkes heute wichtiger denn je." [1]

2. Das GAW ist von seinem Ursprung her ökumenisch ausgerichtet, indem seine Hilfe evangelischen Gemeinden in der ganzen Welt ohne Rücksicht auf Volk, Sprache oder Nation dient. Es beschränkt sich allerdings bewusst konfessionell auf evangelische Gemeinden – „... allermeist an des Glaubens Genossen". Ökumenisch meint insofern eine weltweite Verbundenheit im evangelischen Glauben reformatorischen Verständnisses. Ökumenisch meint aber auch, die Ökumene zu unterstützen durch Stärkung der evangelischen Stimme.

„Die (konfessionellen) Spaltungen", schrieb der dänische lutherische Theologieprofessor Skydsgaard zur Zeit des Zweiten Vatikanischen Konzils, „sind Zeichen der Menschlichkeit dieses Volkes, auch Zeichen der Sünde und des Zornes Gottes. Sie haben auch ihre tiefe ekklesiologische Bedeutung... Sie sind offene Wunden und Heilmittel in einem. Durch sie wird das Volk Gottes tief gedemütigt und daran erinnert, dass es noch nicht an sein Ende gekommen ist. Die Spaltungen schaffen eine Unruhe, die die Kirchen zu tieferem und immer erneutem Denken nötigt..." [2]

---

[1] Gennrich, Paul-Wilhelm: „Reformation und Diaspora", in: Gustav-Adolf-Blatt, 9. Jg., Oktober 1963, Heft 4, S. 3.

[2] Vgl. in: Gennrich, Paul-Wilhelm: „Auswirkungen des Zweiten Vatikanischen Konzils auf das Verhältnis der Konfessionen zueinander in der Diaspora", in: Die Evangelische Diaspora, 35. Jg., 1964, S. 39 f.

Diese Unruhe gilt es produktiv fruchtbar zu machen in den Beziehungen zu den anderen christlichen Kirchen, insbesondere zu den Mehrheitskirchen. Denn das macht immer wieder deutlich, dass wir gemeinsam auf der Suche nach der Wahrheit sind, die in Christus Jesus und nicht in einer Kirche liegt. Insofern wirkt die evangelische Stimme einer Diasporakirche auch heilsam für eine Mehrheitskirche. Sie kann sich nicht absolut setzen. Ebenso darf sich eine Diasporakirche nicht exklusiv verstehen – als quasi „erwählter Rest". Sie darf sich nicht abschotten und sektiererisch werden, denn dann würde sie den HERRN der Kirche verraten, der sich nie abgespalten hat.

Die Diaspora ist zum Dialog aufgerufen. Es geht darum, im Dialog Zeugnis abzugeben für das evangelische Verständnis des Evangeliums. Es geht darum, die evangelische Stimme in der Diaspora zu stärken, um sich damit in das ökumenische Gespräch einbringen zu können und es zu bereichern. Denn – so betont es der Präsident des GAW Dr. Wilhelm Hüffmeier immer wieder – „Ohne die Evangelischen gäbe es keine funktionierende Ökumene." Deshalb ermutigt das GAW vor Ort immer wieder, dass sich die evangelischen Partnerkirchen in den ökumenischen Dialog einbringen, sich ihm öffnen und damit das christliche Zeugnis in der Welt stärken.

Das GAW hat sich in diesem Sinne von Beginn an verstanden als ein Werk „für" die evangelischen Kirchen und nie „gegen" andere Kirchen. Das war sehr beachtenswert und fortschrittlich im 19. Jahrhundert. Dazu sagte der ehemalige Generalsekretär des GAW Gennrich: „Wenn sich [bei der Gründung des GAW] auch das Wort ‚ökumenisch' noch nicht ... findet, so beseelte sie doch eine echte ökumenische Gesinnung. [Die Gründer] dachten sich das GAW als ein ökumenisches, evangelisch-kirchliches Liebeswerk ohne jede nationale und regionale Beschränkung, das den gesamten Protestantismus der Welt umfassen sollte. Innerhalb der evangelischen Kirche spielten dabei konfessionelle Unterschiede keine Rolle. Die ökumenische Einstellung war also im Unterschied zum heutigen Verständnis von ‚ökumenisch' zunächst innerprotestantisch ausgerichtet."[3]

Heute gilt: Evangelische Diaspora will die Ökumene befördern, Beziehung zu anderen Konfessionen stärken, um gemeinsam Zeugnis abzulegen für den HERRN der Kirche. Und weiter gilt: Lebendige Ökumene ist dort, wo die evangelische Stimme zu hören ist.

---

[3] Gennrich, Paul-Wilhelm: „Der ökumenische Charakter des Gustav-Adolf-Werkes", in: Die evangelische Diaspora, 25. Jg., Leipzig 1954, S. 104.

3. Das GAW ist ein missionarisches Werk, denn es ist dem Missionsbefehl des HERRN der Kirche verpflichtet. In diesem Sinne heißt Diaspora „Salz der Erde", „Licht der Welt" zu sein oder auch Aussaat.
Viele Diasporakirchen haben bewiesen, dass Minderheitskirchen eine starke Stimme haben und oft eine Vorreiterrolle für Toleranz, freiheitliche Alternativen, biblisch-theologische Arbeit und eine Anwaltsfunktion für schwache Glieder der Gesellschaft und marginalisierte Minderheiten übernehmen können. Da sind sie oft Vorbild für die jeweilige Mehrheitskirche. Erinnert sei z. B. an die Menschenrechtsarbeit des evangelischen Pfarrers Helmut Frenz in Chile, der mit dem Erzbischof von Santiago, Kardinal Silva, eng zusammengearbeitet hat, als es galt, Menschenleben zu retten.

Vor solchen Hintergründen ist es notwendig, das Thema Diaspora neu aufzugreifen, da es ja um ein grundlegendes Verständnis dessen geht, was Kirche ist. Der argentinische Theologe René Krüger sagt deshalb: „Wir sind Diaspora!" Und er versteht es als Bekenntnis zu einem Kirchenverständnis, das von dem Anspruch ausgeht, Licht der Welt, Stadt auf dem Berg, Aussaat zu sein. Es geht nicht darum, für alle und alles zuständig zu sein. Es gilt, Zeugnis abzulegen in einer Welt, die die evangelische Stimme braucht: Minderheit mit einer Mission! Die Metapher der Diaspora drückt das Wesen der Existenz der christlichen Gemeinde in der Welt aus: Sie lebt „in der Zerstreuung" in der Welt, und in dieser Zerstreuung hat sie ihren Glauben und ihre Liebe zu bewähren.[4]

Auf dem skizzierten Hintergrund ist das theologische Hauptmerkmal der Diasporasituation der Kirche nicht die Zerstreuung an sich, sondern die Möglichkeit der Aussaat des Evangeliums. Es geht darum, als eine bekennende Minderheit die frohmachende Heilsbotschaft zu leben. Diese beinhaltet das prophetische Amt, das auf ungerechte Strukturen in der Gesellschaft hinweist. Die evangelische Diaspora will sich einbringen, sich einmischen und für Veränderungen eintreten. Dabei stellt sie sich an die Seite der Schwächsten in der Gesellschaft. Evangelische Diaspora ist solidarisch, denn sie ist selbst auf Solidarität angewiesen. Und sie vertraut auf die Gegenwart Gottes in Wort und Sakrament und lässt sich von da bestärken.

---

[4] Vgl. Krüger, René: „Die Diaspora. Von traumatischer Erfahrung zum ekklesiologischen Paradigma", Quellen und Forschungen zur Diasporawissenschaft. Beihefte Evangelische Diaspora 7, Leipzig 2011.

René Krüger schreibt: „Das rasche Fortschreiten der Säkularisierung und die Entstehung eines vielfältigen religiösen und weltanschaulichen Marktes neben dem Christentum und teilweise auch gegen dieses stellen dabei nicht nur die klassischen evangelischen Diasporakirchen im Süden der Welt und im Osten Europas vor neue Herausforderungen, sondern werden auch die traditionellen Groß- und Staatskirchen im Westen Europas in eine Diasporasituation hineinführen. Deshalb plädiere ich seit Jahren in Deutschland dafür, dass die Landeskirchen, die konfessionell orientierten Kirchen und die EKD als Ganzes, und vor allem die Theologischen Fakultäten die Diasporathematik exegetisch, kirchengeschichtlich, systematisch-ekklesiologisch und praktisch aufnehmen sollen, wenn sie ihre Mitglieder und die Pfarrerinnen und Pfarrer auf diese Situation vorbereiten wollen. Ganz wichtig ist mir dabei, dass der riesige Schatz an Erfahrungen, den das GAW in seinen 182 Jahren gesammelt und archiviert hat, zu diesem Zweck gehoben, ausgewertet und verwendet wird."[5]

Wir alle sind Diaspora, weil Gott uns dazu beruft, bekennende Minderheit mit einer auszusäenden Botschaft für alle Menschen zu sein.

4. Das GAW ist ein diakonisches Werk. Es stärkt durch sein Engagement das sozial-diakonische Handeln der Diasporakirchen. Dadurch wird das Evangelium in der Tat bezeugt.

Beeindruckend ist es immer wieder, dass die meisten evangelischen Diasporakirchen ein hohes sozial-diakonisches Engagement zeigen. Sie übernehmen Verantwortung in einer Welt, die Teilhabe braucht und die anwaltschaftliches Engagement nötig hat. Diese Kirchen legen durch ihr Beispiel Zeugnis ab in einer Welt, die Werke der Barmherzigkeit nötig hat.

Beeindruckend ist z.B. das diakonische Programm der lutherischen Kirche in Kirgisistan. Es bedeutet für diese Kirche die einzige Chance, sich in die Gesellschaft einzubringen und wahrgenommen zu werden. Die diakonische Herausforderung hat gleichzeitig eine missionarische Funktion für die Kirche. Für Kirgisistan sind so die Tagesstätte in Wasiljewka, in der Kinder mit geistigen oder körperlichen Behinderungen tagsüber von mehreren Lehrerinnen betreut werden, das Altersheim in Winogradnoje und das Waisenkinderprojekt

---

[5] Krüger, René: „Die Evangelische Kirche am La Plata. Von Einwanderergemeinden zur lateinamerikanischen Kirche", unveröffentlichter Vortrag, gehalten am 20.04.2013 in Bischofswerda.

„Unsere Stimme" in Bischkek und Osch von beispielgebender Bedeutung in einer Gesellschaft, in der es viel zu wenig solcher guten Projekte gibt. Bischof Alfred Eichholz beschrieb das Ziel dieser indirekt missionarischen Arbeit, das weitgehend muslimischen Kindern zu Gute kommt: „Die Muslime sollen vom Christentum sagen: Das ist eine gute Religion." Inzwischen ist der kirgisische Staat auf das diakonische Engagement der Kirche aufmerksam geworden, was die Hoffnung auf finanzielle Unterstützung auch von dort nährt.

Gut über den christlichen Glaube reden – das ist ein gutes und einleuchtendes Argument für dieses diakonische Engagement. Das GAW hilft dabei, dieses Engagement zu stärken. Es braucht Orte, an denen das möglich ist. Das sind oft Gemeinderäume, auch Kirchen und Pastorate, in denen die Initiativen koordiniert und angestoßen werden. Für viele andere Hilfsorganisationen sind evangelische Partnerkirchen in der weltweiten Diaspora die Chance, vertrauensvolle Zusammenarbeit zu stärken. Brot für die Welt, Evangelischer Entwicklungsdienst (EED) und Kindernothilfe nutzen evangelische Partner als verlässliche Ansprechpartner.

5. Das GAW leistet seine Hilfe in Absprache mit EKD, GEKE und anderen Diasporapartnern. Es trägt Impulse aus der Diaspora in die Kirche hinein und trägt zu einem Perspektivenwechsel bei.

Das GAW, als Diasporawerk der EKD, versteht sich als enger Partner der Gemeinschaft Evangelischer Kirchen in Europa (GEKE) und der Grundsätze, die in der Leuenberger Konkordie von 1973 formuliert worden sind. Hier wird letztlich lehr- und bekenntnismäßig das formuliert, was das GAW seit seiner Gründung in der Praxis gelebt hat.

So versteht sich das GAW als Teil eines Prozesses, in dem sich die Gliedkirchen der EKD, ihre Missions- und Diasporawerke und die Partnerkirchen befinden. Das GAW will mit seinem weiten Überblick über die Situation der evangelischen Diaspora sowohl über die Diaspora berichten als auch Anregungen aus der Diaspora wiederspiegeln. Wir brauchen Impulse aus der Diaspora für unser eigenes geistliches Leben. Viele Partnerkirchen leben z. B. intensiver mit der Bibel als wir. Die biblischen Lesungen werden oft durch selbst mitgebrachte Bibeln im Gottesdienst mitgelesen und zu Hause nachgelesen, wie es etwa bei den indigenen Lutheranern in Bolivien der Fall ist. Oft ist auch der Gottesdienstbesuch intensiver und auch die Opferbereitschaft, wenn denn eingeübt wurde, dass man als Gemeindemitglied verantwortlich für seine Gemeinde ist.

Dabei geht es nicht um eine Idealisierung der Diasporaexistenz. Wir finden in der Diaspora aber ermutigende Beispiele, dass die Kraft Christi in den Schwachen mächtig wird. „Die Diaspora trägt dazu bei, dass wir uns aus der Verkrümmung in uns selbst lösen lassen. So sind wir ein kleiner, aber wirksamer Teil der großen Gemeinschaft im Geben und Nehmen." [6]

So ist Diaspora-Arbeit modern und innovativ. Gleichzeitig ist Diaspora-theologie auch eine Herausforderung für unsere Kirchen, um Grenzüber-schreitungen zu wagen und um einer negativ definierten Diasporamentalität zu wehren, die sich verschließt. Franz Lau, lange Jahre Präsident des GAW, sprach von der schweren Versuchung der doppelten Diaspora: der ethnischen wie der konfessionellen. Oft ist eine solche doppelte Diaspora ein Fakt, und das spielt für das Leben und den Glauben der Menschen eine Rolle. Hilf-reich ist eine Anregung des Leipziger Alttestamentlers Rüdiger Lux, der von der Gnade der Diaspora spricht.[7] Die Zerstreuung ist keine Strafe, sondern Gnadenhandeln Gottes. Gott will Vielfalt. Diese Vielfalt gilt es zum Leuchten zu bringen, denn Gott ist gegen Uniformität und Gleichmacherei. Diaspora ist somit ein Korrektiv für Mehrheitskirchen.

Gleichzeitig hilft die Wahrnehmung der Diasporaverantwortung der Kirche, einen Perspektivenwechsel vorzunehmen, sich selbst nicht zu wichtig zu nehmen und aus der Sicht der Partner die eigene kirchliche Wirklichkeit wahrzunehmen. Als Diasporawerk bringt das GAW die Erfahrungen anderer Lebens- und Kirchenumstände als Horizonterweiterung in die hiesige Kirch-lichkeit hinein, die davor bewahrt wird, provinziell den Horizont bereits am Ende des Kirchturms, des Kirchenbezirks oder der Landeskirche zu sehen. Die Existenz des GAW und die Arbeit innerhalb der Kirchen sorgen dafür, der Selbstgerechtigkeit, Isolation und Provinzialisierung unserer Kirchen, Gemeinden und Kirchenstrukturen entgegenzuwirken. Damit helfen wir unseren Partnern in ganz besonderer Weise.

---

[6] Winkler, Eberhard: „Der theologische Auftrag des Gustav-Adolf-Werkes in der heutigen Gemeindepraxis", in: Die evangelische Diaspora, 69. Jahrgang, Leipzig 2000, S. 113 ff.
[7] Vgl. Lux, Rüdiger: „Von Babel bis ans Ende der Welt. Gott, Mensch und Diaspora nach Mose 11,1–9", in: Diaspora und Mission. Eine Verhältnisbestimmung, Quellen und Forschungen zur Diasporawissenschaft. Beihefte Evangelische Diaspora 9, Leipzig 2011, S. 18 ff.

6. Das GAW ist zur anhaltenden Fürsorge für schwache Diasporakirchen und -gemeinden, die dauerhafter Unterstützung bedürfen, notwendig.
Fürsorge für die Diaspora – Verantwortung für einander, das bleibt. Das ist notwendig. „Kleine Einheiten" haben es nicht leicht, ihre Infrastruktur zu erhalten. Jede Hilfe ist willkommen und entlastet.

Diaspora heißt oft auch Armut. Die paulinische Kollekte war so etwas wie Armenhilfe für die Gemeinde Jerusalem. Wenn nicht komplett, dann auf jeden Fall so, dass für Infrastruktur, Mobilität, Ausbildung – übrigens eine Grundsorge unseres Werkes – dringend Unterstützung gebraucht wird, um sichtbar zu sein. Da sind die Lasten denn doch oft genug zu hoch. Und die Mittel sind begrenzt.

So heißt Diasporaverantwortung ganz nüchtern, dass wir mit dem „Mammon", mit Geld, einspringen, um zu helfen. Es geht um Geldbeschaffung, damit jemand da sein kann, um das Wort zu verkündigen, damit jemand da sein kann, um die Sakramente zu verwalten, damit Kirchen und Pfarrhäuser gebaut und erhalten werden können. Glaube braucht Heimat, Beheimatung. Das „Haus, das die Träume bewahrt" (Fulbert Steffensky) braucht feste Dächer, starke Fundamente, gute Mauern und Sichtbarkeit, damit diese Vision, dieser Traum nicht unter die Räder kommt, sondern immer wieder genährt wird. Dafür ist Kirche da – in der Diaspora und hier.

Verantwortung für die Diaspora heißt mit anderen Worten: Finanzausgleich. Man wird gerade heute umso stärker darauf hinweisen müssen, dass der weit verbreiteten Meinung, man solle sich erst einmal um die eigene Gemeinde und um ihren Finanzbedarf kümmern, entgegnet werden muss: Finanzausgleich heißt Eintreten für die Schwachen, die allein nicht überleben. Es darf nicht sein, dass die einen in der Kirche das Ihre zusammentragen, um sich dem zu entziehen, was die Armen brauchen. – Die Finanzfrage ist also entscheidend, und es geht also um Sammlungen, um Kollekten für bedürftige Gemeinden, um Abgaben, um Opfer für die Geschwister, die sich als Gemeinde Jesu Christi nicht selbst erhalten können.

Diasporaverantwortung heißt natürlich noch viel mehr: Es geht darum, die Einsamkeit zu durchbrechen und damit zu zeigen, dass der Glaube in evangelischer Weise uns miteinander verbindet. Wir sind nicht allein. Diasporaverantwortung hält die Katholizität des evangelischen Glaubens wach.

Evangelische Kirche braucht deshalb Diaspora und darf sie nicht als lästiges Anhängsel betrachten oder als Belastung! Das gilt nun insbesondere für die Verantwortung für die Diaspora. Man darf sich nicht auf den Standpunkt zurückziehen, dass jeder sich selbst der Nächste sei. In der Gemeinde Jesu gilt, dass die Schwachen zugleich die Wichtigsten sind, zugleich Gegenstand der liebenden Sorge der Starken. Und hier trägt die Kirche ihre unleugbare Verantwortung für ihre und überhaupt für die christliche Diaspora. Weigert sie sich, diese Verantwortung anzunehmen, dann verleugnet sie den HERRN der Kirche. So zugespitzt muss man nach meiner Ansicht die Diasporaverantwortung formulieren. In diesem Sinne bekommt die Losung des GAW „Gutes zu tun allermeist an des Glaubens Genossen" eine besondere Schärfe und Forderung.

Das GAW als Diasporawerk der EKD tut es stellvertretend, arbeitsteilig für die Gliedkirchen. Es ist gut, dass es in der Vielfalt der Möglichkeiten diese Arbeitsteilung gibt. Aber das GAW kann es nicht, wenn nicht die Kirche an sich darin ein Mandat sieht und die Sorge um die Diaspora zu ihrer eigenen macht. Die Kirche darf nicht vergessen, dass Diasporaverantwortung zu den Lebensäußerungen der Kirche (siehe paulinische Kollekte) gehört.

7. Das GAW erinnert die Gesamtkirche an den Wert der kleinen Zahl und die Bedeutung der Minderheit im Reiche Gottes. Es erweckt die Liebe und den Willen zum Opfer für die schwachen Glieder der Kirche in den Gemeinden der EKD.

1997 beim Kirchentag sprach Dorothee Sölle folgendes Gebet, das von dem hohen Wert der kleinen Zahl spricht:

> *„Lehr uns Minderheit zu werden, Gott, ...*
> *Pass uns an Deine Gerechtigkeit an,*
> *nicht an die Mehrheit,*
> *bewahre uns vor der Harmoniesucht*
> *und den Verbeugungen vor den großen Zahlen.*
> *Sieh doch, wie hungrig wir sind nach Deiner Klärung.*
> *Gib uns Lehrerinnen und Lehrer, nicht*
> *nur Showmaster mit Einschaltquoten.*
> *Sieh doch, wie durstig wir sind*
> *nach Deiner Orientierung,*
> *wie sehr wir wissen wollen, was zählt.*

Verschwistere uns mit denen, die keine Lobby haben,
die ohne Arbeit sind und ohne jede Hoffnung,
die zu alt sind, um noch verwertet zu werden
oder zu ungeschickt und zu nutzlos.
Weisheit Gottes, zeig uns das Glück derer,
die Lust haben an Deinem Gesetz
und über Deiner Weisung murmeln Tag und Nacht.
Sie sind wie ein Baum, gepflanzt am frischen Wasser,
der Frucht bringt zu seiner Zeit." [8]

Lehr uns Minderheit sein! Lehre uns zu sagen: Wir sind Diaspora! Wir wollen nicht in der Masse aufgehen, denn das gehört nicht zum Wesen der Kirche. Für Gott steht das Bedürfnis des Menschen an erster Stelle. Er ist angewiesen auf ihn und auf seine Mitmenschen. Bedürftig zu sein steht vor der Frage nach Leistung und Produktivität. „Lehre uns Minderheit sein, Gott!" – das ist ein gutes Gebet für ein Diasporawerk wie das GAW! Wir erinnern mit unserem Dienst an all die, die zahlenmäßig Minderheit sind und bei denen das „Bedürftig-sein" permanent zu spüren ist. Deshalb lassen wir uns in Dienst nehmen. Wir sammeln für die, die es nötig haben. Wir helfen ihnen, ihre Häuser Gottes zu erhalten, zu sanieren, zu stärken, denn das Wort Gottes muss gehört werden, es muss laufen. Auch auf evangelische Weise. Schlimm, wenn das Evangelium hier auf der Welt einsprachig, eintönig wird. Diaspora erinnert daran, dass die Farbe des Evangeliums wie die des Regenbogens ist!

Und weil wir alle – manchmal ohne es zu spüren – Diaspora sind, möchte ich folgenden Schlusssatz festhalten: Diaspora-Arbeit ist modern und innovativ. Diasporatheologie ist Herausforderung für alle Kirchen. Wir sind Diaspora – wir sind Aussaat – wir sind Licht der Welt – wir sind Salz der Erde! Wir haben eine Mission!

---

[8] http://cdithw.han-solo.net/kunden/kirchentag/kirchentag1997/dokumente/soelle3.html (Seite aufgerufen am: 23. April 2015).

„dazu einige Frauen"

von Vera Gast-Kellert

Diese drei Wörter (Luk 8,2) [1] beschreiben, was die Feministische Theologie in den letzten Jahrzehnten betont hat: Frauen waren im Gefolge Jesu und seine Gesprächspartnerinnen. Etliche Frauen waren Sponsorinnen der Jesusbewegung. Sie dienten ihm mit ihrer Habe. Insofern passt dieser Vers zum Thema „Frauen und Diasporaverantwortung". Denn bei der Wahrnehmung dieser Verantwortung geht es ja auch immer um bare Münze.

Die Frage, ob das Thema der Diasporaverantwortung auch ein Thema ist, das unter dem Gesichtspunkt von Gender [2] untersucht werden sollte, ist bisher kaum gestellt worden, hat höchstens die Praxis des Zusammenspiels von GAW-Frauenarbeit und Gesamtwerk immer wieder betroffen, etwa wenn es um die Formulierung einer Satzung und die satzungsgemäße Vertretung der Frauen oder die Formulierung eines Leitbildes ging. Dabei haben die Frauen häufig die Erfahrung gemacht, dass sie, wie man in der Vergangenheit zu sagen pflegte, „mit gemeint" sind. Es passt das Wort „dazu". Die Bibelstelle erwähnt allerdings hier Frauen mit Namen. Sie sind nicht nur „mit gemeint", sondern der Nachwelt namentlich bekannt.

---

[1] „Und es begab sich danach, dass Jesus durch Städte und Dörfer zog und predigte und verkündigte das Evangelium von Reich Gottes; und die Zwölf waren mit ihm, dazu auch einige Frauen, die er gesund gemacht hatte von bösen Geistern und Krankheiten, nämlich Maria, genannt Magdalena, von der sieben Geister ausgefahren waren, und Johanna, die Frau des Chuzas, eines Verwalters des Herodes, und Susanna und viele andere, die ihnen dienten mit ihrer Habe." (Lukas 8, 1–3)

[2] Gender – sozial konstruierte Unterschiede bezüglich der Merkmale und Möglichkeiten, die mit Weiblichkeit oder Männlichkeit assoziiert werden, als Gegensatz zum biologischen Geschlecht. Vgl. Grundsatzpapier des Lutherischen Weltbundes (LWB): „Gemeinsam unterwegs zu Gendergerechtigkeit: ein Lernprozess", 2014, S. 38.

Wie sieht das in der Diasporaarbeit des GAW aus? Um sich dieser Frage zu nähern, ist es wichtig, auf die 2011[3] im Rahmen eines Jubiläums der GAW-Frauenarbeit erarbeiteten Beiträge zurückzugreifen, da bis zu diesem Zeitpunkt hierzu wenig historisch aufgearbeitet wurde und der Einführungsaufsatz von Friederike und Richard Pohle[4] „von weiblichen ‚Specialitäten' zur Partnerschaft der Geschlechter" auf einem gründlichen Studium der vorhandenen Quellen der ersten einhundert Jahre (1851–1951) basiert. Außerdem enthält das Jahrbuch grundlegende Beiträge aus den Partnerkirchen des GAW zu dieser Thematik.

Es stellen sich für die Behandlung des Themas im Rahmen dieses Bandes drei Fragen, die unter dem Aspekt der Genderanalyse[5] betrachtet werden sollen:

1. Gibt es Bereiche des theologischen, gemeindlichen und kirchlichen Denkens und Lebens, die frauenspezifisch und diasporatypisch waren und sind?
2. Gibt es Orte, wo Frauen „Diaspora in der Diaspora" sind?
3. Welche spezifischen Aspekte und Aufgaben für eine selbstständige Frauenarbeit im GAW sind zukunftsweisend?

1. Frauenspezifische Bereiche und Probleme in den Kirchen und Gemeinden der evangelischen Diaspora

In diesem ersten Abschnitt soll vor allem auf Lateinamerika und Osteuropa Bezug genommen werden. Südeuropa wird speziell im zweiten Abschnitt mit einem anderen Schwerpunkt betrachtet. Die folgenden Überlegungen beziehen sich im Wesentlichen auf die Erfahrungen und Stimmen aus den Partnerkirchen des GAW und müssen in diesem Rahmen als exemplarisch angesehen werden.

---

[3] Die evangelische Diaspora (EvDia) „dazu einige Frauen": 160 Jahre Frauenarbeit des GAWs, Jahrbuch des Gustav-Adolf-Werks, 80. Jahrgang, 2011.

[4] Ebd., S.14–27.

[5] Genderanalyse: Instrument zur Klärung der Ungleichheiten bezüglich der Realität von Frauen und Männern in jedem beliebigen Kontext. Vgl. Grundsatzpapier des LWB, S.38.

Lateinamerika: Die größten Partnerkirchen des GAW in Lateinamerika – in Brasilien, Argentinien, Paraguay, Uruguay und Chile – gehen auf die Einwanderung aus Europa im 19. Jahrhundert zurück und sind europäisch, vornehmlich deutsch geprägt. Für die Einwanderergeneration und besonders auch für die Frauen waren die Lebensbedingungen meist hart. „Die früheren Generationen, die Urgroßmütter, die Großmütter und die vielen anderen, die uns Beispiele gegeben haben – sie haben die ihnen zugedachten Rollen erfüllt. [...] Aber sie werden selten erwähnt und weniger noch anerkannt für ihren Beitrag. [...] Es waren die Frauen, die sich am meisten für die Erziehung im Glaubensleben bemüht, die treu und aktiv am Gemeinde-leben teilgenommen haben. Obwohl ihre Namen niemals so häufig genannt werden wie die der Männer, waren es die Frauen, die mit ihrer Arbeit, mit ihrer Hingabe und ihrem Glauben die Gemeinden der IECLB[6] erhalten und so wesentlich dazu geholfen haben, dass unsere Kirche das wurde, was sie heute ist."[7]

Aber obwohl den Frauen diese tragende Rolle zufällt, ist festzustellen, dass „die lateinamerikanische Gesellschaft [...] von ihren Anfängen her bis heute von einem interessanten Widerspruch geprägt ist. Im häuslichen familiären Bereich hat die Frau das Sagen. Aber nach Außen bestimmt der Mann."[8] Da viele Gemeinden bis heute ländlich sind, trifft hier diese traditionelle Rollen-verteilung auch in den evangelischen Gemeinden weitgehend zu. „Dieser klare Widerspruch führt dazu, dass die Frauen, obwohl sie aktiv wirken, nicht wahrgenommen werden und die Aufmerksamkeit ungebrochen dem Mann zukommt".[9] „dazu einige Frauen" – das heißt in der langen Erfah-rung in Lateinamerika auch heute oft noch so viel wie „mit gemeint". Aber es ist in den vergangenen Jahren auch – was die Rolle und die Teilhabe der Frauen an Leitungsämtern in ihren Kirchen betrifft – ein deutlicher Wan-del zu beobachten. Die evangelischen Kirchen in Lateinamerika sind heute „bewusst und dezidiert ökumenisch" und öffnen „sich der gesellschaftlichen, sozialpolitischen, ökologischen und wirtschaftlichen Realität ihres Umfeldes. [...] Bis heute kommt den Frauen bei der Gestaltung des kirchlichen Lebens

---

[6] IECLB – Igreja Evangélica de Confissão Luterana no Brasil – Evangelische Kirche Lutherischen Bekenntnisses in Brasilien
[7] Sabrina Nunes Bolla, Die Frauen in der brasilianischen Gesellschaft, in EvDia 2011, S. 34.
[8] Ebd.
[9] Ebd. S. 80.

eine tragende Rolle zu."[10] Diese nehmen sie weiterhin mit vielen traditionell frauenspezifischen Aktivitäten, wie der Arbeit mit Kindern, der Organisation von Gemeindefesten, Gesprächskreisen, Frauengottesdiensten, Selbsterfahrungsseminaren und Weltgebetstagsgottesdiensten wahr.

Um spezifische Frauenthemen aufzugreifen und zu diskutieren und diese Rollen auch zu reflektieren, gibt die gesamtkirchliche Frauenkommission der Evangelischen Kirche am La Plata (IERP) seit einigen Jahren mit „Levandura" („Hefe") eine Beilage zur Kirchenzeitung „Vida Abundante" („Leben in Fülle") heraus. Diese Zeitschrift wurde von der GAW-Frauenarbeit finanziell unterstützt. Kirchenpräsident Carlos Duarte schreibt: „Als protestantische Christen glauben wir, dass Jesus den Frauen eine zentrale und besondere Rolle gab, dass sein Beispiel selbst heute noch ein Anstoß ist, um ihre Würde und ihre Wichtigkeit im gesellschaftlichen und kirchlichen Leben zu erkennen."[11]

Auch wenn das Miteinander von Frauen und Männern in der Kirche geprägt ist von den kulturellen und historischen Gegebenheiten, wie etwa auch jahrzehntelangen Militärdiktaturen, steht die Frage der allgemeinen Frauenemanzipation auf der Agenda der lateinamerikanischen Kirchen und der Gesellschaft. Die Ordination von Frauen ins kirchliche Amt ist in allen lateinamerikanischen Partnerkirchen des GAW unbestritten[12] und feierte in der IERP bereits 2014 ihr 30-jähriges Jubiläum, gibt es also seit 1984. Seit 2013 ist Sonia Skupch, ordinierte Pfarrerin und 2000–2001 Stipendiatin des GAW, Generalsekretärin der IERP.

„dazu einige Frauen" – das heißt für die Partnerkirchen des GAW in Lateinamerika immer mehr: Ihre Namen werden genannt, sie sind sichtbar und hörbar.

Ostmitteleuropa: Beim Blick auf die Partnerkirchen des GAW in Ostmitteleuropa ist auch zunächst die spezielle Geschichte dieses Gebietes zu berücksichtigen, die besonders in den Staaten der ehemaligen Sowjetunion

---

[10] Annedore Venhaus, Frauen bewegen die Kirche – Gedanken zur Geschlechtergerechtigkeit aus der Perspektive der Evangelischen Kirche am La Plata, in EvDia 2011, S. 78 f.

[11] Projektkatalog des GAW 2015, S. 262.

[12] Die Lutherische Kirche in Chile ordinierte am 15.3.2014 mit Hanna Schramm die erste Frau.

über Jahrzehnte kirchliches Leben schwer möglich gemacht und vielfach von der theologischen Entwicklung und Ausbildung in anderen Ländern abgeschnitten hat. Zunächst darf nicht unerwähnt bleiben, dass es gerade unter den erschwerten Bedingungen der kommunistischen Herrschaft die Frauen waren, die als Predigerinnen den Gemeinden vorstanden. „Die Lutherische Kirche gäbe es ohne die Frauen nicht mehr", überschrieb die FAZ einen Artikel von Heike Schmoll, der auf einem Interview mit dem damaligen Bischof Georg Kretschmar beruhte.[13] Dennoch werden bis heute nur im europäischen Russland und in Georgien in den lutherischen Kirchen Frauen als Theologinnen ins Pfarramt ordiniert. Welche Bedeutung aber den Frauenseminaren, die seit vielen Jahren maßgeblich von der GAW-Frauen-arbeit unterstützt werden, für die Suche nach einer geistlichen Heimat, für Versöhnung und Erinnerung zukommt, hat die langjährige Verantwortliche für die Frauenarbeit in ihrer Kirche, der ELKRAS [14], Dr. Tamara Tatsenko, unter dem Titel „Erinnerungsarbeit mit Frauen in Russland" [15] eindrucksvoll dargestellt.

Es ist aber die Frage der Frauenordination, an der sich gerade in den kleinen protestantischen Kirchen in Ostmitteleuropa an manchen Stellen die Geister scheiden. Dies hat sich besonders bei der Rücknahme der Frauen-ordination in Lettland gezeigt. Frauen waren hier seit 1975 ordiniert worden, in einer Zeit, als es kaum Pfarrer gab. Mit den veränderten politischen, auch kirchenpolitischen Verhältnissen nach 1991 änderte sich die Lage. Die Gegner der Frauenordination und der 1993 neu gewählte Erzbischof Jānis Vanags, unterstützt von der Missouri-Synode, führten an, es habe keine wirkliche Ab-stimmung zu dieser Frage gegeben. Es wurde theologisch argumentiert, und die Argumentation erinnerte an die frühe Auseinandersetzung um die Theo-loginnenarbeit und die Nichtgewährung der Ordination in Deutschland im Zweiten Weltkrieg, wo die Frauen in Vertretung der Männer als Pastorinnen tätig waren. Die „Vertreter einer lutherischen Ordnungstheologie" plädierten „für eine Bewahrung der geschlechtshierarchischen Gesellschaftsordnung als Schöpfungsordnung und für den Widerstand gegen ‚frauenrechtlerische

---

[13] Vgl. Babuschkas Enkelinnen brechen auf – Begleitheft zur Diaserie „Jahresprojekt 2000" der AG Frauenarbeit im GAW, S. 107 ff.

[14] ELKRAS – Evangelisch-Lutherische Kirche in Russland, der Ukraine, Kasachstan und Mittelasien

[15] Vgl. EvDia 2011, S. 84–92.

Forderungen'".[16] Ähnlich wie in dieser Diskussion wurde und wird auch in Lettland auf eine hierarchische „kephale Ordnung" verwiesen, Gott-Christus-Mann-Frau.[17] Die Rücknahme der Frauenordination spielte auch eine bedeutende Rolle dabei, dass es anders als in Estland in Lettland nicht zu einer Wiedervereinigung zwischen Heimatkirche und Auslandskirche kam.

Dennoch wurde 1995 in Riga der Verband Lutherischer Theologinnen gegründet, der weiterhin aktiv ist und im September 2015 das 40-jährige Jubiläum der Frauenordination feiern wird. Anlässlich des 30-jährigen Jubiläums gaben die Theologinnen einen Predigtband heraus, der zusammen mit dem Konvent Evangelischer Theologinnen in der Bundesrepublik Deutschland von der Arbeitsgemeinschaft der Frauenarbeit im GAW unter dem Titel „Marijas – lettische Theologinnen melden sich zu Wort" in deutscher Sprache erschienen ist.[18] Es war das Anliegen der Frauenarbeit im GAW, die lettischen Theologinnen auch in Deutschland zu Wort kommen zu lassen.

Mit den – bisher nicht ordinierten – Theologinnen der Evangelisch-Augsburgischen Kirche in Polen hat die GAW-Frauenarbeit zusammen mit Frauen des Evangelischen Bundes (EB) aus einem ähnlichen Grund bereits vier Internationale Theologinnentagungen durchgeführt – die vierte im April 2015 unter dem Leitwort „Gemeinsam in Christus – gemeinsam in der Kirche". Auch das Buch „Ich lebe einfach mit – Kirchenfrauen in Polen", das die Frauenarbeit im GAW 2005 veröffentlichte, ist weiterhin aktuell und macht auf die polnischen Theologinnen aufmerksam und gespannt.[19]

Wenn 23 % der Mitgliedskirchen des Lutherischen Weltbundes (LWB) keine Frauen ordinieren, andererseits aber nur 7 % der Mitglieder im LWB in Kirchen leben, die keine Frauen ordinieren,[20] dann zeigt das, dass es vornehmlich Minderheitenkirchen betrifft, also durchaus ein frauenspezifisches Thema der Diasporawissenschaft ist.

---

[16] Vgl. Gerda Nützel, Die Kontextualität der Theologinnenarbeit – dargestellt am Beispiel der Entwicklung in den lutherischen Kirchen Bayerns, Mecklenburgs und Brasiliens, Dissertation Berlin 1997, S. 54.

[17] Ebd. S. 58.

[18] Marijas – Lettische Theologinnen melden sich zu Wort, hrsg. von der AG der Frauenarbeit im GAW, Leipzig 2008.

[19] Ich lebe einfach mit – Kirchenfrauen in Polen, hrsg. von der AG der Frauenarbeit im GAW, Leipzig 2004.

[20] Vgl. Grundsatzpapier des LWB, S. 17.

Beim Blick auf Ostmitteleuropa ist das Thema „Frauenordination" allerdings nicht das einzige Thema, das die GAW-Frauenarbeit beschäftigt hat und das in Projektarbeit gestaltet worden ist. Da ist auch die Frage nach „Frauenhandel" und „Häuslicher Gewalt"[21] und die Frage nach der Lebenssituation der „Eurowaisen", Kinder, deren Eltern als Arbeitsmigranten und -migrantinnen nach Westeuropa gehen und ihre Kinder oft schlecht versorgt zurücklassen.[22]

2. „Heiratsmigrantinnen" – Frauendiaspora in der Diaspora

Dass Frauen selbst Gemeinden bilden, die in der Diaspora eine eigene Diaspora sind, trifft für die „Heiratsmigrantinnen" – vornehmlich in Griechenland und Italien – zu. Unter „Heiratsmigrantinnen" werden allgemein Frauen verstanden, die zu ihren Ehemännern in ein anderes Land ziehen. Unter der Fragestellung nach der spezifisch evangelischen Diaspora sind hier die Länder in den Blick zu nehmen, in denen protestantische Kirchen in der Minderheit sind. In besonderer Weise trifft das für Italien und Griechenland zu. Männliche Arbeitskräfte aus Südeuropa kamen seit den späten 1950er Jahren vermehrt in die damalige Bundesrepublik. Eine nicht geringe Anzahl von ihnen ging mit ihren deutschen Bräuten oder Ehefrauen später zurück in ihre Heimatländer, wo sich die jungen Frauen in einem stark römisch-katholisch bzw. griechisch-orthodox geprägten Umfeld zunehmend auch religiös vereinsamt fühlten. Elke Wollschläger schreibt hierzu 2010: „… seit dem Zweiten Weltkrieg sind Frauen, die nach Griechenland ausgewandert sind, die vorherrschende Gruppe: Heiratsmigrantinnen. Besonders seit den 60er Jahren hat sich ihre Anzahl stark erhöht, insgesamt sind es über 25 000 Frauen, die hier in der Minderheit leben: als Evangelische bzw. Nicht-Orthodoxe, als Deutschsprechende, als Frauen. Isolation, Anpassungsdruck, soziale Unsicherheit sind Herausforderungen in unserer besonderen Situation."[23]

Für die Frauen in Thessaloniki und Nordgriechenland hatte die Arbeit von Pfarrerin Dorothee Vakalis eine große Bedeutung. Ihre Heirat mit Dimitrios Vakalis 1974 führte zu ihrer Auswanderung nach Griechenland, nach Saloniki, wo sie 1975 den Gemeindeaufbau der Evangelischen Kirche

---

[21] Vgl. Jahresprojekt der GAW-Frauenarbeit 2005 „Frau wohin gehst du?"
[22] Vgl. Jahresprojekt der GAW-Frauenarbeit 2014 „Du bist nicht verlassen".
[23] EvDia 2011, S. 105.

deutscher Sprache in Nordgriechenland als „Ortskraft" und selbst Betroffene übernahm. Die Evangelische Kirche deutscher Sprache in Thessaloniki war bereits 1895 gegründet worden, sie wurde aber seit dem 1. Weltkrieg mit Unterbrechungen von dem Athener Pfarrer versorgt, bis Dorothee Vakalis kam. Außer der Gemeinde in Thessaloniki gehören heute Diasporagruppen in ganz Mittel- und Nordgriechenland dazu; diese Gruppen bestehen aus deutschsprachigen Frauen u. a. in Kavala, Katerini, Edessa, Volos, Pilion, Kastoria, Drama, Xanthi, Komotini, Alexandroupolis, Naoussa, Serres, Igoumenitza und Thassos.[24] Durch die Initiative von Pfarrerin Dorothee Vakalis und mitfinanziert von der Frauenarbeit im GAW wurde 1998 eine Frauenkonferenz der evangelischen Auslandsgemeinden im Nahen Osten in Leptokaria organisiert. Viele der Teilnehmenden waren „Heiratsmigrantinnen".

Auf der Homepage der evangelischen Gemeinde deutscher Sprache in Thessaloniki ist heute u. a. zu lesen:
„Im Umgang mit dem Evangelium kommen besonders die Traditionen zum Tragen, welche

– die praktische Nächstenliebe untereinander und für andere,
– die Befreiung zu einer eigenen kulturellen und religiösen Identität,
– das Selbstwertgefühl als Frau,
– die Dialogfähigkeit mit anderen,
– den Respekt vor dem und den Fremden,

fördern und fordern."[25]

Unter genderanalytischem Gesichtspunkt scheinen diese Ziele besonders bedeutsam und werfen ein Licht auf die Zusammensetzung der Gemeinde und die Schwerpunkte ihrer Arbeit. Dabei muss betont werden, dass gerade der letzte Punkt, die Arbeit mit Fremden, d. h. vor allem Flüchtlingen, ein wichtiger diakonischer Bereich der Gemeindearbeit geworden ist. Sicher spielt dabei eine Rolle, dass viele Gemeindemitglieder besonders sensibel sind für das Gefühl von Fremdheit.

---

[24] http://www.ekd.de/international/auslandsgemeinden/europa/1151.html
[25] http://www.evkithes.net.

Eine ähnliche Situation wie in Thessaloniki kann auch für Rhodos beschrieben werden. Dr. Gisela Bischke [26] war Oberstudienrätin für Deutsch, Religion und Psychologie in Hamburg gewesen und musste aus gesundheitlichen Gründen 1980 im Alter von 47 Jahren ihren schulischen Dienst beenden. Sie ging nach Rhodos. Zunächst hielt sie im Auftrag des Kirchlichen Außenamtes Gottesdienste für Urlauber. Doch daraus entwickelte sich kontinuierlich eine Arbeit mit den deutschen Frauen. Ermutigt vom Kirchlichen Außenamt und dem GAW wagte Dr. Gisela Bischke den Bau eines eigenen Gemeindezentrums, eine Aufgabe, die die GAW-Frauenarbeit in ihrer Frauenliebesgabe 1987 unterstützte. Klaus Hüls beschreibt diese Anfänge und das Engagement der Frauen auf Rhodos: „Dass die kleine Frauengruppe auf Rhodos mehr als 80.000,00 DM wird aufbringen können, halten viele für ,Spinnerei'. Selbst die rhodische Frauengruppe ist skeptisch. ,Das schaffen wir nie', ist die vorherrschende Meinung. Aber nach und nach gehen erste Spenden ein. Zum Beispiel 20.000,00 DM vom Frauen-Weltgebetstags-Komitee. Dazu kommen kleinere und größere Spenden, so dass das Gemeindekonto bis Ende 1985 auf 50.000,00 DM anwächst. Von der Gruppe der jüngeren Frauen kommt der Vorschlag, das Eigenkapital durch Basare aufzustocken. So kommen im Lauf von drei Jahren insgesamt 75.000,00 DM zusammen." [27]

Es war ein langer Weg bis zur Einweihung am 28.3.1993, zu der der damalige Bundespräsident Richard von Weizsäcker die Altarbibel mit persönlicher Widmung schickte. [28] „Der Name [„Ökumenisches Begegnungszentrum der Evangelischen Kirche Deutscher Sprache in Griechenland"] trifft bis heute den Kern der Gemeindearbeit", meint Klaus Hüls und berichtet von den vielfältigen, auch ökumenischen Aktivitäten in diesem Zentrum und auch von seiner Bedeutung für die Touristen. Die evangelische Gemeinde auf

---

[26] Ein geschichtlicher Überblick über die Entstehung der Gemeinde in Rhodos: Klaus Hüls, „Auf dieser Gemeinde liegt Segen - Deutschsprachige Verkündigung auf Rhodos" in: EKD: Mitteilungen aus Ökumene und Auslandsarbeit, 2006, S. 223–232. Pfarrer i. R. Klaus Hüls war von September 2005 bis Juni 2007 von der EKD beauftragter Pfarrer für die evangelische Seelsorge auf Rhodos. Er widmet seinen Beitrag Dr. Gisela Bischke.

[27] Ebd. S. 227.

[28] Die Autorin hatte die Möglichkeit, an diesem Ereignis teilzunehmen und die lebendige Gemeinde selbst kennenzulernen.

Rhodos hat als spezifische Frauengemeinde begonnen, von einer visionären Frau, für die Rhodos zunächst eine Station in einer persönlichen Lebenskrise war, aber nicht bleiben sollte.[29]

Vergleichbare Situationen lernte die GAW-Frauenarbeit im Zusammenhang mit einer Studienreise 1998 für das Jahresprojekt 1999 „dass ich dir werd' ein guter Baum" auf Ischia und Sizilien kennen und unterstützte die Anmietung von Gemeinderäumen für die „Frauengemeinden."[30]

„dazu einige Frauen" – die doppelte Diasporasituation der „Heiratsmigrantinnen" zeigt an den aufgeführten Beispielen Frauen, namentlich bekannt, die sich als „Sponsorinnen der Jesus-Bewegung" engagiert haben und zum Segen in der Diaspora wurden.

3. Zukunft frauenspezifischer Diasporaarbeit

Der kurze Blick auf einige Themen der Frauenarbeit im GAW führt zu der Frage, ob geschlechterspezifische bzw. frauenspezifische Diasporaarbeit auch in Zukunft wichtig ist. Die über 160-jährige Tradition ist ein Grund zur Dankbarkeit, aber nicht eo ipso eine Berechtigung für die Zukunft. Mit dem Verweis auf Gender und die Errichtung von Genderreferaten in den Landeskirchen und auf der Ebene der Evangelischen Kirche in Deutschland (EKD) wird vielfach argumentiert, dass eine frauenspezifische Diasporaarbeit nicht zukunftsweisend sei und die Kräfte besser gebündelt werden sollten. An dieser Stelle muss einem Missverständnis begegnet werden, als ersetze Gender die geschlechtsspezifische Arbeit. Gender dient vielmehr der Vernetzung der frauen- und männerspezifischen Ansätze und ermöglicht Synergien bei gleichzeitiger Differenzierung. So sind im Dachverband Evangelische Frauen in Deutschland (EFiD) weiterhin die kirchlichen Frauenverbände, auch die Frauenarbeit im GAW, vertreten. Diese frauenspezifische Vernetzung ist einerseits ein „dazu", von dem die gesamte Diasporaarbeit des GAW profitiert. Andererseits hat sich immer die Möglichkeit geboten, die Diasporaperspektive

---

[29] Dr. Gisela Bischke hat ihre Erfahrungen niedergeschrieben in: Gisela Bischke, Wagnis und Abenteuer mit Gott – Die Entwicklung einer lebendigen Gemeinde auf Rhodos, Kiel 2001.

[30] Vgl. Materialheft zu diesem Jahresprojekt.

in andere Bereiche evangelischer Frauenarbeit einzubringen. Das ist ein „dazu" für die kirchliche Frauenarbeit in Deutschland. Auch die Mitgliedschaft und Zusammenarbeit der GAW-Frauenarbeit in anderen Netzwerken wie dem Ökumenischen Forum Christlicher Frauen in Europa (ÖFCFE) erweitert die Perspektive des GAW, aber auch der jeweiligen Verbände, da die Frauenarbeit im GAW die einzige strukturierte Frauenarbeit in der Diasporaarbeit ist, etwas, worum in der Vergangenheit das GAW durchaus von anderen Werken beneidet wurde. Schließlich ist auf die basisnahe Arbeit und Vernetzung in den Gemeinden durch die Frauenarbeit zu verweisen.

Wenn sich in der Vergangenheit die Frauenarbeit im GAW schwerpunktmäßig mit sozialdiakonischen Themen beschäftigt hat, so entspricht das ja einerseits einem traditionellen Rollenverständnis für Frauen in kirchlicher Arbeit. Die vorangestellten Erfahrungen und Überlegungen zeigen aber durchaus, dass sich dieser Themenkreis ständig erweitert hat. Auch das wurde deutlich – die Partnerkirchen und die Frauen in den Partnerkirchen befinden sich in sehr unterschiedlichen Situationen, gerade was die Rolle der Frauen angeht. Das in langer Zeit gewachsene Vertrauen zu der Frauenarbeit im GAW ist ein Reichtum für das gesamte Werk und seine Arbeit. Das zeigen schließlich auch die vielfältigen frauenspezifischen Veröffentlichungen des GAW der vergangenen Jahre, deren Anliegen es ist, den Beitrag der Frauen sichtbar zu machen, sie beim Namen zu nennen.

„dazu einige Frauen" – die vorangehenden Überlegungen sollen zeigen, dass mit der Frauenarbeit im GAW aktive Sponsorinnen in der Diasporaarbeit tätig sind und ihre Arbeit einen unverzichtbaren „Mehrwert" – ein „dazu" – darstellt. Die Erfahrungen, die biblische Frauen im Lauf der Jahrhunderte gemacht haben, dass ihre Namen trotz ihrer wichtigen Funktion in der Jesusbewegung in Vergessenheit geraten sind, sind die Erfahrungen der Frauen in der Kirche bis heute geblieben. Hinter männlichen Gesichtern und Namen sind ihre Aktivitäten aus dem Blick geraten. Maria Magdalena, Johanna und Susanna „und viele andere"[31] sind weibliche Gesichter. Ebenso hat die Diasporaarbeit des GAW auch ein weibliches Gesicht.

---

[31] Vgl. Lukas 8,3.

„Dass man sie sehen und hören kann ..."
Meine Diaspora-Narrative –
Bilanz nach 12 Jahren

von Wilhelm Hüffmeier

Ouvertüre mit Theodor Fontane

Niemanden, der mich auch nur ein wenig kennt, wird es verwundern, dass meine Bilanz nach zwölf Jahren als Präsident des Gustav-Adolf-Werks, dem Diasporawerk der EKD (GAW), mit Theodor Fontane beginnt und dabei auch Preußen eine Rolle spielt. Es sind zwei provokante Thesen Fontanes, die mir beim Engagement für evangelische Gemeinden und Christen in der Diaspora immer wieder in den Sinn kommen. Luther und das Luthertum seien wie Preußen nicht mehr als eine „Episode", denn beide seien „Kleinexistenzen" und als solche „bestimmt ... in einem Größeren auf- und unterzugehen", erklärt der ehemalige Stabsoffizier von Bülow in der Erzählung „Schach von Wuthenow" und fügt als Begründung hinzu, beide seien „gleich dürftig angelegt, gleich eng geraten"[1]. Dass Fontane selbst ähnlich wie von Bülow dachte, zeigt eine zweite Äußerung, die mir als Freund der evangelischen Diaspora zusetzt. Ende 1893 schreibt Fontane in einem Brief an seinen jüdischen Freund Georg Friedlaender: „Wenn man nicht jeden Tag sähe, wie langlebig Eingebürgertes ist, auch wenn es sich länger überlebt hat, so müsste sich notwendig die ganze Geschichte (sc. des Luthertums) auflösen"[2].

Aufgehen, auflösen – kräftiger Tobak für den Freund von „Kleinexistenzen" in der Diaspora! Man muss gute Gründe haben, um solchen provozierenden Thesen etwas Substanzielles entgegensetzen zu können. Im GAW sind wir überzeugt, solche Gründe zu haben. Von Anfang an ist unsere Geschichte die tätiger Unterstützung evangelischer Kleinexistenzen. Wichtiger

[1] Theodor Fontane, Schach von Wuthenow, in: Ders., Romane und Erzählungen in 8 Bänden, Bd. 3, 8. Aufl. Berlin 1993, 368 f.
[2] Theodor Fontane an Georg Friedlaender am 29.11.1893, in: Ders., Werke, Schriften und Briefe, Abt. IV, Bd. 4, München 1982, 310.

aber als traditionalistische sind geistlich-theologische Gründe. Mir ist als Gegenargument zu Fontane ein Satz aus der Diaspora haften geblieben. Harald Kalnins, der erste Bischof der aus der Verfolgung und der Zerstreuung kommenden lutherischen Untergrundgemeinden in Russland, hörte im Neuanfang dieser Gemeinden nach dem Fall des Eisernen Vorhangs den Ruf Christi „Lazarus, komm heraus" (Joh. 11,43) aus dem Grab. Episkopaler Pathos, der alsbald durch die verstärkt einsetzende Massenabwanderung der Russlanddeutschen in die fremde, oft kalte Heimat der Vorfahren als frommer Wunsch erwiesen wurde? So mag es ein Realist oder gar Zyniker sehen, ich kann das nicht. Wie bekannte doch der Apostel Paulus von sich und seinen Gemeinden: „als die Sterbenden, und siehe, wir leben" (2. Kor. 6,9). Solche Existenzweise ist jedenfalls immer wieder auch ein Kennzeichen der Kirche Jesu Christi gewesen. Wir im GAW denken dabei nicht nur an die evangelischen Kirchen in den Staaten der ehemaligen Sowjetunion, sondern auch an die in Spanien und Portugal, in Frankreich wie in Italien, die durch Zeiten der Unterdrückung gegangen sind und heute als historische Kirchen zwar abnehmen, durch die Integration von Flüchtlingen und Migranten jedoch neue Kraft gewinnen können.

Langlebig eingebürgert war das Luthertum in Russland bis 1917. Dann aber folgten die Katastrophen der Enteignung und Verfolgung, der Liquidierung der Pfarrerschaft und ab September 1941 der Deportation der Deutschrussen in die asiatischen Gebiete der Sowjetunion. Nicht wenige aus den „auferstandenen" Gemeinden waren, wie Edith Müthel in ihrer bewegenden deutsch-russischen Lebensgeschichte „An Gottes Hand" (2012) erzählt, Davongekommene, die nun in den Republiken auf dem Gebiet der ehemaligen Sowjetunion neu zusammen fanden.

Wohinein aber hätten die Lutheraner in Russland nach der Zeit der Verfolgung aller Christen denn aufgehen können? In der neu erstarkenden, immer nationalistischer werdenden Russischen Orthodoxen Mehrheitskirche, in der die Lutheraner weithin als Ketzer gesehen werden? Oder in der Gemeinschaft der Evangeliumschristen-Baptisten? Nicht wenige Evangelische, die überlebt hatten, gingen nach der Auflösung der Sowjetunion zunächst in die oft „Wiedergeburt" genannten Deutschen Kulturvereine in Russland, der Ukraine, Weißrussland und den zentralasiatischen Nachfolgestaaten. Doch das genügte vielen nicht. Sie wollten wieder dezidiert evangelisch-lutherische Gemeinde sein. Auch wenn deren Neuanfänge bis heute prekär bleiben und von vielen Konflikten begleitet wurden, wer andernorts bewusst evangelisch ist, schuldet ihnen Dank, dass sie weder in der neu auftrumpfenden Orthodoxie noch in der Gemeinschaft der Evangeliumschristen-Baptisten als einem „Größeren" aufgehen wollten. Von letzteren trennte sie der Dissens in der Frage, ob man Säuglinge und Kinder taufen darf, ja soll. Aufgehen in einem Größeren, das hätte geheißen: die eigene reformatorische Identität und Geschichte preisgeben. Genau diese Unmöglichkeit aber bezeichnet die Haltung so gut wie aller evangelischen Diaspora-Kirchen, ob in Spanien oder Frankreich, in Tschechien oder Brasilien, in Polen oder Italien.

Was schließlich noch einmal Fontane betrifft, so sah dieser distanzierte Christ die Zukunft des Christentums eben nicht in Staatskirchen wie der preußischen, deren Zustand er heftig kritisierte, sondern in Kleinexistenzen wie bei den Herrnhutern oder Mennoniten. Von einer mennonitischen „Kleinexistenz" in Nordamerika hat er in seinem Schuld-und-Sühne-Roman „Quitt" ein bewegendes Bild als „happy family" gezeichnet. Aus dieser Perspektive darf man Fontane sogar eine Liebe zur Diaspora attestieren. In solcher Liebe jedenfalls schreibe ich meine Bilanz nach 12 Jahren. Es ist eine Liebe zu Kleinexistenzen eigener Art, deren Mut, sich in der Diaspora und als Diaspora zu behaupten, ich bewundere. Die Begegnung mit ihnen in Europa, Asien und Südamerika hat diese Bewunderung vielfach noch gesteigert, doch mich häufig auch ernüchtert und desillusioniert. Es gibt die „happy families" in der Diaspora, aber ihr Glück ist oft genug äußerlich wie innerlich gefährdet, ein Glück im Prekariat.

Meine Diaspora-Narrative verbinden erinnerndes Erzählen mit theologischer Reflexion über das in der Diaspora Erlebte. Natürlich muss auch die Situation unseres Werkes bedacht werden. Zu meiner Sympathie für die evangelische Diaspora gehört sodann auch ein vitales Interesse für die Poesie, für Erzählungen und Romane aus den Ländern mit evangelischer Diaspora. Nicht dass wir Evangelischen in diesen Dichtungen vorkämen, allenfalls in einer Fußnote wie schon in Anton Tschechows Reisebericht „Die Insel Sachalin"[3]. Aber für das Verstehen eines Landes, seiner Menschen, seiner Geschichte und seiner Kultur sind deren Dichter eine äußerst bedeutsame Quelle.

---

[3] A. Čechov, Die Insel Sachalin, hrsg. von P. Urban, Diogenes Taschenbuch 50/XX, 319.

So komme ich im Folgenden zu sechs Abschnitten:

I. Kirchdach und Kirche – Kirchbau in der Diaspora

1. Kirchbau und Gottesdienst

„Die Diaspora baut Kirchen, statt sie aufzugeben" – formulierte Michael Bünker aus der österreichischen Diaspora auf der Vertreterversammlung des GAW in Meißen im September 2014. Er blickte dabei auf die in Hainburg an der Donau gebaute, vom österreichischen Stararchitekten Wolf E. Prix entworfene und Ende April 2011 eingeweihte Martin-Luther-Kirche. Im GAW haben wir Bünkers Satz als ermunterndes und auch tröstliches Kompliment gehört. Es bestätigt die von GAW-Leuten gerne gebrauchte Parole „Diaspora braucht Dächer". Bünkers selbstbewusste Äußerung verteidigt das GAW zugleich gegen Vorwürfe wie „Ihr investiert in Steine statt in Menschen". Diese moderne Variante der Abqualifizierung des GAW als „Kirchbauverein" schmerzt. Sie suggeriert, dass Menschen in Not uns im GAW nicht berührten und zu Hilfe motivierten. **Die Alternative „Menschen statt Steine" denkt** jedoch **zu kurz.** Menschen brauchen ein Zuhause. Sie leben, indem sie wohnen und sie wohnen, indem sie – wenn irgend möglich – bauen. Das gilt auch für christliches Leben. Weil es ein Leben in Gemeinschaft mit Gott und untereinander ist, deshalb gehören zu ihm Haus und Dach, eben das Gottes- und Gemeindehaus, und wenn irgend möglich auch das Pfarrhaus.

Es verwundert deshalb, dass die Hilfen zu Kirchbauten in der Diaspora – abgesehen vom Martin-Luther-Bund sowie Einzelpartnerschaften mit Kirchen und Gemeinden – fast so etwas wie ein Alleinstellungsmerkmal des GAW geworden sind. Solche Hilfen entsprechen den Bedürfnissen der evangelischen Diaspora, begeben sich aber oft in Gegensatz zu jenem Zeitgeist, der angesichts von himmelschreienden Nöten und entsetzlichem Elend der Menschen den Bau von Gotteshäusern für nachrangig hält. Sofern dieser Zeitgeist auch evangelische Hilfsorganisationen bestimmt, nehmen sie teil an einer evangelischen „Selbstvergleichgültigung" (Wolfgang Huber). Ganz anders der überall in der Diaspora erlebbare Stolz auf „unsere Kirche" und die Sehnsucht nach ihr.

Und wozu sollen die Kirchen dienen? Die kürzeste Definition des evangelischen Gottesdienstes habe ich in der Diaspora, in Omsk, gehört: **„Mit Gottes Wort bei den Menschen sein."** Natürlich das in der Heiligen Schrift bezeugte Wort Gottes. Luthers berühmte „Torgauer Formel" meint dasselbe, denn bei den Menschen sein heißt ja nicht nur, ihre Sorgen und Hoffnungen kennen und ernst nehmen, sondern auch, ihnen zu jenem Raum verhelfen, in dem Gott selbst mit ihnen redet „durch sein heiliges Wort" und sie ihm „durch Gebet und Lobgesang" antworten. Aber natürlich auch in der Feier des Abendmahls als „sichtbares Wort". Wiederum war es die Diaspora, diesmal der Böhmischen Brüder in Tschechien, wo ich eine interessante Beschreibung der Eucharistie gehört habe, und zwar von Pavel Filipi (Prag): „In der Predigt hören wir Gottes Wort, im Abendmahl nehmen wir es." Damit ist natürlich auch die Gabe im Blick, die für Lutheraner im Zentrum steht. Denn wer nimmt, der dankt dem Gastgeber. Zugleich weisen diese Elemente des Gottesdienstes über ihn hinaus in die Diakonie und Mission.

Einblick in das vielfältige gottesdienstliche Leben von Diaspora-Kirchen geben detailreich zwei Texte: 1. Die 2012 von der Gemeinschaft Evangelischer Kirchen in Europa (GEKE) herausgegebene Studie anhand von Fallbeispielen „Bleibe in der Zeit. Evangelischer Gottesdienst in Süd-Mittel-Osteuropa zwischen Bewahrung und Veränderung" und 2. Nelson Kirsts auf der gemeinsamen Tagung von GAW und Martin-Luther-Bund (MLB) „Der Beruf des Christen. Evangelisches Bekenntnis, Identität und gesellschaftliche Verantwortung" in Wittenberg im Januar 2007 vorgetragener Bericht „Liturgische Erneuerung. Jüngste Erfahrungen in einer lutherischen Minderheitskirche in Brasilien"[4].

---

[4] Die GEKE-Studie ist als PDF-Datei bei der GEKE abrufbar. Der Beitrag von Nelson Kirst findet sich im Jahrbuch des MLB „Lutherische Kirche in der Welt" Folge 55, 2008, 151–178.

2. „… dass man uns sehen kann"

Welchen Anteil das GAW am Kirchbau in der Diaspora hat, zeigt unser all-jährlicher „Projektkatalog" mit jeweils zahlreichen Hilfen für Kirch- und Ge-meindehausbauten sowie Pfarrhaus- und Kirchrestaurierungen. Ihn 12 Jahre lang mitverantwortet und mit einem Vorwort versehen zu haben, lässt mich fröhlich bilanzieren und ich danke herzlich allen, die den „Projektkatalog" jahraus, jahrein vorbereitet haben: den Projektausschüssen und der GAW-Zen-trale. So konnten wir verlässliche Partner sein. Unser „Projektkatalog" ist die road map und - zusammen mit dem Jahrbuch „Die evangelische Diaspora" – der Navigator unseres Werkes und seiner Hauptgruppen.

3. „Als wär's deren bestes Stück" – Kirchgebäude im Werden

Gern denke ich aber vor allem an Kirch- und Gemeindehausbauten zurück, deren Entstehen oder Werden ich direkt begleiten konnte. Staunend standen wir vom GAW vor dem ambitionierten Kirchgebäude „St. Marien" in Saratow direkt an der Wolga. Die imposante Höhe dieser Kirche mitsamt ihren Ne-benräumen und dem geplanten schlanken Turm mit dem riesigen Kreuz auf der Spitze steht da, als wollte sie sagen: **„Mich sollt ihr von Weitem sehen."** Oder ich denke an die im Bau befindliche ungarisch-reformierte Kirche in Orechá Poton in der Slowakei. Als ich dort war, stand im Kirchgarten gerade ein Baum in voller rosafarbener Blüte, den wir als Judasbaum identifizierten. Die Kirche mit dem Judasbaum – was für eine Symbolik! Dann sehe ich vor mir das zweistöckig geplante, erst halbfertige Kirch- und Gemeindehaus „Talita Kum" (Mk. 5,41: Mädchen, steh auf) im Armenviertel Sol de America von Cusco (Peru), ein schmales, aber irgendwie einnehmendes Gebäude aus Stein inmitten von größeren und kleinen Lehmhäusern, als wär's deren bestes Stück. „Talita Kum" ist die Frucht einer 6-jährigen Missionsarbeit der jungen Pastorin Ofélia Dávila Llimpe in jenem Viertel Cuscos.

Weiter denke ich an den Rohbau des Gemeindehauses in Dobanovze bei Belgrad, wo eine große Gemeinde aus Alt und Jung uns vom GAW über mehrere Stunden erwartete, um uns ihre Freude und ihre Dankbarkeit zu bezeugen. Und was für ein Festessen schloss sich dem an! In Kamyshin an der Wolga sahen wir noch das alte baufällige Bethaus aus Holz, an dessen Tür uns der Prediger Benno Fischer mit den Worten „Der Friede Christi sei mit euch" begrüßte. Inzwischen steht der Neubau des Bethauses mit Pfarrwohnung kurz vor der Einweihung. In Jekaterinburg im Ural standen wir mit Pastor Waldemar Benzel just an dem Ort, einem ehemaligen lutherischen Friedhof, wo im Juli 2014 der Bau einer neuen Kirche als Ersatz für die zweitürmige, 1953 gesprengte lutherische Kirche im Stadtzentrum beginnen sollte. In Sibirien hörten wir überdies von den Plänen fünf weiterer Gemeinden in Tjumen, Beresowski, Tschernogorsk, Irkutsk und Abakan, eine Kirche zu bauen. Allesamt sind sie von der Kirchenleitung approbiert, doch es krankt an der Finanzierung.

4. „Welch ein Glück“ – Einweihungen, Gedenken und Jubiläen

Mehrfach war ich bei Einweihungen von neu erbauten Kirchen oder eingerichteten Gemeindezentren dabei. So in Koszalin, Polen, in der Filialgemeinde von Alta Floresta „Bom Pastor“ in Rondônia, Brasilien, oder in Togliatti an der Wolga. In Koszalin, einst Köslin, ging der Einweihung ein zähes Ringen um Standort und Finanzierung voran. Welch ein Glück nun für die kleine evangelische Gemeinde mit ihrem umtriebigen Pfarrer Janusz Staszczak, ein Gemeindezentrum im Zentrum der Stadt zu haben, unweit von St. Marien, auf deren Kirchenfenster im Altarraum, wiewohl heute römisch-katholische Bischofskirche, immer noch Luther und Melanchthon zu sehen sind. Kirchengeschichtliches Nachspiel oder ökumenisches Vorspiel? Luther und Melanchthon auch als römisch-katholische Kirchenlehrer? Die lutherische Gemeinde in Togliatti indessen hat bislang nur ein kleines Zimmer in einem Mehrzweckgebäude als Kirchraum. Von außen oder gar weithin ist da gar nichts zu finden oder gar zu sehen. Auch das ist Diaspora-Wirklichkeit.

Auch die nicht vergehende Erinnerung an Nazideutschlands massenhaftes Vernichten und Morden im 2. Weltkrieg gehört in die Begegnung mit der Diaspora. Im September 2009 konnte ich am Gottesdienst zum Gedenken an die Zerstörung der lutherischen Trinitatiskirche in Warschau durch die Luftwaffe 70 Jahre zuvor, im September 1939, teilnehmen und für die EKD ein Grußwort auf Deutsch sprechen, das in der Radioübertragung ins Polnische übersetzt wurde. **Scham** über das Geschehene **und Freude** über die Versöhnung waren da in mir **in ein und demselben Moment.**

Schließlich konnte ich dann und wann in einer frisch eingeweihten oder Jubiläum feiernden Kirche am Gottesdienst teilnehmen und predigen. So in São Luis, Maranhão, Brasilien, im ehemaligen evangelischen Dom in Kaliningrad zur 750-Jahrfeier der Stadt oder im Christuszentrum in Omsk zu dessen 20. Geburtstag. Im vergangenen Sommer war ich dann endlich auch in der neuen lutherischen Kirche in Jurbarkas, Litauen. Ihr Entstehen hatten wir aus der Ferne mit einiger Skepsis verfolgt. Doch dank des unermüdlichen

Einsatzes von Pfr. Mindaugas Kairys und vielfältiger Hilfe aus Deutschland ist sie ein eindrückliches Zeugnis evangelischer Präsenz im mehrheitlich katholischen Litauen geworden. Ein glücklicher Ausgang.

In Deutschland habe ich in etlichen Gottesdiensten mit der klugen Bemerkung eines lutherisch gewordenen Katholiken aus der Gemeinde „Cristo Salvador" in Lima um Spenden für Kirchbauten geworben. „Ihr Lutheraner seid gut", sagte jener Konvertit, „ihr orientiert euch an der Bibel, ihr seid demokratisch, ihr schließt wiederverheiratete Geschiedene nicht vom Abendmahl aus, ihr habt Pfarrerinnen, aber man sieht euch nicht." **Man sieht uns nicht,** in diesem Satz steckt die tiefe Sehnsucht evangelischer Christen in der Diaspora nach der Sichtbarkeit ihrer Konfession in einer Kirche. An vielen Orten ging diese Sehnsucht in Erfüllung. Aber an ebenso vielen Orten wird auf deren Erfüllung gewartet, weil der Bau stockt oder die Finanzierung noch nicht sicher ist.

5. Kirchbau und Kirchen in Nöten

Meine Erfahrungen in der evangelischen Diaspora lehren mich aber auch, den stolzen Satz von Michael Bünker „Die Diaspora baut Kirchen, statt sie aufzugeben" hier und da einzuschränken. Ich denke an mit deutscher Hilfe restaurierte Kirchen im Oblast Kaliningrad, die dann von der Russischen Orthodoxen Kirche für sich reklamiert wurden oder in Litauen, wo zunehmend alte lutherische Kirchen ohne Gemeinden sein werden. Sodann ist auch der mit GAW-Mitteln finanzierte Plan, die **„Garagenkirche"** in Bucaramanga (Kolumbien) **in eine richtige Kirche umzubauen,** bis heute nicht mehr als eine schöne Idee. In Jekaterinburg, wo die kleine lutherische Gemeinde zur Zeit noch in teuer angemieteten Büroräumen zusammenkommt, stockt der Beginn des ersehnten Kirchbaus wegen eines Fehlers in der Bauplanung und Protesten von Anwohnern des von der Stadtverwaltung als Bauplatz zur Verfügung gestellten ehemaligen lutherischen Friedhofs.

Ich denke aber auch an die von Unwettern **verwüsteten Kirchen** in Polen, Tschechien, Ungarn, Brasilien und Chile sowie an den Einsturz der kleinen Kirche neben dem vom GAW entscheidend geförderten Mädcheninternat „Verena Wells" in Caranavi (Bolivien), vor drei Jahren. Dort wurde übrigens unser ehemaliger Generalsekretär Hans Schmidt im Gottesdienst im Oktober 2008 spontan zu einer Kurzpredigt in Spanisch aufgefordert, bevor die Gemeindeglieder in einem musikalisch begleiteten Zug an den Gästen vorbei defilierten. Schmidt hat seine Aufgabe vorbildlich gemeistert, und ich hatte seither immer eine Kurzpredigt in petto, wenn ich unterwegs war. Tausende Kilometer von Caranavi entfernt sind in diesen Tagen infolge eines Kurzschlusses in der Elektrik Dach und Innenraum des lutherischen Bet- und Gemeindehauses in Bischkek, der Hauptstadt Kirgistans, ab- und ausgebrannt. Hier gilt es, gemeinsam mit der kurhessisch-waldeckschen Partnerkirche, dem MLB und anderen Freunden den kirgisischen Lutheranern schnell zu helfen, das Bethaus und Gemeindehaus alsbald wieder funktionsfähig zu machen. Die Gemeinde ist schon am Werk. Aber die Bürokratie baut Hürden auf. Zugleich steht das Reformationsjubiläum 2017 vor der Tür.

Bauhindernisse und Unwetter sind das eine, in Vrbas/ehemals Werbass in der serbischen Vojvodina habe ich vor zwei schönen, vom Verfall bedrohten Kirchen mit den für die habsburgische Monarchie typischen zwiebelförmig bekrönten Kirchtürmen gestanden, die eine lutherisch, die andere reformiert. Einst beherbergten sie blühende Gemeinden der Donauschwaben, die bekanntlich nach dem von Deutschland entfesselten 2. Weltkrieg fliehen mussten, getötet oder vertrieben wurden. Heute sind ihre Kirchen **Monumente** gewaltsam **ausgelöschter Diaspora.** Wer vor ihnen steht, denkt zugleich an die fast ganz verschwundene Diaspora in Wolhynien, Galizien [5] und dem ehemaligen Bessarabien. Nur in der einst deutsch-reformierten Kirche von Vrbas sammelt ein ungarisch-reformierter Pastor eine kleine Gemeinde. Das ist gleichsam Diaspora in der Diaspora. Denn in der Vojvodina gibt es andernorts starke ungarisch-reformierte Gemeinden.

Schließlich erinnere ich mich an die lutherische Kirche „Nova Vida" im Ortsteil Arroio da Manteiga der Stadt São Leopoldo in Südbrasilien und an zwei reformierte Kirchen in Novi Sad in der Vojvodina: **usurpierte Kirchen.** Eine charismatische Gruppierung um den Gemeindepfarrer von „Nova Vida" hatte die Kirche vor knapp zehn Jahren mitsamt dem Pfarrhaus und einer weiteren Immobilie aufgrund windiger Beschlüsse „mit einem Schein des Rechts" (M. Luther) an sich gebracht. Ähnliches hat auch die ungarisch-reformierte Kirche in Novi Sad durch einen zu den Charismatikern gewechselten Pfarrer zu erleiden. In Arroio da Manteiga erhielt die Gemeinde vor einem Jahr das Kirchgebäude samt Gemeindehaus zurück. Stolz und zugleich traurig zeigte

---

[5] Vgl. dazu das Buch von Erasmus Zöckler, Ihr sollt leben! Theodor Zöckler: Gründer des einst größten Hilfswerks im Osten Europas, Leipzig 2011. In Wolhynien gibt es noch kleine Gemeinden in Luzk und Shitomir. Ihre Kirchgebäude sind heute freilich im Besitz der Baptisten, können aber von den Lutheranern mit genutzt werden.

uns der Gemeindepräsident im Oktober 2014 die zum Teil durch vermeintliche Dämonenaustreibungen verwüsteten Kirchräume. Das Kreuz hatte er auf dem Müllplatz hinter dem Gemeindehaus wieder gefunden. Nun sind Restaurierungen nötig, begleitet von einem inneren Wiederaufbauprogramm, das den einst guten Ruf der Gemeinde wieder herstellen soll. Kinder- und Musikarbeit stehen dabei im Zentrum. Professor Oneide Bobsin von der Theologischen Hochschule in São Leopoldo hat sich dafür eingesetzt. Wie es in Novi Sad weitergehen wird, ist offen. Aber der zuständige Bischof Belá Halász will nach der Beendigung der charismatischen Okkupation die gemeindliche Erneuerung selbst leiten.

II. Kirchdach und Obdach – Diakonie in der Diaspora

1. Kirche in Dienst und Zeugnis

Das Wort Diaspora hat bekanntlich nicht nur die negative Bedeutung von Leben in der Fremde, im Exil, in der Zerstreuung, in der Vereinzelung und Isolierung. Diaspora meint positiv auch Ausgestreut-Sein und Aussaat. Bei Aussaat denkt man – gut biblisch – zunächst an die Verkündigung des Wortes Gottes. Dietrich Bonhoeffer, der nach Luther wohl bekannteste deutsche Theologe in der weltweiten Diaspora, formuliert freilich so: „Das erste Bekenntnis der christlichen Gemeinde vor der Welt ist die Tat."[6] Damit wird jedoch nicht die stumme Tat gegen das Wort ausgespielt, vielmehr meint Bonhoeffer, dass die christliche Gemeinde durch ihr Leben auf sich aufmerksam macht. „Wenn die Tat eine Macht geworden ist", d. h. wenn sie erfolgreich in die Welt wirkt, so fährt Bonhoeffer fort, „dann wird die Welt auch nach dem Wortbekenntnis verlangen." Damit ist die enge Zusammengehörigkeit von Zeugnis und Dienst nicht aufgelöst, sondern einmal umgekehrt – **durch den Dienst zum Zeugnis.** Überall, wo ich in Diasporagemeinden war – sei es in Europa, sei es in Zentralasien, sei es in

---

[6] Dietrich Bonhoeffer, Das Wesen der Kirche, 1932, in: Ders., Gesammelte Schriften Bd. 5: Seminare – Vorlesungen – Predigten 1924 bis 1941, hrsg. von E. Bethge, München 1962, 259. In der Gesamtausgabe „Dietrich Bonhoeffer Werke" findet sich das Zitat in Bd. 11: Ökumene – Universität – Pfarramt 1931–1932, hrsg. von E. Bethge u. a., Gütersloh 1994, 285, in folgender Fassung: „Erstes Bekenntnis der christlichen Gemeinde vor der Welt ist die Tat". Diese Hinweise verdanke ich Wolf Krötke.

Südamerika –, habe ich sehen und erleben können, wie ernst die evangelische Diaspora ihre Identität in Zeugnis und Dienst nimmt. Manchmal hatte ich sogar den Eindruck, sie nehme den Dienst ernster als das Zeugnis. Aber es gibt leider auch Beispiele, wo Gemeinden sich mit dem Zeugnis für sich selbst begnügen. Dabei bezeugen sie doch den, der sich mit den Hungrigen, Durstigen, Gefangenen, Nackten, Fremden und Kranken vor Augen (Mt. 25,31 ff) identifiziert hat. In seiner Passion, zuletzt am Kreuz wurde er selbst einer mit solchen Merkmalen.

2. Den Schwachen aufhelfen, den Stummen eine Stimme geben

Im GAW kennen und schätzen wir alle die Diakonie der Evangelischen Kirche Augsburgischen Bekenntnisses in Polen mit ihrer energischen und charmanten Direktorin Wanda Falk. Die Aktion zur Betreuung sogenannter **Eurowaisen,** d. h. von Kindern, die zurückbleiben, während ihre Eltern außerhalb Polens beispielsweise als Pflegekräfte oder Erntehelfer arbeiten, hat große Zustimmung gefunden. Wie professionell und effizient Wanda Falk arbeitet, habe ich einmal sehr direkt erlebt. In Berlin waren verschiedene soziale Akteure nicht imstande, für ein polnisches Ehepaar mit zwei Kindern, deren Mutter an Multipler Sklerose litt und deren Vater kein Wort deutsch sprach, eine Informationsbroschüre über die Krankheit in polnischer Sprache zu beschaffen. Eine einzige E-Mail an Wanda Falk genügte, um noch am selben Tag die Broschüre auf dem Bildschirm zu haben und ausdrucken zu können. **In einem Detail das Ganze.** Das ist polnische Diakonie auf der Ebene der Gesamtkirche. Daneben gibt es eine Gemeindediakonie in der Betreuung im Haus- und Pflegebereich, die jedoch gefährdet ist durch Abwanderung des Pflegepersonals nach Deutschland. Insgesamt aber ist die Diakonie der kleinen lutherischen Kirche geradezu ein Vorbild für die Entwicklung des polnischen Sozialstaates, was dieser auch so sieht und schätzt.

In gleicher Weise hat mich beeindruckt, was die kleine lutherische Kirche in Kirgistan im Dorf Wassiljewka – unweit von Bischkek – in ihrer Tagesstätte mit Betreuung und Schulunterricht für körperlich behinderte Kinder aus zumeist muslimischen Familien vollbringt. Überdies hat diese tatkräftige kleine Kirche in Bischkek und Osch mit der Aktion **„Unsere Stimme"** für Mädchen, die aus den staatlichen Waisenhäusern ins schulische und berufliche Nichts entlassen werden, Möglichkeiten der schulischen Weiter- und beruflichen Ausbildung geschaffen. Das Haus in Bischkek zur Unterbringung dieser Mädchen ist mit Mitteln des GAW erworben und ausgebaut worden. Die

Erfolge der Aktion „Unsre Stimme" haben selbst dortige Politiker aufmerken lassen. Mit schlechtem Gewissen, denn der kirgisische Staat versäumt hier eine Aufgabe, zu der er sich gesetzlich selbst verpflichtet hat.

Das lutherische Altenheim in Winogradnoje ist mit acht Plätzen zwar sehr klein, aber ein Hinweis darauf, dass es kaum eine Diasporakirche gibt, die sich nicht den Alten in ihrer Mitte verpflichtet wüsste. Als ich in Winogradnoje war, musste ich nicht nur an das Karl-Blum-Haus in Nordostpreußen und an verschiedene Altenheime der polnischen, chilenischen und brasilianischen Lutheraner denken, sondern auch an das Altenheim in Allen bei Neoquen (Argentinien). Im Oktober 2008 konnte ich dort zwei **Freiwilligen** aus Deutschland begegnen, deren Einsatz in Südamerika von der württembergischen GAW-Hauptgruppe und vor Ort von der Evangelischen Kirche am La Plata (EKRLP, spanisch IERP) organisiert wurde. Eine schöne jugendliche Mischung aus Fernweh und Nächstenliebe, aus Abenteuerlust und diakonischem Engagement ist da am Werk. Leider lässt Brasilien zurzeit – mit der Begründung, sie würden Einheimischen die Arbeit wegnehmen – keine Freiwilligen mehr einreisen. Manche kommen dennoch für drei Monate als Touristen.

3. Nicht mehr Ketzer, sondern getrennte Brüder

Im Unterschied zu den Pfingstkirchen in Südamerika gehören für die Evangelische Kirche Lutherischen Bekenntnisses in Brasilien (EKLBB) seit ihren Anfängen neben dem Gottesdienst zwei weitere Kennzeichen zu ihrer lutherischen Identität: Schulwesen und Krankenhäuser. Im vergangenen Jahrhundert hat sich darüber hinaus eine Reihe von Gemeinden der EKLBB als **sozial-diakonische Pionierinnen** erwiesen. So etwa die Gemeinden in Brasilia und Porto Alegre mit ihren großen Kindertagesstätten in Ceilândia, einer Trabantenstadt von Brasilia, und in Alvorada bei Porto Alegre, oder die Gemeinde in Novo Hamburgo mit dem Heim für ledige Mütter (Centro Feminino Cristã). Dort hat auch das „Sozialwerk" ABEFI (= Associação Beneficente Evangélica de Floresta Imperial/Evangelischer Wohlfahrtsverband in Floresta Imperial) für Kinder in Not, Obdachlose und Alte des inzwischen verstorbenen sozial-diakonischen Pioniers Sebaldo Nörenberg seinen Sitz. Es umfasst inzwischen vier Schulen sowie acht Heime für Obdachlose, Waisen und missbrauchte Kinder und wird von zahlreichen inländischen und ausländischen Hilfsorganisationen und Sponsoren gefördert, darunter auch immer wieder vom GAW.

Dank der sozialen Entwicklung des brasilianischen Staates in den letzten 20 Jahren konnten solche einst von der Kirche oder einzelnen Christen initiierten Institutionen inzwischen ganz oder teilweise in die öffentliche Hand mit deren Möglichkeiten der Finanzierung übertragen werden. Auch gelingt es immer wieder, Sponsoren für die Arbeit zu gewinnen. In der ABEFE sind es 40 % des Haushalts, die der Staat aufbringt. Der christliche Geist der sozialen „Dächer" wird jedoch erhalten. Im Oktober 2014 habe ich in Ceilândia, wo das GAW die Runderneuerung der Großküche fördert, miterlebt, wie Erzieherinnen mit „Schauspielern" aus dem Kreis der ca. 150 Kinder diesen auf packende Weise die Gestalt Jesu und die Geschichte von der „Speisung der 5000" nahe brachten.

Die EKLBB weiß, dass entsprechende soziale Initiativen jetzt dem unterentwickelten Norden (Amazonas) und Nordosten des Landes gelten müssen. Zusammen mit anderen protestantischen Kirchen ist sie **Mitträgerin der „Diaconia"** in Recife, die sich insbesondere in der Beratung der Subsistenzwirtschaft von Kleinbauern sowie für die Wasserversorgung in den immer wieder von langen Trocken- und Dürrezeiten heimgesuchten Bundesstaaten Pernambuco, Ceará, Piauí und Rio Grande do Norte engagiert, aber sich auch für Kinder- und Frauenrechte einsetzt.

Besonders beeindruckt haben mich dort drei lutherische Gemeinden: die Gemeinde in Araripina, Pernambuco, die **Jesu Christi Identifikation** mit den Kranken, Gefangenen, Hungernden, Dürstenden, Fremden und Nackten zum **Leitbild ihrer Praxis** gemacht hat, die Gemeinde in Gravatá, 85 km landeinwärts von Recife, mit ihrer bunt ausgemalten Kindertagesstätte auf engstem Raum, und die Gemeinde in São Luis, Maranhão, in der Sozialdiakonie durch Musikarbeit geschieht. In Araripina unterhält die Gemeinde nicht nur eine florierende und nach Erweiterung geradezu schreiende Kindertagesstätte, sondern hat auch Besuchsgruppen für Krankenhäuser und Gefängnisse gebildet. Der Pfarrer erzählte, dass die Lutheraner hier zunächst nur als Anhänger des Ketzers Luther identifiziert und entsprechend schief angesehen wurden. Durch ihr diakonisches Engagement sei dieser negative Ruf alsbald in einen positiven verwandelt worden. Mit einer Formulierung des Ökumenedekrets des II. Vatikanum gesagt: Sie waren zu „getrennten Brüdern" geworden.

Dass die wenigen lutherischen Gemeinden im Norden und Nordosten Brasiliens noch einiges tun müssen, um einen solchen diakonischen Ruf zu erlangen, wurde mir auf dem Flug von Cuiabá, Mato Grosso, nach Ji-Paraná in Rondônia deutlich. Als ich einem Ingenieur erzählte, ich wolle lutherische Gemeinden in Rondônia besuchen, strahlte er mich an und sagte: „Oh, die Lutheraner, die sind im ganzen Staat durch ihre Wurstfeste bekannt." Nichts gegen Wurstfeste, zumal deren Erträge für den Unterhalt der Gemeinden wichtig sind. Doch der Ruf der kleinen lutherischen Gemeinde in São Luis als Musikgemeinde ist denn doch ein etwas anderer. Am liebsten hörte man natürlich: „Oh, die sind wegen ihrer schönen Gottesdienste im ganzen Land bekannt."

4. Engagement für Menschenrechte und politische Diakonie
Schließlich hatte ich mehrmals die Möglichkeit, die intensive Diakonie der Evangelischen Kirche am La Plata (EKRLP) kennenzulernen. Besonders eindrücklich war ihr **Eintreten für Verfolgte und Opfer der Militärdiktatur** in den Jahren von 1976 bis 1983 und danach; ein Engagement, an dem die lutherische Kirche in Chile bekanntlich zerbrach, eine Spaltung, die trauriger Weise bis heute nicht überwunden ist. Das Engagement für Menschenrechte hat aber die kleine EKRLP profiliert und gestärkt. Allerdings stieß auch sie auf schmerzliche Grenzen. Am 5. Juni 2014 zeigte die ARD einen Dokumentarfilm über das Schicksal der im Mai 1977 in Buenos Aires ermordeten Elisabeth Käsemann, Tochter des Neutestamentlers Ernst Käsemann, der mich einst motivierte, Dozent für Neues Testament in Brasilien zu werden. Eine der traurig machenden und empörenden Erkenntnisse jenes Films ist, dass die Deutsche Botschaft sich damals überhaupt nicht für die Rettung der schon im März 1977 verhafteten jungen Frau eingesetzt hat, auch nicht als Pfarrer Armin Ihle (bis 2015 Pfarrer in Montevideo) die Möglichkeit avisierte, die Gefangene freizukaufen. Nicht nur der seinerzeitige deutsche Botschafter hat versagt, sondern auch das damals von Hans-Dietrich Genscher geleitete Außenministerium.

Einen Besuch bei der Spanischen Evangelischen Kirche im Frühjahr 2015 konnte ich aus Krankheitsgründen leider nicht durchführen. Aber der Bericht des Generalsekretärs Enno Haaks über seinen Aufenthalt dort zeigt einen **imponierenden diakonischen Einsatz** dieser **kleinen** Kirche (2600 Gemeindeglieder in 40 Gemeinden) mit einer Vielzahl von ehrenamtlichen Mitarbeitern in der Arbeit mit Hilfsbedürftigen, mit Frauen und Flüchtlingen sowie in Altersheimen und im Schulbereich (in den Schulen „Por venir" und „Juan Valdes" in Madrid). Meine Sehnsucht, diese Kirche, die im Jahrhundert der Reformation gänzlich durch die Inquisition ausgelöscht wurde und im

19. Jahrhundert neu entstand, zu besuchen, blieb leider bislang unerfüllt. Umso mehr freue ich mich über das Jahresprojekt der GAW-Frauenarbeit 2015 für Spanien: „Dios es Amor" mit finanziellen Hilfen für die Flüchtlings- und Migrantenarbeit sowie den Renten- und Pensionsfonds der Kirche, da der spanische Staat zwar pensionierten katholischen Priestern Sozialleistungen gewährt, ein Gleiches aber den wenigen evangelischen Pastoren versagt.

Auf dem 35. Deutschen Evangelischen Kirchentag in Stuttgart hat Manfred Benzing, interviewt von Enno Haaks, die Flüchtlingsarbeit der Spanischen Evangelischen Kirche kompetent und differenziert auf dem Hintergrund der defizitären staatlichen Flüchtlingsarbeit dargestellt. Das war für mich ein Highlight des Kirchentags. In umso tiefere Finsternis stürzt mich die Nachricht, die ich beim Schreiben dieser Bilanz erhielt, dass Benzing, Leiter des Ökumenischen Zentrums Los Rubios in der Nähe von Málaga, kurz nach seiner Rückkehr dorthin infolge eines Gehirnschlags oder Herzversagens gestorben ist. Noch zum Feierabendmahl des GAW in der Stuttgarter Gedächtniskirche hatte er in der kürzesten und liebenswürdigsten Art die Kollekte für eben diese Arbeit abgekündigt, die ihm so am Herzen lag.

5. Der Fonds für bedrängte und verfolgte Christen – die Syrienhilfe
Im Jahr 2008 hatte die Vertreterversammlung in Pasewalk auf meine Anregung hin die Einrichtung eines Sonderfonds für bedrängte und verfolgte Christen beschlossen. Daraus wurde zunächst in Juniorpartnerschaft mit der bayrischen Landeskirche der Bau von neuen Schulen in „Kurdistan" für aus der irakischen Hauptstadt vertriebene christliche Familien unterstützt. Die Begegnung mit Rosangela Jarjour, der Generalsekretärin der Gemeinschaft Evangelischer Kirchen im Nahen Osten, auf der 7. Vollversammlung der Gemeinschaft Evangelischer Kirchen in Europa (GEKE) in Florenz im Oktober 2012 führte zu einem weiteren Engagement im Vorderen Orient. Gemeinsam mit zwei Landeskirchen – diesmal der rheinischen und der badischen – unterstützt das GAW seit 2013 in Syrien, u. a. in Aleppo und Homs, verbliebene **armenisch-presbyterianische und arabisch-evangelische Gemeinden** in ihrer Schul-, Hospiz- und Altenheimarbeit. Diese Unterstützung schließt auch Hilfen für einzelne durch den Bürgerkrieg betroffene Familien ein.

Was das durch den Bürgerkrieg furchtbar heimgesuchte Syrien betrifft, so wissen wir, dass viele, vor allem wohlhabende Muslime und Christen ihr Heimatland in Richtung Europa und Amerika verlassen haben. Andere, besonders muslimische Flüchtlinge, fanden in Nachbarländern Zuflucht.

Aber arme Familien, auch alte und kranke Menschen müssen oder wollen bleiben, solange sie irgendwie können. Viele sind auch innerhalb Syriens zu Flüchtlingen geworden. Bleiben können Christen nur in den vom Assad-Regime gehaltenen Gebieten, unter anderem in bestimmten Stadtteilen von Aleppo und Homs. Es ist zwar eine Regierung, der viele von ihnen kritisch gegenüber standen und stehen, deren Schutz sie sich aber gegenüber den islamistischen Gruppen, den Al-Nusra-Brigaden und der ISIS (IS), immer noch anvertrauen. **Eine der schrecklichen Aporien** unserer Zeit: Eine skrupellose, die eigene Bevölkerung bombardierende Regierung, die man lieber weg haben will, garantiert zugleich die relative Sicherheit eines Bevölkerungsteils für dessen Überleben.

Die Hilfe für evangelische Christen in Syrien ist im Kreis des GAW nicht unumstritten. Dass wir aber grundsätzlich – entsprechend unseren Möglichkeiten – bereit sein sollten, auch evangelischen Kirchen im Vorderen Orient zu helfen, die bedrängt und bedroht sind oder wie in Ägypten Verfolgungen hinter sich haben, das sollte nicht in Frage gestellt werden. Das GAW hat in der Geschichte immer wieder entschieden, die eine oder andere bislang nicht geförderte Diasporakirche in den Kreis von uns geförderter Partner aufzunehmen, so kürzlich die Presbyterianische Kirche auf Kuba oder früher lutherische Kirchen in den Anden nördlich von Chile, also in Bolivien, Peru und Kolumbien. Mit Kirchen, die zur „Gemeinschaft Evangelischer Kirchen im Nahen Osten" gehören, eine Partnerorganisation der GEKE, verbindet uns die Konfessionsverwandtschaft. Ihre Gründungsurkunde, die **„Amman-Erklärung"** von 2006 entspricht theologisch der sogenannten **Leuenberger Konkordie** von 1973[7]. Einige der Kirchen im Nahen Osten sind oder waren in harter Bedrängnis und haben zu wenige Partner im Ausland. Hier sollte das GAW – unter Nutzung der Verbindungen, die das Evangelische Missionswerk hat – ergänzend einspringen und für solche Ergänzung bei uns Partner zu gewinnen versuchen. Auch scheint es mir dringend nötig, dass die GEKE den Dienstcharakter ihrer stärkeren Mitgliedskirchen für die Diasporakirchen entschlossener in den Vordergrund rückt.

---

[7] Vgl. den Text der Amman-Erklärung in: Gemeinschaft gestalten – Evangelisches Profil in Europa. Texte der 6. Vollversammlung der GEKE in Budapest, 12. bis 18. September 2006, hrsg. von W. Hüffmeier und M. Friedrich, Frankfurt am Main 2007, 329–335.

III. „Kleinexistenzen" ohne Zukunft? – Mission und Gemeindewachstum in der Diaspora

1. Statistische Bilanzen und wachsende Entkirchlichung

Die Mitgliederzahlen der meisten Diasporakirchen sind alles andere als zukunftsträchtig. Man braucht sich nur einmal die statistischen Angaben der letzten 10 Jahre in unseren Projektkatalogen über die Partnerkirchen des GAW anzusehen. Zuwächse gibt es nirgendwo. In Russland, Kirgistan und Kasachstan hält die Abwanderung nach Deutschland nach wie vor an. Aufschlussreich wurde mir die Begegnung mit einer Jugendgruppe in der lutherischen Gemeinde in Astana, Kasachstan. Von den sechs Jugendlichen war die Hälfte auf dem Sprung zum Studium in Deutschland. Auf die Frage, ob sie später nach Kasachstan zurückkehren werden, kam ein halb lächelndes, halb gequältes: „Ich weiß noch nicht." In Rumänien ist die ganz große Abwanderung der Siebenbürger Sachsen vorbei, aber das Ergebnis ist nicht ermutigend, die einstige Volkskirche der Siebenbürger Sachsen wurde zur Diaspora. Andere Diasporakirchen wie im Baltikum leiden unter der allgemeinen Entkirchlichung und Säkularisierung der Gesellschaften, in denen sie leben. Estland, das einst eine starke lutherische Volkskirche hatte, und Tschechien sind hier europaweit Vorreiter – mit entsprechenden Folgen für die Kirchenmitgliedschaft.

In fast allen genannten Ländern kommt häufig noch eine weitere Kluft hinzu. Es ist die **Kluft zwischen dem Selbstverständnis** nicht weniger Bürger als Lutheraner, wie er sich in Umfragen und Volkszählungen niederschlägt, **und** ihrer **kirchlichen Bindung.** Eine Zahl, die typisch ist, hat sich mir in Astana, der Hauptstadt Kasachstans, eingeprägt. Bei einer Volkszählung haben sich ca. 5 000 Einwohner Astanas konfessionell als Lutheraner ausgegeben. Zur lutherischen Gemeinde in Astana gehören aber nicht einmal 200 Mitglieder. Ähnliche Differenzen zwischen Gemeindegliedern und gemeindlich ungebundenen Lutheranern zeigen die Statistiken in Estland und Lettland. Dennoch hofft Bischof Jurij Nowgorodow, der zum Beraterkreis für Religionsfragen des autoritär regierenden kasachischen Präsidenten Nursultan Nasarbajew gehört, für ein geplantes neues Kirchenzentrum mit Bischofssitz in Astana auf Gelder aus dem Kreis der kirchlich ungebundenen Lutheraner rechnen zu können. Andere ethnisch durchaus gefestigte Kirchen wie die Ungarisch-Reformierten in Rumänien leiden unter der durch die Arbeitslosigkeit bedingten starken Abwanderung vor allem junger Familien. Als ich vor fünf Jahren mit zwei

Pastoren aus Rumänien, einem reformierten und einem lutherischen, im brasilianischen Rondônia war, staunten die beiden immer wieder melancholisch über den Kinderreichtum der lutherischen Familien in Brasilien. „Das ist bei uns ganz anders. Bei uns prägen die Alten das Bild der Gemeinden."

2. Kirchliche Antworten – indirekte Mission und Jugendarbeit

Was sind demgegenüber die Konzepte der Mission und Evangelisation? Zweifellos ist die Diakonie der Gemeinden so etwas wie indirekte Mission. Diese Überzeugung teilen evangelische Gemeinden in Kirgistan und Kasachstan, in Sibirien und Polen mit den Kirchen in Brasilien und Argentinien, in Kolumbien und Uruguay. Gelingende Diakonie vermittelt sozusagen **Christusatmosphäre.** In ihrem Eintreten für andere ist Kirche „Christus als Gemeinde existierend"[8]. Das macht andere neugierig, lässt fragen: Warum macht ihr das? Mission bedeutet da eben nicht Reden über Gott, wenn du nicht gefragt wirst, sondern so leben, dass du gefragt wirst. Die Mission unter den indigenen Völkern in Brasilien, etwa den Deni im Amazonas durch Walter Sass, folgt dieser Konzeption. Das kann dann zu Gemeindemitgliedschaften führen. Aber dabei geht es stets um einzelne Personen, es sei denn ein Häuptling entscheidet sich für das Christsein. Unter den Deni ist das aber bislang nicht der Fall. Walter Sass ist inzwischen im Ruhestand.

Beispiele florierender **Jugendarbeit** in der evangelischen Diaspora habe ich eher selten angetroffen. Es gab sie unter Bischof Eichholz in Kirgistan. Oder ich denke an das Wirken von Diakon Davi Haese in der erwähnten Kindertagesstätte von Gravatá, unweit von Recife, und an die Musikarbeit des Pfarrehepaars in São Luis in Brasilien. Vor allem aber hörte ich in den lutherischen Kirchen Litauens und Lettlands von deren großartigen sommerlichen Jugendcamps mit jeweils über 500 Teilnehmenden. Schließlich steht mir die evangelische Gemeinde Neoquen/Allen in Argentinien vor Augen. Deren Jugendarbeit leitete, als ich im Oktober 2008 dort war, ein energischer und gewinnender junger Mann mit Namen David. Aufgewachsen in einer katholischen Familie, die aber religiös indifferent war, fand er, der sein Geld als „Versteigerer" verdiente, in der evangelischen Gemeinde von Pfarrer Rainer Kalmbach den Geist, in dem er dann eine Jugendgruppe aufbauen konnte. Auf dem Kirchentag in Bremen 2011 sind wir ihm mit seinem Kreis junger

---

[8] Dietrich Bonhoeffer, Sanctorum communio. Dogmatische Untersuchung zur Soziologie der Kirche, Th. Bücherei Bd. 3, 3. Aufl. München 1960, S. 155.

evangelischer Christen wieder begegnet. Ich bin aber sehr unsicher, wie typisch diese wenigen Beispiele sind. Dass eine ganze Gemeinde aufgrund der Initiative eines nichtlutherischen Christen entsteht wie 2005 in São Luis, Maranhão durch den Polizisten Nataniel Pereira Silva, dürfte wohl die absolute Ausnahme in der Diaspora sein. Aber eine inspirierende.

3. Direkte Mission – das Beispiel der EKLBB [9]

Selbst die nach den Reformierten in Ungarn mitgliederstärkste unserer Partnerkirchen in der Diaspora, die Evangelische Kirche Lutherischen Bekenntnisses in Brasilien (EKLBB), hat in den letzten 10 Jahren ca. 30 000 Mitglieder verloren - und das trotz des vor 15 Jahren synodal gestarteten Missionsplans. Der Plano de Ação Missionária da IECLB (PAMI I) mit dem Slogan „Nenhuma comunidade sem missão - Nenhuma missão sem comunidade" (Keine Gemeinde ohne Mission – keine Mission ohne Gemeinde) ist auf dem Konzil (= Generalsynode) der EKLBB im Jahr 2008 in ein Nachfolgeprogramm mit dem Titel „Missão de Deus – Nossa Paixão" (Gottes Mission – unsere Leidenschaft) (PAMI II) eingemündet.

Die Ziele des im Jahr 2000 auf sieben Jahre ausgerichteten **Missionsplans** waren 1. die Erhöhung der Beteiligung bei kirchlichen Veranstaltungen um 10 %, 2. ein jährlicher Mitgliedergewinn von 5 %. Außerdem sollte es in diesem Zeitraum in jeder brasilianischen Stadt mit mehr als 200 000 Einwohnern eine Gemeinde der EKLBB geben. Dabei wurde erstmalig auch ausdrücklich gefordert, ethnische Grenzen zu überwinden. Die 2008 beschlossene Fortsetzung unterstrich die Bedeutung der Gemeinde als einladender Gemeinschaft und der Diakonie für das Wachstum der EKLBB. Zwar wurden im Zeitraum zwischen 2000 und 2007 54 neue Gemeinden gegründet, aber der Großteil dieser Gemeinden ist finanziell noch abhängig von der Kampagne „Vai e Vem" (Geh und Komm), d. h. von Kollekten der Gemeinden für die Missionsarbeit (jährlich ca. 1 Million Reais = ca. 300 000 Euro), oder von Mitteln der evangelikalen Gruppierung ENCONTRÃO (= Große Begegnung). Der Rückgang von 713 000 Mitgliedern im Jahr 2004 auf ca. 685 000 im Jahr 2014 konnte jedoch nicht ausgeglichen werden.

---

[9] Zum Folgenden ist sehr aufschlussreich die sozialwissenschaftliche Arbeit von Miriam Andrea Zimmer „Assimilation und religiöse Organisation. Der Umgang ethnischer Kirchen mit der (strukturellen) Assimilation ihrer Mitglieder am Beispiel der Igreja Evangélica de Confissão Luterana no Brasil", Göttingen 2012. Zum Missionskonzept bes. S. 64 ff.

Dabei verliert die EKLBB immer wieder Mitglieder, wenn diese vom Land in die Großstädte abwandern, an eine der vielen Pfingstkirchen. Auf dem Konzil der EKLBB 2014 in Rio Claro, Bundesstaat São Paulo, diskutierten zwei Pfarrer und die Pfarrerin Franciele Sander, einst Stipendiatin des GAW, über Schwierigkeiten und Chancen der Lutheraner in der Großstadt. Zwei Feststellungen haben sich mir eingeprägt: Wer vom Dorf in die Stadt kommt, schließt zunächst einmal seine Türen ab, aus Angst vor dem ganz anderen Neuen. Zugleich atmet, wer neu in der Stadt ankommt, ein **„neues religiöses Aroma"**. Den Pfingstkirchen gelingt es, dieses Aroma sozusagen süffig zu machen. Es gibt freilich zunehmend auch Menschen, die tief enttäuscht sind von den Segenszusagen und Wohlstandsversprechen sowie der moralischen Rigidität und dem Herrschaftsgebaren der Pfarrer vor allem neuerer Pfingstkirchen wie der Universalkirche des Reiches Gottes (Igreja Universal do Reino de Deus). Solche Personen finden dann den Weg zur EKLBB. Manche meinen deshalb, die Konjunktur der Pfingstkirchen sei im Abflauen. Mag sein. Die Zahl jener Personen ist jedoch sehr viel kleiner als die Zahl derer, die die EKLBB verlassen. Deshalb steht die Hoffnung, die EKLBB könne sich dauerhaft als **Kirche zwischen Katholizismus und Pfingstkirchen** etablieren, noch auf recht wackligen Füßen.

4. Integration von Migranten in Diaspora-Gemeinden?

In den Diasporaländern Portugal, Italien und Frankreich gibt es seit Jahren eine zunehmende Zahl konfessionsverwandter Christen, die aus Afrika und Asien nach Europa gekommen sind, in Portugal nach der Nelkenrevolution 1974 aufgrund der Auflösung der Kolonien Mosambik und Angola, in Italien und Frankreich durch Zuwanderungen aus Asien und durch die anhaltende Flüchtlingswelle aus Afrika. Die Versuche, dort sich bildende Gemeinden in die traditionell vorhandenen Gemeinden zu integrieren, erweisen sich als äußerst schwierig. Weshalb? Nicht nur wegen unterschiedlicher liturgischer Traditionen und unterschiedlicher Verhaltensweisen im Gottesdienst, sondern auch wegen einer unterschiedlichen Gemeindeethik, die z. B. afrikanische Christen aus ihren Gemeinden mitbringen[10]. Manchmal findet sich eine

---

[10] Sehr gut und nicht nur typisch für Frankreich beschreibt diese Differenzen als Differenzen zwischen dem evangelikalen und historischen Protestantismus Jean-Pierre Bastian in seinem Beitrag „Der französische Protestantismus in neuer Zusammensetzung" in: EvDia 81, 2012, 12 f.

Lösung darin, dass die gewachsene Ortsgemeinde einer Migrantengemeinde ihre Kirche für den Gottesdienst am Sonntagnachmittag zur Verfügung stellt. Aber es gibt auch **Beispiele gelungener und gelingender Integration,** von denen es allerdings heißt, dass ihnen sehr langsame Prozesse vorangingen, die immer auch wieder zu scheitern drohten. Dass die traditionellen Diasporakirchen dadurch wachsen, gilt wohl allenfalls für Portugal und Italien. Für Portugal verweise ich auf Setúbal und Algés, für Italien auf Bergamo und Brescia.

5. Drei Essentials für die Zukunft

Dass mir angesichts dieser Lage wieder die Sätze Fontanes in den Sinn kommen, ist wohl verständlich. Aber im GAW haben wir gelernt, zu unterscheiden zwischen Diasporakirchen, die wie die Waldenser oder die Protestanten auf der iberischen Halbinsel und in Frankreich seit eh und je „Kleinexistenzen" sind, und solchen, die wie etwa die estnischen und lettischen, aber auch die russischen Lutheraner und die Siebenbürger Sachsen durch die Katastrophen des 20. Jahrhunderts aus Volks- zu Diasporakirchen wurden. Entscheidend für die Zukunft einer evangelischen Diasporakirche sind, das habe ich in den Jahren meiner Präsidentschaft immer wieder festgestellt, **drei Essentials:**

1. Essential: Das Vorhandensein einer **genügenden Zahl von Gemeinden** in einem Land oder – wie im Falle der Evangelischen Kirche am La Plata (EKRLP) – in mehreren Ländern und seien sie noch so zerstreut, mit einer gemeinsamen – synodal gewählten – Kirchenleitung. Gemeinden, das sind die um das biblisch bezeugte Wort Gottes sich sammelnden Menschen, die durch dieses Wort willig und bereit gemacht werden, „ihren Glauben an Jesus Christus zu leben und diakonisch in ihrem Umfeld zu wirken", wie das Leitbild des GAW es formuliert. Für die meisten Kirchen in der Diaspora ist neben der evangelischen Identität die ethnische Homogenität ein weiteres Band des Zusammenhalts. Die Zukunft dieser Kirchen wird wesentlich davon abhängen, dass und wie sie mehr und mehr fähig werden, traditionelle, vor allem ethnische Grenzen ihrer Diaspora zu überschreiten.

2. Essential: Der Wille der evangelischen Diaspora, wirksam für den theologischen Nachwuchs zu sorgen. Dazu gehört die Aufrechterhaltung einer **theologischen Ausbildungsstätte** oder doch wenigstens der Zugang zu einer solchen. Einerseits, um den theologischen Nachwuchs angemessen

auszubilden, andererseits als konstruktiv-kritische Reflektorin der kirchlichen Praxis und Gehilfin in der Verantwortung biblischer, konfessioneller und zeitgemäßer kirchlicher Lehre. Gott sei Dank gibt es solche theologischen Ausbildungsstätten, wenn auch in sehr unterschiedlichen Formen, in fast allen unseren Partnerkirchen bzw. erreichbar für sie. Es sind theologische Fakultäten an staatlichen Universitäten, staatlich anerkannte theologische Hochschulen oder Seminare ohne solche Anerkennung. Wir evangelischen Christen halten das Priestertum aller Gläubigen sehr hoch. Auch gibt es Zeiten – die Zeit der Sowjetunion war so eine Zeit –, in denen dieses Priestertum mit Bibel und Gesangbuch die Kirche „erhält". In „normalen" Zeiten jedoch ist es ohne qualifizierte und leidenschaftlich ihr Amt wahrnehmende Pastoren und Pastorinnen nicht gut um die Zukunft einer Kirche bestellt. Deshalb sind wir im GAW betroffen und beunruhigt, dass die Trägerkirchen des ISEDET (Instituto Superior de Estudios Teológicos) in Buenos Aires beschlossen haben, diese Ausbildungsstätte zu schließen. Die Evangelische Kirche am La Plata ist von dieser Entscheidung zweifellos am stärksten betroffen. Wir hoffen, dass unsere Partnerkirche einen neuen Weg für die Ausbildung ihres theologischen Nachwuchses findet, z. B. in Kooperation mit den evangelischen Fakultäten innerhalb der Evangelischen Kirche Lutherischen Bekenntnisses in Brasilien.

3. Essential: Eine Diasporakirche braucht wie jede Kirche Jesu Christi ein **System der Finanzierung.** Regelmäßige Beiträge der Gemeindeglieder sind dafür die wichtigste, wenn auch mancherorts nicht einzige Quelle. Der Blick in unsere Partnerkirchen lehrt, dass es neben den Beiträgen und Kollekten noch weitere Quellen für die Finanzierung der kirchlichen Arbeit gibt. In Kroatien z. B. erhält die lutherische wie die reformierte Kirche Staatszuschüsse. Dort wie auch in der serbischen Vojvodina haben die evangelischen Gemeinden nach dem Ende des Sozialismus z. T. ihr Agrarland zurückbekommen, aus dessen Bewirtschaftung oder Verpachtung sie Finanzen generieren. Die ungarisch-reformierten Diasporakirchen außerhalb Ungarns werden von ihrer Heimatkirche, aber auch vom ungarischen Staat – das gebietet seine Verfassung – finanziell, z. B. bei Kulturgüter- und Kirchenrenovierungen unterstützt. In Italien profitieren sowohl die Waldenser wie die Lutheraner von der sogenannten Kultursteuer „Otto per mille", weil sehr viel mehr Italiener ihr diese Mittel zuwenden als sie Mitglieder haben. Von den Waldensern werden diese Erträge freilich nur für sozial-diakonische Zwecke verwendet. Die lutherischen Gemeinden in Russland wären gegenwärtig

ohne die finanzielle Hilfe aus Deutschland kaum lebensfähig. Das würde an vielen Orten anders sein, wenn der russische Staat, wie es ein Gesetz der Duma bestimmt, den lutherischen Gemeinden ihr Eigentum an Immobilien endlich zurückgeben würde.

Von den drei genannten Essentials sind besonders die ersten beiden für die projektbezogene Unterstützung durch das GAW wichtig. Das GAW fördert das Leben der Gemeinden, und das Studien- und Stipendienprogramm des GAW stärkt die Ausbildung des theologischen Nachwuchses. Dauerhafte Finanzierung des Unterhalts von Gemeinden kann das GAW nicht leisten.

6. Gespaltene, diskriminierte und usurpierte Diaspora und Lichtblicke

Leider kommt es auch und gerade in der Diaspora immer wieder zu Spaltungen. So dauert die Spaltung in Chile seit Mitte der 70er Jahre des vorigen Jahrhunderts weiterhin an. Eine geplante Wiedervereinigung der Lutherischen Kirche in Chile (ILCH) und der Evangelisch-Lutherischen Kirche in Chile (IELCH) scheiterte kurz vor dem angesetzten Versöhnungsgottesdienst im Oktober 2014 am Widerstand von ILCH-Gemeinden im Süden des Landes. Im selben Jahr spaltete sich die lutherische Kirche in Peru. In Venezuela konnte sich die lutherische Kirche nach langen Streitigkeiten neu formieren. Inwieweit starke Spannungen in der Leitung der Deutschen Evangelisch-Lutherischen Kirche in der Ukraine (DELKU) zu einer Spaltung führen, ist offen. Das Vertrauen in den dortigen Bischof ist jedoch stark beschädigt.

Behalten habe ich, was **Diskriminierung** evangelischer Diaspora angeht, einen Satz des Generalsekretärs der Griechisch-Evangelischen Kirche, deren Gemeinden infolge der Vertreibung der griechischen Bevölkerung aus der heutigen Türkei in den 20er Jahren des 19. Jahrhunderts auf dem griechischen „Festland" angesiedelt wurden. Dimitrios Boukis sagte: „Im osmanischen Reich waren wir Evangelischen eine anerkannte Konfession, dagegen werden wir heute von der Griechischen Orthodoxen Kirche diskriminiert." Nicht nur, dass – von Ausnahmen abgesehen – die Taufe der Evangelischen nicht anerkannt wird und es keine gemeinsame evangelisch-orthodoxe Trauung gibt. Sogar bei der Gründung von Gemeinden muss die Zustimmung des orthodoxen Bischofs eingeholt werden. **Ganz anders** habe ich das Verhalten der römisch-katholischen Kirche Portugals gegenüber den kleinen evangelischen Kirchen erlebt. Die Kirchen dort anerkennen ihre Taufen gegenseitig. Im Juni 2012 habe ich bei einer „ökumenischen Trauung" in der Kirche Santa Maria de Alcáçora auf der Burg Montemor-o-Velho – unweit von Figueira da Foz – gepredigt, der katholische Priester segnete die evangelische Braut und ich den katholischen Bräutigam und dann feierte die Gemeinde die Eucharistie nach katholischem Ritus, jedoch unter beiderlei Gestalt. Als evangelischer Pastor reichte ich das Brot, Pater Matos den Wein. Ich höre noch, wie der Pater sagte: „Ou todos ou ninguem." (Entweder alle oder keiner.)

Für mich **undurchschaubar** sind die Vorgänge in der Evangelischen Kirche in Kroatien. Der Eindruck im GAW ist, dass hier eine Einzelperson – ein ehemaliger Leiter der kommunistischen Jugendorganisation, dessen Qualifikation als Pfarrer umstritten ist – mit rechtlich zweifelhaften, ja unlauteren Mitteln, einer problematischen neuen Kirchenverfassung sowie geschickter Verteilung staatlicher Zuschussgelder an die Pfarrer und Pfarrerinnen die 11 Gemeinden umfassende lutherische Kirche nach und nach unter sein Regiment bringen konnte. In diesen Tagen ist er gerade dabei, sich mit den gleichen unlauteren Methoden die bislang noch selbstständige lutherische Gemeinde in Zagreb unterzuordnen. Dieser „Kirchenleiter" ist jedoch als Bischof weder von seinen lutherischen Nachbarkirchen noch vom LWB anerkannt. Wenn nicht alles trügt, handelt es sich hier um einen einzigartigen Vorgang kirchlicher Usurpation, den zu beenden weder der Lutherische Weltbund noch benachbarte lutherische Kirchen in der Lage sind. Ein trauriges Kapitel evangelischer Diaspora, das wir im GAW beobachten und aushalten müssen. Dass jedoch auch unter einem solchen Kirchenregiment Gemeindearbeit gedeihen kann, zeigte auf dem 35. Deutschen Evangelischen Kirchentag in Stuttgart die lutherische Gemeinde Kutina (Kroatien) mit der Präsentation ihrer Kinder- und Jugendarbeit. Das GAW hat jedoch seine Partnerschaft mit dieser Kirche eingefroren, unterstützt aber alle Bemühungen, die Einheit dieser Kirche unter Bezug auf ihre evangeliums- und rechtmäßige Ordnung wiederherzustellen.

IV. „wenn ich kann, geh ich nach Mindubim" – poetische Hermeneuten in Diaspora-Ländern

1. „Man sieht nur, was man weiß"

Wer sich für evangelische Gemeinden und Christen in der Diaspora engagiert, wird automatisch ein Lesender. Eine alte Weisheit sagt: „Man sieht nur, was man weiß." Deshalb ist für das Verständnis der Lage der Evangelischen in der Diaspora die Lektüre unseres Jahrbuchs „Die evangelische Diaspora" und unseres Magazins „Evangelisch weltweit" so wichtig. Dazu treten bei vielen wie auch bei mir immer wieder auch Dichter und Schriftsteller der Diasporaländer. Einige von ihnen halfen mir, die besondere Atmosphäre ihrer Länder besser zu verstehen, ihre Menschen, ihre Geschichte und Kultur, ihr meteorologisches wie gesellschaftliches Klima, kurz: ihr Land und ihre Leute. Gelegentlich war mir auch ein Zitat aus der Literatur ein gutes Mittel, mit Einheimischen ins Gespräch zu kommen. Im Folgenden erinnere ich mich an einige meiner poetischen Hermeneuten und Pfadfinder zum besseren Sehen und Verstehen in den Ländern evangelischer Diaspora.

2. Europa und Asien

Aus Ungarn hatten mich früh der Roman „Esther Egetö" von **Lászlo Németh** und die Erzählungen von **Tibor Déry** angezogen. Dérys Geschichte „Liebe" erzählt von der Heimkehr eines politischen Häftlings nach mehrjähriger Haftzeit, während „Esther Egetö" jene Frau ist, die sich nach dem Tod ihres Mannes nicht isoliert, sondern ihr Haus offen hält, nicht nur für die Familie, sondern für Mühselige und Beladene. Ein Haus wie ein Gleichnis für das „pfarrhaus", von dem der deutsche Dichter Reiner Kunze schreibt: „wer da bedrängt ist findet / mauern, ein / dach und / muss nicht beten." Zu Ungarn gehört auch die große jüdische Diaspora, deren Deportation in die national-sozialistischen Vernichtungslager am Ende des 2. Weltkriegs **Imre Kertész** in dem „Roman eines Schicksallosen" aus der Perspektive des fünfzehnjährigen György schildert. Dieser Junge, der über Auschwitz nach Buchenwald und schließlich in dessen Außenlager in Tröglitz bei Zeitz deportiert wurde, erzählt – irritierend und entmystifizierend – vom „Glück" des Durchhaltens und Überlebens.

Das Gegenstück dazu ist „Das Buch Blam" des jüdisch-serbischen Schriftstellers **Alexandar Tišma** aus Novi Sad. Der getaufte Jude Miroslaw Blam hat als einziger seiner Familie und Jugendfreunde den Holocaust überlebt, kommt aber als Davongekommener nicht los von den Ermordeten. Anders als der biblische Hiob findet er nicht zurück ins Leben, vielmehr fühlt er auf seinen Wegen durch Novi Sad, dass er nichts mehr sucht als den eigenen Tod.

Zwei sehr divergierende Perspektiven auf die Shoah, die mir bewusst wurden, als ich im März 2014 in einem Hotelzimmer übernachtete, von dem aus ich auf die Rückseite der Wohnung blicken konnte, in der Tišma bis zu seinem Tod am 16. Februar 2003 gelebt hat.

Wer könnte nach Kirgistan reisen, ohne die Liebes- und auch Befreiungsgeschichte „Djamila" oder den Roman „Der Richtplatz" des sprachgewaltigen kirgisisch-stämmigen Erzählers **Tschingis Aitmatow** gelesen zu haben? Aus muslimisch und zugleich sowjetisch atheistischer Tradition kommend, hat Aitmatow in „Der Richtplatz" Jesus Christus als tragische Figur der aktiven Suche nach dem Guten und Gerechten geschildert und ist so zu einem Dichter zwischen den Religionen geworden. Zweifellos einer, der hilft, ein traditionell muslimisches Land nach der langen sowjetischen Zeit zu verstehen, auch wenn dort nun eine deutlich spürbare Re-Islamisierung im Gange ist.

Im sibirischen Omsk stand ich vor dem Denkmal **Fjodor Dostojewskijs** und vor den Resten des Gefängnisses, in dem der Autor von „Verbrechen und Strafe", „Der Idiot" und „Die Brüder Karamasow" das erlebte, was er dann in dem Bericht „Aufzeichnungen aus einem Totenhaus" beschrieben hat. Fürst Myshkin in „Der Idiot" und Aljoscha in „Die Brüder Karamasow" scheinen mir die christliche Existenz als Einzeldiaspora in einer entchristlichten Welt zu verkörpern, wohingegen der Staretz Sossima in „Die Brüder Karamasow" die Diasporaexistenz innerhalb der orthodoxen Kirche darzustellen scheint. Wie auch immer, an den Stelen des Mahnmals für die Opfer des Stalinismus außerhalb von Jekaterinburg, unweit der asiatisch-europäischen Grenze, sah ich auch unzählige Namen deutschstämmiger Ermordeter. Dort musste ich zugleich an all die Menschen – Tote wie die, die überlebten – denken, denen **Alexander Solschenizyn** und **Warlam Schalamow** in ihren Erzählungen aus dem GULAG ein literarisches Andenken gestiftet haben.

Zu Schalamows „Erzählungen aus Kolyma" gehört auch die Geschichte „Der Apostel Paulus" über den lutherischen Prediger Frisorger aus dem Wolgagebiet, dessen Lebenswille an der Bibel, dem Gebet und der Hoffnung auf ein Lebenszeichen von seiner Tochter hängt. Die Mithäftlinge verbergen einen Brief der Tochter, in dem diese sich – wohl um besser Karriere machen zu können – vom inhaftierten Vater lossagt. Bislang unerfüllt blieb der aus dieser Lektüre und der Begegnung mit Propst Manfred Brockmann aus Wladiwostok entsprungene Wunsch, die kleine lutherische Gemeinde in Magadan am Ochotskischen Meer zu besuchen. Dort begannen die Märsche in die Todeslager der Kolyma, von denen Schalamow so überaus eindrücklich erzählt. Etliche Gefangene haben überlebt, auch deutschstämmige. Einige ihrer Nachfahren bilden zusammen mit Kindern oder Enkeln Lettisch stämmiger Lagerinsassen die kleine lutherische Gemeinde in Magadan, für die Propst Brockmann in Wladiwostok schon länger einen Pastor sucht. Dieser

Propst war es übrigens auch, der mich die Zwiespältigkeit der Russischen Orthodoxen Kirche heute nachempfinden ließ. Der Bischof von Magadan hatte ihn eingeladen, in seiner Kathedrale auf der Geige Lieder von Paul Gerhardt zu spielen. Der Erzbischof hat, als er das hörte, den Bischof versetzt, weil er in seiner Kirche einen Ketzer auftreten ließ. Vielleicht auch, weil Instrumentalmusik im orthodoxen Gottesdienst und also auch im Gotteshaus nicht erlaubt ist?

Für Portugal – um an das andere Ende Europa-Asiens zu kommen – hatte ich **José Saramago** gelesen, nicht nur seinen sozialkritischen Revolutionsroman „Hoffnung im Alentejo", auch seinen eigenwilligen, teilweise grotesk weltlichen und antikirchlichen Jesus-Roman „Das Evangelium nach Jesus Christus". Der bekennende Atheist Saramago sah sich wie der italienische Dichter **Eugenio Montale** herausgefordert zur Auseinandersetzung mit der kirchlich-christlichen Tradition seines Landes. Montales Gedicht „Wie Zachäus" ist so etwas wie das ironische Bekenntnis des zeitgenössischen Skeptikers: „Es handelt sich darum, / auf den Maulbeerbaum zu klettern / um den Herrn zu sehen, wenn er vorübergeht. / Leider bin ich kein Kletterer und auch / wenn ich auf den Zehenspitzen stand, / habe ich ihn nie gesehn."

Aus Frankreich haben mich seit meiner Jugendzeit zwei Autoren angezogen: **Georges Bernanos** und **Albert Camus.** Das „Tagebuch eines Landpfarrers" ist, wie ich finde, trotz seiner Ausfälle gegen die Reformation und gegen Luther immer noch eine der besten und tiefsten Darstellungen der Hingabe und Einsamkeit der Existenz des Pfarrers, sei er evangelisch oder römisch-katholisch. Wie heißt es dort von der Predigt? „Ich behaupte nur: wenn der Herr zufällig ein Wort aus mir herauszieht, das den Seelen nützt, so spüre ich es an dem Schmerz, den es mir bereitet." „Die Pest" hingegen liest sich wie eine Parabel der tatkräftigen Menschenliebe eines Arztes und anderer Verantwortungsträger in einer ideologisch verseuchten Gesellschaft. Auch Camus ein Atheist, der aber wie Saramago Respekt hatte vor einem Christentum in konsequenter Jesusnachfolge.

3. Südamerika

Peru konnte ich nicht bereisen, ohne Mario Vargas Llosa gelesen zu haben, zunächst die autobiographischen Erinnerungen „Der Fisch im Wasser" mit der Liebeserklärung zu seinem „schrecklichen, grotesken Land…, das langsam zugrunde geht, weil wir Peruaner unfähig sind, uns mit einem Minimum an gesundem Menschenverstand zu regieren". Das klingt wie eine Selbstempfehlung des Schriftstellers, der in den 1990er Jahren vergeblich für das Amt des peruanischen Präsidenten kandidiert hat. Inzwischen scheint aber das von ihm ersehnte Minimum an gesundem Menschenverstand durchaus vorhanden zu sein. Dieses Land, vor allem seine schwierige Vergangenheit, versteht man jedenfalls besser durch die beiden Romane „Die Stadt und die Hunde" und „Maytas Geschichte". Der erste handelt von den furchtbaren Praktiken und Folgen der peruanischen Militärschule, der zweite enthält die Geschichte eines trotzkistischen Revolutionärs und darin die Notwendigkeit wie das Scheitern linker Hoffnungen, die Grausamkeit terroristischer Taten und den Zerfall von Gruppierungen wie „Leuchtender Pfad". Llosas Roman „Der Geschichtenerzähler" schließlich zeichnet den Weg eines jungen Mannes mit europäischer Bildung hin zu einem Indiostamm im Amazonas, den Machiguengas, in deren Bann er unwiderruflich gerät, dadurch jedoch zugleich zum Retter der aussterbenden Tradition des Geschichtenerzählens wird.

Für Kolumbien ist mir wie vielen Europäern der unvergleichliche **Gabriel García Márquez** der wichtigste Zeuge. In dessen berühmtestem Buch „Hundert Jahre Einsamkeit" steht jenes Schild mit der Aufschrift „GOTT EXISTIERT" am Eingang des Dorfes Macondo, gedacht als Hilfsmittel gegen die Amnesie, zugleich aber ein kraftvolles Gleichnis der Gottvergessenheit des Menschen inmitten von sehr viel Religion und Aberglauben. In den Romanen „Die Liebe in Zeiten der Cholera" wie der „Chronik eines angekündigten Todes" lernt man ebenso viel über die traditionelle Rolle der katholischen Kirche in Südamerika wie über die ganz große Liebe. Die unvollendet gebliebene Autobiographie von Márquez „Leben, um davon zu erzählen" hilft vor allem, die Gegensätze in der politisch gespaltenen und intellektuell hoch stehenden Gesellschaft Kolumbiens besser zu verstehen. Heute mag dazu auch ein Buch wie das von Ingrid Betancourt „Kein Schweigen, das nicht endet" über ihre „Sechs Jahre in der Gewalt der Guerilla" (sprich: der FARC) dienen.

Und schließlich Brasilien: Da sind es Autoren wie **Érico Veríssimo, Graciliano Ramos** und **José Guimarães Rosa,** mit denen ich sozusagen unzertrennlich verbunden bin. Zusammen mit dem Buch „Die Wurzeln Brasiliens" des Soziologen **Sérgio Buarque de Holanda** haben sie mir die brasilianische Wirklichkeit erschlossen. Buarque de Holanda zitiert den Schriftsteller Ribeiro Couto, wonach „Brasiliens Beitrag zur Zivilisation die Herzlichkeit sein wird: Wir werden der Welt den ‚herzlichen Menschen' geben". Ja, so habe ich Brasilien trotz aller Korruption und Kriminalität immer wieder erfahren. **Erico Veríssimos** Epos „Die Zeit und der Wind" enthält geradezu eine Geschichte der südlichsten brasilianischen Provinz Rio Grande do Sul von der Zeit der ersten Begegnung der Indigenen mit den europäischen Invasoren und Siedlern bis zum Beginn des 20. Jahrhunderts. Darin eingeschlossen auch die Ansiedlung von arbeitsamen deutschstämmigen Protestanten, etwa in der Figur des Arztes Dr. Winter.

Mit einem Erlebnis aus Kindertagen in der Apotheke seiner Heimatstadt Cruz Alta hat Verissimo selbst einmal die Aufgabe des Schriftstellers verglichen. In seiner – leider nicht ins Deutsche – übersetzten Autobiographie „solo de clarineta" von 1973 erzählt er, wie er als kleiner Junge miterlebte, dass ein schwer verletzter Mann auf dem Operationstisch des Apothekers landete, der ihm – dem Jungen – eine Lampe in die Hand drückte und sagte: „Halt' die fest und leuchte mir". Verbessern könne die Literatur die Welt nicht, wohl aber könne sie deren Wunden und Schmerzen ins Licht rücken. Ein Gleichnis auch für die Tätigkeit des Pfarrers. Er kann nicht selber wirklich heilen, aber er kann die Welt und unser Leben ins Licht des Wortes Gottes rücken, das als Gesetz anklagt und als Evangelium tröstet und frei macht. Das Heilen selber ist allein Gottes Werk.

Veríssimo ist der Schriftsteller des brasilianischen Südens, Graciliano Ramos und Guimarães Rosa hingegen gehören in den wilden und kargen Nordosten. **Graciliano Ramos,** ein Atheist, der sagt, die Bibel sei seine Lieblingslektüre, hat in seinen Romanen „Kindheit", „Karges Leben" und „São Bernardo" jene unter langer „mörderischer Dürre" (Jorge Amado) leidenden und deshalb Caatinga-Zone genannten Regionen des Nordostens geschildert. Erstmals konnte ich im Oktober 2014 lutherische Diasporagemeinden in diesem Gebiet, das auch als das Armenhaus Brasiliens gilt, besuchen. Doch mir schien, als ob ich es schon lange kannte. Eben durch Graciliano Ramos. In „Karges Leben" schildert er, wie Fabiano und Vitória mit ihren Kindern durch das ausgedörrte, lebensfeindliche Caatinga-Land ziehen auf der verzweifelten Suche nach Arbeit und Essen und ihnen am Ende nur die Hoffnung auf die Stadt bleibt.

Schließlich noch der Dritte im Bunde meiner literarischen Hermeneuten Brasiliens: **Guimarães Rosa,** von 1938 bis 1942 übrigens Vizekonsul in Hamburg, wo er die Aktivitäten zivilen Ungehorsams seiner zweiten Frau Aracy zur Rettung zahlreicher Juden durch Ausstellung von Einreisevisa für Brasilien deckte. Aracy Guimarães Rosa ist der einzige brasilianische Name im Jesualemer „Garten der Gerechten". Rosas Roman „Grande Sertão:

Veredas" hatte ich glücklicherweise schon gelesen, bevor ich 1973 das erste Mal nach Brasilien kam. Mein Lehrer für das Neue Testament, Ernst Fuchs, hatte es seinen Studenten empfohlen. Wohl weil es Geist von seinem Geist war: sprunghaft im Sprachduktus, überbordend an klugen Sentenzen, fromm und voller Lebensweisheit, ohne die harte und grausame Realität zu desavouieren. Formal gesehen ist der Roman eine Art Beichte, die Lebensbeichte eines gewissen Riobaldo, ein sogenannter Jagunço oder Cangaçeiro, Mitglied einer bewaffneten Reiterbande, im Krieg mit anderen Banden. Theologisch geht es dabei auch um die Bedeutung von Religion und die bohrende Frage nach Gott und dem Bösen, Gott und dem Teufel. Am Ende heißt es: „Es gibt den Teufel nicht. Das würde ich sagen, wenn das Gespräch darauf käme ... Es gibt den Menschen. Die Überfahrt." So übersetzt der vorzügliche Übersetzer aus dem brasilianischen Portugiesisch Curt Meyer-Clason. Doch im Original heißt es: „Existe é homem humano. Travessia". Müsste das nicht heißen: „Es gibt den menschlichen Menschen." Eine doppeldeutige Aussage: Es gibt den herzlichen und den versuchlichen Menschen. Eben der auf der „Überfahrt" oder vielleicht auf der „Durchreise".

Keiner dieser Dichter oder Schriftsteller war evangelisch. Die Mehrheit waren wohl Atheisten, einige katholisch, Dostojewski und Solschenizyn russisch-orthodox. Und doch gibt es Dichter evangelischer Konfession in Ländern mit evangelischer Diaspora. Rumänien hat mit **Eginald Schlattner** sogar einen dichtenden lutherischen Pfarrer und hatte mit **Csiha Kálmán** einen reformierten Bischof, dessen „Bekenntnis aus dem Gefängnis" „Licht auf den Gittern" nicht nur poetische Züge trägt, sondern auch einige Gedichte enthält. Schlattners autobiographisch grundierte Romane „Der geköpfte Hahn", „Rote Handschuhe" und „Das Klavier im Nebel" geben detailreich Auskunft vom Leben, der Mentalität und den Bräuchen der Siebenbürger Sachsen vor und im 2. Weltkrieg, aber auch während der Zeit des Ceaușescu-Regimes mit Securitate, den Schauprozessen und Gefängnissen. Schließlich gehört auch **Johannes Bobrowski** zu den evangelischen Dichtern mit Bezügen zur Diaspora. Seine Gedichte und Romane bewegen sich in dem Gebiet Mittel- und Osteuropa, der Region Sarmatien, die sich von der Ostsee bis ans Schwarze Meer erstreckt. Das Gedicht „Ostern" etwa bezieht auch Erfahrungen mit der mitternächtlich beginnenden Osterliturgie der Russischen Orthodoxen Kirche mitsamt dem Osterkuss ein: „Da / in die finstere Stille / Licht, Gesang, wie unter / der Erde erst, Glocken, Schläge / ... es ist / erstanden der Herr, so ruft, / Augen, ruf, Wange, ruf, Mund / ruf Hosianna."

In den Büchern der südamerikanischen Dichter und Schriftsteller, die meine „Weggefährten" waren und sind, befindet sich in dem Roman „Grande Sertão" eine kleine Passage, die in echt theologischer Weise auf die protestantische Diaspora hinweist. Der Erzähler Riobaldo, jener Jagunço, bezeugt und erklärt: „alle Welt ist verrückt. Sie, Senhor (Anm. so redet Riobaldo den Leser an), ich, wir, alle Leute. Dafür brauchen wir in der Hauptsache die Religion: um aus der Verrücktheit herauszukommen." Und wenig später sagt er dann: „…wenn ich kann, geh ich nach Mindubim, wo's einen gewissen Mathias gibt, einen Protestanten und Methodisten. Dort klagt man sich als Sünder an, liest laut in der Bibel, betet und singt herrliche Choräle. All das beruhigt mich, erleichtert mich… Aber es hält nicht vor." Gut, es ist die methodistische Diaspora, aber was da vom Gottesdienst gesagt wird, trifft doch geradeso gut auf den lutherischen Gottesdienst zu.

V. Konsolidierung ohne Garantieschein – das GAW und seine Hauptgruppen

1. Der Vorstand und die Zentrale

Meine Arbeit als Präsident des GAW begann im Jahr 2003 inmitten eines schweren Konflikts zwischen dem Vorstand und dem damaligen Generalsekretär. Der Vorstand war zurückgetreten, der Generalsekretär wollte bleiben, hatte aber weder das Vertrauen der Mitarbeiter der Zentrale noch das der Hauptgruppen. Da er sich weigerte, die Rücknahme in seine Heimatkirche – das hieß in eine Gemeinde – zu beantragen und seine Kirche ihm auch keinen Weg ebnete, wurde vom GAW mit ihm eine Zwischenlösung vereinbart: bis zum Ablauf seiner Berufungszeit wurde er dem Sekretariat der GEKE für die Konzipierung und Realisierung des Projekts „Healing of memories" der Kirchen in Rumänien zur Verfügung gestellt.

Zwei weitere Schwierigkeiten zu Beginn meiner Amtszeit bestanden darin, dass die Mittel für die Erfüllung des Projektkataloges des Jahres 2003 ein größeres Defizit aufwiesen. Dieses Minus hat dankenswerter die rheinische Hauptgruppe des GAW im Jahr 2005 mit einer Summe von 114 000 Euro ausgeglichen. Die zweite Schwierigkeit resultierte aus der Tatsache, dass sich die Planungen für ein Institut der Diasporawissenschaft unter Einschluss des Konfessionskundlichen Instituts in Bensheim am Standort Leipzig nicht hatten realisieren lassen. Für dieses Projekt war 1995 das Haus Pistorisstraße 8, direkt neben der Leipziger GAW-Zentrale, gekauft worden, das allerdings erst noch hätte restauriert werden müssen. Dieses Haus haben wir im November 2004 verkauft und die Mittel dem Vermögen des GAW zugeführt.

In die Zeit meiner Präsidentschaft fielen, was das Gesamtwerk betrifft, **drei Jubiläen:** 1. Der 175. Geburtstag des GAW mit dem Fernsehgottesdienst in der Wittenberger Stadtkirche am 31. Oktober 2007 und den Festlichkeiten im November des Jahres in Leipzig, Meißen und Lützen; sodann 2. das 100-jährige Jubiläum des brasilianischen GAW (OGA) im Jahr 2010 und 3. die 160-Jahrfeier der GAW-Frauenarbeit. Als besonders inspirierend erwies sich die Durchführung der zum Jubiläum 2007 in der Hauptgruppe Sachsen entwickelten Idee: 175 GAW-Gottesdienste zum 175. Geburtstag. Dazu kam die Freude, dass wir die für den Projektkatalog im Jubiläumsjahr auf 1,75 Millionen Euro festgelegte Summe auch mühelos erreichen konnten. Ein willkommenes Geburtstagsgeschenk war überdies, dass pünktlich zum Jubiläum eine flüssig geschriebene Biographie von Christian Gottlieb Leberecht Großmann, des Gründers unseres Werks, verfasst von Angelika Rotter, erscheinen konnte. Grundlage dieses Büchleins waren Rotters Forschungen für die 2009 erschienene, umfangreiche Dissertation über Großmann[11], betreut von dem im gleichen Jahr verstorbenen Kirchenhistoriker Günther Wartenberg. Allein der Name des Gründers des heutigen GAW mit den drei Vornamen Christian, Gottlob und Leberecht sind Bekenntnis und Programm eines Christenmenschen in einem. Früchte der beiden anderen Jubiläen sind das kleine, aber inhaltsreiche Heft „Evangelium – Markt – Kreuz: evangelisch-lutherisch in Brasilien" (Leipzig 2011), sowie das GAW-Jahrbuch EvDia 2011 mit dem allzu bescheidenen, aber eben biblischen Titel „dazu einige Frauen". Was GAW-Frauenpower vermag, bleibt darin jedoch nicht verborgen.

Gern habe ich seit 2005 in Nachfolge meines Vorgängers im Amt, Christoph Epting, die Herausgabe unseres Jahrbuchs „Die evangelische Diaspora" (EvDia) verantwortet. Möglich war das nur gemeinsam mit einem Herausgeberkreis, zu dem heute Klaus Fitschen, Michael Beyer und Elisabeth Parmentier gehören. Das gerade im 84. Jahrgang mit Berichten über die Diaspora-Kirchen in den Nachfolgestaaten der ehemaligen Sowjetunion (ohne das Baltikum) erschienene Jahrbuch ist ein wichtiges Organ der Information

---

[11] Angelika Rotter, Christian Gottlob Leberecht Großmann (1783–1857). Vereinsgründung und kirchliche Verantwortung zwischen Rationalismus und Neuluthertum, Leipzig 2009.

Dr. Dr. h. c. Wilhelm Hüffmeier

Wilhelm Hüffmeier mit Kindern und Mitarbeitenden der Kindertagesstätte „Vida Plena"
in Araripina (Brasilien).

Besuch einer bäuerlichen Kooperative in Colombo (Brasilien).

Bei der Obra Gustavo Adolfo (OGA), dem brasilianischen GAW, in São Leopoldo (Brasilien).

Zu Gast auf der XV. Generalsynode der Evangelischen Kirche am La Plata (Argentinien).

Bei der Nationalen Pastorenkonferenz 2008 in El Alto (Bolivien).

Beim Capoeira-Tanz in der evangelisch-lutherischen Gemeinde in Gravatá (Brasilien).

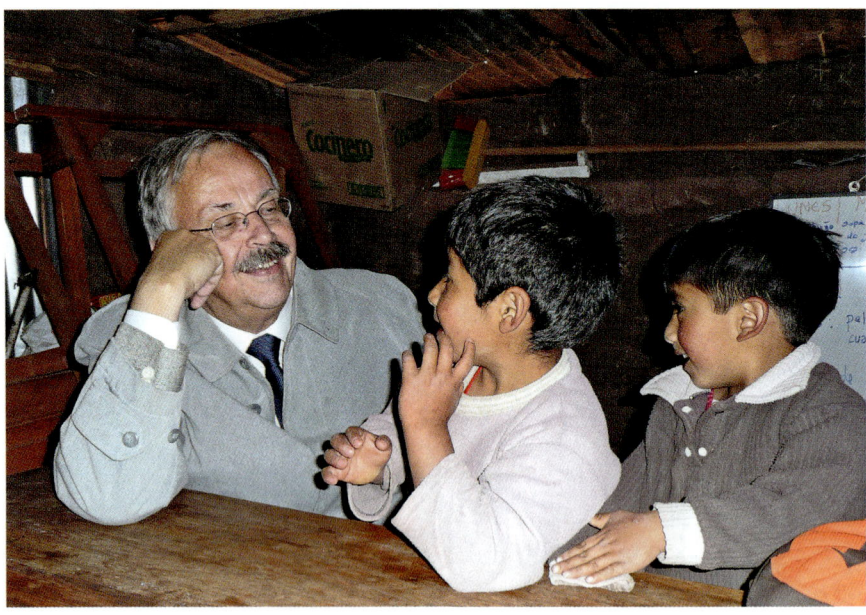

In der evangelisch-lutherischen Gemeinde in Cusco (Peru).

Auf dem Stand des GAW beim 35. Deutschen Evangelischen Kirchentag in Stuttgart.

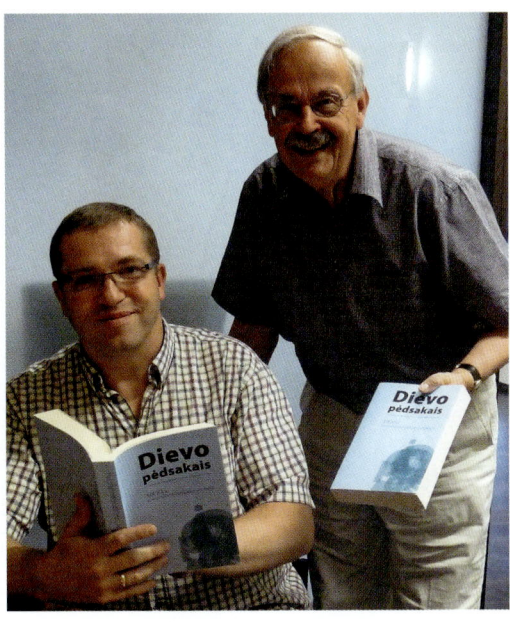

Mit Mindaugas Sabutis, dem Bischof der Evangelisch-Lutherischen Kirche in Litauen.

Wilhelm Hüffmeier (m.) und Alfred Eichholz (l.), Bischof der Evangelisch-Lutherischen Kirche in Kirgisistan, in der Tagesstätte für geistig und körperlich behinderte Kinder in Wassiljewska (Kirgisistan).

Gespräch mit Gemeindemitgliedern der evangelisch-lutherischen Kirche in Astana (Kasachstan).

Festgottesdienst anlässlich 20 Jahre Christuskirche Omsk (Russland).

Wilhelm Hüffmeier überreicht eine GAW-Spendentafel für das evangelisch-lutherische Gemeindehaus in Asowo (Russland), dessen Sanierung vom GAW unterstützt worden ist.

Zur GAW-Vertreterversammlung 2013 in Breklum.

Mit dem GAW-Gesamtvorstand.

Mit Pastor Frank Mühring, Vorsitzender des GAW Bremen.

Mit Pastor Sven Grundmann (l.), Vorsitzender des GAW Ostfriesland und
Pastor Hartmut Giesecke von Bergh (m.), Vorsitzender des GAW Osnabrück.

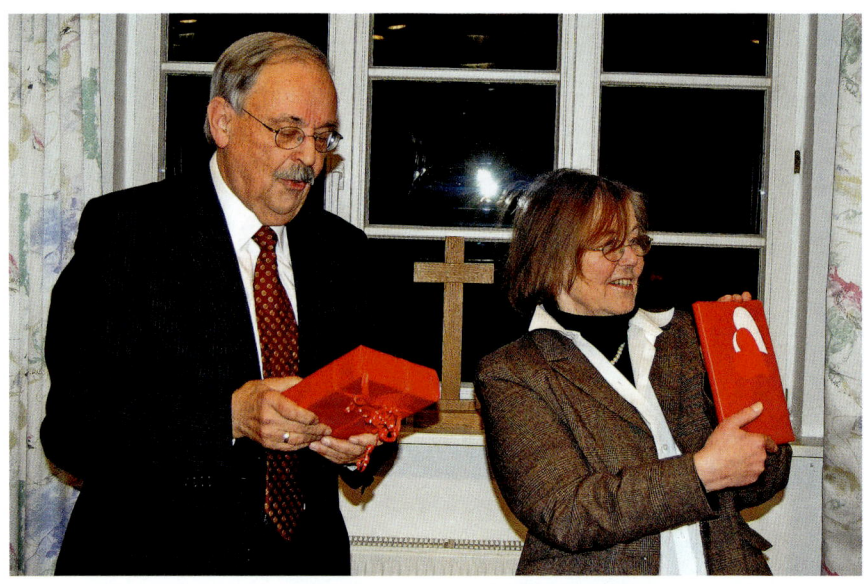

Verabschiedung von Vera Gast-Kellert, 1991 bis 2015 Vorsitzende der
Arbeitsgemeinschaft der Frauenarbeit im GAW.

Wilhelm Hüffmeier mit Elisabeth Parmentier, Mitherausgeberin des
GAW-Jahrbuches „Die evangelische Diaspora". Beide arbeiteten bereits eng
in der Leuenberger Kirchengemeinschaft (jetzt GEKE) zusammen.

Mit Pfarrer Enno Haaks, Generalsekretär des GAW seit 2010.

Mit Pfarrer Hans Schmidt, Generalsekretär des GAW von 2004 bis 2009,
zuvor seit 1994 stellvertretender Generalsekretär des GAW.

Wilhelm Hüffmeier gratuliert Mitarbeiterinnen der GAW-Zentrale zum Dienstjubiläum.

Wilhelm Hüffmeier mit seiner Ehefrau Gerta-Christine 2012 in der
evangelisch-lutherischen Kirche in Sarapta (Russland).

„Verbinden – das ist ein schönes Wort. Nach christlicher Überzeugung ist ‚verbinden'
das Werk des Heiligen Geistes. Dieses Band verbindet Menschen mit Gott und untereinander. Es verbindet Nahe und Ferne, es verbindet, was zerstreut oder getrennt ist,
aber zusammengehört [...]
Im GAW sollen und können wir diese Verbundenheit als Zusammengehörigkeit zwischen
Protestanten in der Zerstreuung und uns deuten. Die evangelische Diaspora lieben,
heißt dann: alles tun, dass verbunden bleiben, die im Glauben zusammengehören.
Das ist der Sinn unseres Mottos: ‚Lasst uns Gutes tun an jedermann, allermeist an
des Glaubens Genossen.' (Gal 6,10)"

Dr. Dr. h. c. Wilhelm Hüffmeier

und theologischen Reflexion über die evangelische Diaspora. Ab und zu erscheinen auch Beihefte zur EvDia. Nachdrücklich hebe ich darunter die 2011 erschienene gründliche Orientierungshilfe von René Krüger hervor: „Die Diaspora. Von traumatischer Erfahrung zum ekklesiologischen Paradigma" (Leipzig 2011). Ohne regelmäßige und wiederholte Lektüre der EvDia wird keiner von uns Auskunft über unsere Partnerkirchen geben oder sich bei Besuchen dort als kundiger Gesprächspartner erweisen können.

Zu Besuchsreisen in die südamerikanische, europäische und zentralasiatische Diaspora bin ich erst seit 2008 gekommen, also in dem Zeitraum nach meiner Pensionierung als Leiter der Kirchenkanzlei der EKU/UEK und des Sekretariats der GEKE in Berlin. Doch glücklicher Weise hatte ich in diesen hauptamtlichen Funktionen schon Kontakt zu den meisten europäischen Partnerkirchen des GAW, aber auch zur EKRLP und der EKLBB in Südamerika, deren Geschichte über lange Zeit eng mit der preußischen Unionskirche (der nachmaligen EKU, heute UEK) verbunden war. Brasilien mit der EKLBB war ja das Land, in dem ich die Bedeutung des GAW kennen und seine Aufgaben und Ziele lieben gelernt habe.

Im Jahr 2009 endete die Dienstzeit von GAW-Generalsekretär Hans Schmidt. In der Regelung seiner Nachfolge kam es zu erheblichen Spannungen zwischen einigen Hauptgruppen und dem Vorstand, nachdem die Neubesetzung zunächst gescheitert war. Es war die langjährige Leiterin der Frauenarbeit, Vera Gast-Kellert, die nach einer Besuchsreise in Chile im Vorstand begeistert von Pfarrer Enno Haaks erzählte, den sie in Santiago de Chile kennen gelernt hatte. Aus der Fülle der eingegangenen Bewerbungen hat der Vorstand der Vertreterversammlung 2009 in Bad Herrenalb einen Zweiervorschlag für die Neubesetzung der Stelle des Generalsekretärs gemacht, und Enno Haaks wurde mit großer Mehrheit gewählt. Mit ihm und der Zentrale wie mit seinem Vorgänger und dem Vorstand habe ich in der 12-jährigen ehrenamtlichen „Dienstzeit" offen und vertrauensvoll zusammengearbeitet, was zum Teil sehr kontroverse Debatten in Einzelfragen nicht ausschloss. Für dieses **Klima der Offenheit und des Vertrauens** bin ich herzlich dankbar. Ein besonderer Dank gilt meiner Stellvertreterin, Gabriele Wulz. Ihre langjährige Leitungserfahrung als Prälatin von Ulm hat uns in wichtigen Momenten, etwa bei der nicht ganz einfachen Beratung unseres Leitbildes auf der Vertreterversammlung in Meißen im September 2014, nicht nur sehr geholfen, sondern die Beratungen zu einem intellektuellen und sprachlichen Vergnügen gemacht und unsere GAW-Gemeinschaft gestärkt.

Ein über Jahre unbewältigtes Problem bestand in der zu hohen Zahl der Mitarbeitenden in der Zentrale. Hier konnte dank der Unterstützung der EKD der Personalbestand reduziert und gleichzeitig eine Dienstwohnung des Generalsekretärs in der Zentrale eingerichtet werden. Auch mittelfristig wird das GAW um Anpassungen nicht herumkommen. Ebenso müssen Anstrengungen verstärkt werden, Teile der Räumlichkeiten der Zentrale zu vermieten, um so deren Einnahmen zu erhöhen und zu verstetigen.

Dass sich die GAW-Arbeit auf der Ebene des Gesamtwerks in den letzten Jahren, verglichen mit den turbulenten Anfängen meiner Amtszeit und dem Zwischentief 2009, konsolidiert hat, darf ich wohl bilanzieren. Das gilt auch finanziell, jedoch nur bedingt. Ebenso positiv wie die regelmäßigen Leistungen der Hauptgruppen für die Arbeit der Zentrale wirkt sich der Zuschuss der EKD aus, ohne den die Diasporaverantwortung durch das GAW nicht gewährleistet werden könnte. Problematisch, weil niedrig oder risikobehaftet, sind die Erträge aus dem Vermögen, über das das Gesamtwerk verfügt. Dennoch ist es dem Schatzmeister Henning von Bischoffshausen und der Zentrale mit Eveline Krebs bislang immer wieder gelungen, einen mittleren Kurs zu fahren. Soweit ich sehe, gilt das auch für die Hauptgruppen. Froh bin ich, dass es gelungen ist, das Vermögen des „Vereins der Deutschen Luther-stiftung", dessen langjähriger Vorsitzender ich war, in die Diaspora-Stiftung des GAW zu überführen.

2. Die Hauptgruppen

Die selbstständigen Hauptgruppen unseres Werkes sind sein Rückgrat. Deren Selbstständigkeit muss der Präsident des Gesamtwerks deshalb ebenso respektieren wie er die Gemeinschaft und Zusammenarbeit der Hauptgruppen zur Erfüllung der im Leitbild des GAW formulierten Ziele zu inspirieren und zu pflegen hat. Besucht habe ich die Hauptgruppen zu Vorstandssitzungen, Vortragsveranstaltungen oder Jahresfesten gern, aber nur auf Einladung und nach den Möglichkeiten meines Terminkalenders. Der Präsident des GAW soll den Hauptgruppen zur Verfügung stehen, sich aber nicht aufdrängen.

In etlichen Hauptgruppen gab es während meiner Amtszeit einschneiden-de Veränderungen. Als ich 2004 begann, zählten wir 26 Hauptgruppen, heute sind es 19, wenn man die im Wiederaufbau befindlichen Hauptgruppen in Braunschweig sowie Schaumburg-Lippe nicht mitrechnet. Im Rückblick nen-ne ich zunächst meine eigene Hauptgruppe in Berlin-Brandenburg, die 2004 mit der der schlesischen Oberlausitz zusammengeführt wurde. Ähnliches geschah mit der Vereinigung der Frankfurter Hauptgruppe mit der von Hessen-Nassau und der Hamburger mit der Nordelbiens. Sodann kam es zur Bildung einer neuen Hauptgruppe in der Evangelischen Kirche in Mitteldeutschland (EKM). Der darüber mit der ehemaligen thüringischen GAW-Hauptgruppe entstandene Konflikt wurde inzwischen vom Verwaltungsgericht der EKD mit einem Kompromiss beigelegt. Die ehemalige thüringische Hauptgruppe bleibt als privater „lutherischer Gustav-Adolf-Verein" (ein Widerspruch in sich selbst!) bestehen, ist aber anders als die GAW-Hauptgruppe von der EKM nicht als ihr Werk anerkannt und auch kein Mitglied des Gesamtwerks. Des Weiteren wurden die drei GAW-Hauptgruppen in Nordelbien, Mecklenburg und Vorpommern zu einer GAW-Hauptgruppe der Evangelisch-Lutherischen Kirche in Norddeutschland zusammengeführt. Es besteht die Hoffnung, dass sich in Mecklenburg eine Zweiggruppe konstituiert und in Pommern ein Beauftragter des dortigen Kirchenkreises für das GAW fungieren wird. Die GAW-Hauptgruppe in Braunschweig ist auf dem Weg, wieder voll funktionsfähig zu werden. In Schaumburg-Lippe ist das leider noch nicht der Fall.

Unbedingt notwendig scheint allen, denen das Wohl und Wehe der evangelischen Diaspora am Herzen liegt und die deren Unterstützung zukunftsfähig machen wollen, dass wir jüngere Personen für unsere Ziele gewinnen. Das ist in mehreren Hauptgruppen inzwischen auch schon gelungen. Dabei ist das, was jung heißt, allemal relativ. Gern zitiere ich Friedrich Nietzsche: „Man muss die Jugend nicht (nur) bei den Jungen suchen."[12] Dass man bei den Älteren und Alten dabei schnell und nachhaltig fündig wird, ist allerdings auch nicht garantiert.

Entscheidend ist, dass durch neue Personen, welchen Alters auch immer, unserer Arbeit neue Impulse gegeben und neue Menschen für sie gewonnen werden. Ich selbst schäme mich ein wenig, dass ich sehr lange den Vorsitz im GAW in Berlin-Brandenburg und dann der EKBO innehatte. Man muss eben auch abgeben können. Vor mir steht plötzlich der ehemalige langjährige Vorsitzende der GAW-Hauptgruppe in Hamburg, Dr. Joachim Richter, ein

---

[12] Genau: „Spät jung erhält lang jung. Man muss die Jugend nicht bei den Jungen suchen." In: Friedrich Nietzsche, Nachgelassene Fragmente Juli 1882/84. Nietzsche Werke Kritische Gesamtausgabe Bd. VII/1, Berlin 1977, 54.

pensionierter Regierungsdirektor, der über Jahre auf die Frage nach seiner Nachfolge sagte: „Ich habe noch niemanden gefunden, der geeignet wäre." Am Ende seines ehrenamtlichen Dienstes für das GAW war dann, wenn ich es richtig sehe, in Hamburg auch die GAW-Arbeit fast tot. Die Entwicklung geht inzwischen zu immer größeren Hauptgruppen. Dafür gilt allerdings: Je größer unsere Hauptgruppen durch Fusionen werden, desto notwendiger ist die **Wiederbelebung der sogenannten GAW-Zweiggruppen,** die sich früher wie ein riesiges Netz über ganz Deutschland erstreckten. Es lohnt sich, ein Konzept für die Bildung solcher regionalen Zweiggruppen bzw. Freundeskreise zu entwickeln und dementsprechend tätig zu werden.

Ich komme zum Schluss meiner Bilanz mit einem Ausblick.

VI. „Authentizität, Intensität und Intimität" – Resümee und Ausblick

1. Vielfältige Diaspora

Am Schluss meiner Bilanz steht zunächst die Erkenntnis: Evangelische Diaspora lebt – häufig in prekärem Zustand, aber keineswegs bereit zur Kapitulation. Im Gegenteil: Gerade die Gemeinden in den Nachfolgestaaten der ehemaligen Sowjetunion haben als Diaspora überlebt und sind als solche auferstanden. Sodann hat sich mir das Phänomen der Diaspora differenziert dargestellt. Ein Teil der evangelischen Kirchen in der Diaspora – besonders in West-, aber auch in Mitteleuropa und zum Teil in Südamerika – ist seit Menschengedenken an ihre Situation als Minderheit der konfessionell Anderen „gewöhnt". Sie haben Diaspora gründlich erlernt. Ein anderer Teil – besonders in Mittel- und Osteuropa, in Zentralasien, aber in Teilen auch in Südamerika – ist im vergangenen Jahrhundert erst richtig Diaspora geworden oder als Diaspora entstanden, wobei da noch einmal zwischen **absoluter** Diaspora (z. B. Russland, Zentralasien, aber auch in einigen der südamerikanischen Andenstaaten) und **relativer Diaspora** (z. B. Estland, Lettland) zu unterscheiden ist. Insofern könnte man auch zwischen **erlernter** und **zu erlernender Diaspora** differenzieren. Das Gustav-Adolf-Werk versteht sich mit Recht als Gehilfe, Freund und Partner für beide Weisen, Diaspora zu sein, doch die neue, die zu erlernende Diaspora liegt ihm natürlich besonders am Herzen.

2. Diaspora theologisch: drei Dimensionen

Eine weitere Unterscheidung betrifft das Phänomen der Diaspora selbst und seine theologische Eigenart. Auch hier gilt: Es gibt nicht *die* Diaspora, wie der Titel der Abhandlung von René Krüger[13] suggeriert, sondern Diaspora ist vielfältig oder, wie es heute gerne heißt, „multiple". Damit ist nicht nur der Unterschied zwischen konfessioneller, kultureller und ethnischer Diaspora gemeint. Der auch. Entscheidend ist vielmehr, dass Diaspora einen Wesenszug des Christentums selbst benennt, vorgebildet in der Diasporaeigenart des Volkes Israel im Alten Testament[14]. Dieser Wesenszug zeigt sich in dreifacher Weise: Die Kirche Christi ist als Volk Gottes 1. **ausgestreut** unter die Völker bzw. **gesandt** zu den Völkern; sie existiert 2. **zerstreut** unter den Völkern und sie lebt 3. in sich selbst noch einmal als Diaspora, nämlich **als kleiner Kreis** derer, die „mit Ernst Christen sein wollen" (M. Luther). In diesem Sinn ist jede Kirche, sind alle Christen wesentlich Diaspora. Diese Einsicht macht aus den Partnerschaften des GAW gegenseitige Lerngemeinschaften.

3. Notwendigkeit theologischer Dialoge – innerevangelische Ökumene

Theologische Differenzen über Bibelauslegung, evangelische Frömmigkeit, Verweltlichung der Kirchen, Gendergerechtigkeit, Frauenordination und kirchliche Haltung zur Homosexualität existieren nicht nur zwischen dem evangelikalen und dem historischen Protestantismus, sondern auch zwischen Teilen der mittelosteuropäischen Diaspora und den „westlichen" evangelischen Kirchen, seien sie Diaspora, seien sie Volkskirchen auf dem Weg in die Diaspora. Solche Differenzen z. B. in der Frage der Segnung von homosexuellen Paaren oder der Ordination von praktizierenden homosexuellen Theologen und Theologinnen werden von einigen Kirchen als **sich ausschließende Gegensätze** zwischen „unterschiedlicher ethischer Haltung" und „praktizierter Häresie" gesehen. Sie rufen deshalb nach einem intensiven und „ergebnisoffenen" theologischen Dialog. Auf der Ebene des LWB wird er schon geführt. Für Europa könnte die GEKE ein geeignetes Forum bilden, wenn sich die Evangelisch-Lutherische Kirche Lettlands unter Leitung von

---

[13] René Krüger, Die Diaspora. Von traumatischer Erfahrung zum ekklesiologischen Paradigma, Leipzig 2011.

[14] Siehe dazu Werner H. Schmidt, Diasporasituation im Alten Testament, in: EvDia Jg. 37, 1966, 17–34.

Erzbischof Jānis Vanags nicht von dieser Gemeinschaft fernhielte. Aber auch andere Kirchen der GEKE betrachten diese als zu liberal. Doch sie ist schon jetzt geprägt von dem, was man ein Gütesiegel des Protestantismus nennen könnte: seinen Frömmigkeitspluralismus.

Ob das GAW und der MLB aufgrund ihres Vertrauens in der Diaspora für solche Dialoge eine Plattform bilden könnten, wäre zu fragen. Auch ist an die Evangelische Allianz zu denken. Wer auch immer die Aufgabe übernimmt, der theologische Dialog ist eine dringliche Zukunftsaufgabe für die reformatorischen Kirchen in der Diaspora – nicht nur in Europa, sondern auch in Südamerika.

4. Diaspora und die weitere Ökumene

Das kirchliche Miteinander der verschiedenen Konfessionen gestaltet sich für die evangelische Diaspora ebenfalls sehr unterschiedlich. Es gibt Länder wie Griechenland oder Spanien oder auch Russland, in Südamerika Peru oder Kolumbien, in denen inzwischen die individuelle Religionsfreiheit staatlich garantiert ist. Zugleich ist aber die Dominanz der orthodoxen oder der römisch-katholischen Kirchen so stark, dass ein Miteinander entweder gar nicht existiert oder nur vom Wohlwollen einzelner Bischöfe und Priester abhängt. In anderen Ländern wie etwa Portugal oder Brasilien ist das Miteinander mit der katholischen Mehrheitskirche herzlich und konstruktiv. In wieder anderen – katholisch dominierten – Ländern wie Slowenien und Chile genießen evangelische Diasporakirchen eine solche Wertschätzung, dass der Reformationstag staatlicher Feiertag ist. Die Gründe dafür sind allerdings unterschiedlich: In Slowenien gibt die kulturelle Bedeutung der Reformation, sprich: Primus Trubers, für die Entwicklung der slowenischen Sprache den Ausschlag, in Chile sind es eher die hohen Mitgliederzahlen der Pfingstkirchen als die gespaltene lutherische Kirche, die zur Schaffung dieses Feiertags geführt haben. Der Weg zu **gegenseitiger Toleranz** oder sogar gegenseitiger Anerkennung zwischen den Kirchen ist jedoch in etlichen Diasporaländern noch ein sehr weiter.

5. Auf Unterstützung von außen angewiesene Diaspora

„Die Diaspora baut Kirchen, statt sie aufzugeben" – hieß der stolze Satz am Beginn dieser Bilanz. Der Satz stimmt nur bedingt, aber ist ein kräftiges Indiz für die Lebendigkeit evangelischer Diaspora. Gerade in der Zerstreuung dienen Kirchgebäude der inneren Festigung von Gemeinden und ihrer Sichtbarkeit nach außen. Aber es sind häufig genug Gemeinden im Prekariat. Sie können oft nur einen sehr geringen Anteil der Kosten aufbringen, die für den Bau oder den Erhalt von Kirchen nötig sind. Es gibt zwar Fälle, wo ein einzelner Sponsor einer Gemeinde eine Kirche geschenkt hat. Aber das ist absolute Ausnahme. Für den Kirchbau und für Kirchrenovierung bleiben Kirchen in erlernter wie zu erlernender Diaspora auf Hilfen von außen angewiesen. Für sie ist das GAW einer der wichtigsten Partner in einem Konsortium von Partnerschaften.

Was über die Hilfe für den Kirchbau in der Diaspora gesagt wurde, gilt ebenso für die beiden anderen Lebensäußerungen einer evangelischen Gemeinde: Diakonie und Mission. Hier gibt es zwar auch anrührende Beispiele der Eigeninitiative, aber der Aufbau einer Kindertagesstätte oder eines Altenheims, die Einrichtung einer Fortbildungsaktion – all das ist wiederum ohne Hilfe von außen schwer zu gestalten. Es gibt zwar besonders in der EKLBB einen innerkirchlichen Lastenausgleich und einen Missionsfonds. Aber beides muss immer wieder durch Unterstützung von außen ergänzt werden.

6. „Authentizität, Intensität und Intimität" als Kennzeichen einer zukunftsfähigen Diaspora

Die Chancen einer christlichen Gemeinde als Gesandte Jesu Christi in der Zerstreuung stehen gut, wenn der Kreis derer, die mit Ernst Christen sein wollen, möglichst groß und stabil ist. Diesen Kreis sollten drei Kennzeichen prägen: „Authentizität, Intensität und Intimität". Mit diesem Trivium hat der eingangs erwähnte Architekt Wolf Prix die Maßstäbe seiner architektonischen Arbeit charakterisiert. Mir scheint, „Authentizität, Intensität und Intimität" sind auch genau die Kennzeichen einer christlichen Gemeinschaft, die diese für andere attraktiv macht: **authentisch, d. h. echt und elementar, intensiv, d. h. selbstbewusst und gewinnend, und intim, d. h. persönlich und unausweichlich.** Dieses Trivium gilt sowohl für der Feier des Gottesdienstes wie für die diakonische und missionarische Praxis. Auf den Punkt gebracht: Authentische Verkündigung, intensives Gemeindeleben und Intimität vermittelnde Gemeinschaft – das ist die Zukunft der Kirche Jesu Christi in der Diaspora. Dazu gilt es, sich gegenseitig zu ermuntern. Denn Diaspora sind wir Christen in gewisser Weise alle. Es gibt aber gelernte und zu erlernende Diaspora.

7. Gesegnete Diaspora

Ein letzte Beobachtung: Sowohl auf der Ebene der Leitung der Kirchen in der Diaspora wie in ihren Gemeinden bin ich immer wieder Menschen begegnet, bei denen zu spüren war: durch diese Personen schenkt Gott der Diaspora Zukunft. Sicher, es gab auch die anderen, deren Wirken wie ein Unsegen, ja Fluch auf der Diaspora lastete: Kirchenführer wie Pastoren oder einfache Gemeindeglieder. Aber die Zahl derer, die den Segen für ihre Kirche verkörperten, übertraf die anderen bei weitem. Was für ein Glück bedeutet der junge, in Russland geborene und im theologischen Seminar Novosaratowka ausgebildete Bischof **Dietrich Brauer,** seit kurzem auch Erzbischof der Lutheraner im europäischen wie asiatischen Russland, für seine Kirche. Wie Bischof **Alfred Eichholz** in Kirgistan ist er ein Zeuge von „Authentizität, Intensität und Intimität" des christlichen Glaubens, und beide sind – wiewohl theologisch unterschiedlich geprägt – geistliche Autoritäten und Menschenfischer in einem.

Ganz ähnlich der Kirchenpräsident der EKRLP **Carlos Duarte Voelker** oder **Agnes von Kirchbach,** Pfarrerin in einer der Banlieues von Paris, die Ärztin **Margit Dautermann,** Presbyterin in Subotica, Vojvodina, **Gottfried Brakemeier** von der EKLBB und **Paolo Ricca** von den Waldensern als hervorragende theologische Lehrer und Repräsentanten ihrer Kirchen oder **Benno Fischer,** der fast 80-jährige Prediger in Kamyshin an der Wolga. Schließlich denke ich an die Begegnungen mit der kroatischen Theologin baptistischer Herkunft **Lidija Matošević.** Sie hat der in der Zeit des Sozialismus von Lutheranern mit Hilfe des LWB gegründeten Flacius-Illyricus-Fakultät nicht nur die staatliche Anerkennung verschafft, sondern auch deren Integration in die Universität von Zagreb auf den Weg gebracht. Diese Fakultät, die auch eine diakonische und religionspädagogische Ausbildung einschließt, ist in gewisser Weise ein Aushängeschild evangelischen Denkens in dem fast durchweg römisch-katholischen Kroatien, dessen lutherische Kirche von einem illegitimen Kirchenregiment gekapert ist.

Bewundernd denke ich weiter an Kurator **József Kel** der ungarisch-reformierten Kirche in Kroatien in Korog/Kórógyi, dessen überwältigende Gastfreundschaft Enno Haaks und ich erleben konnten in seinem Haus, das im sogenannten Jugoslawienkrieg über ein Jahr lang von serbischem Militär besetzt und schließlich verwüstet zurückgelassen worden war. Sodann erinnere ich mich an **David Kritschko** in Jaketerinburg und **Gustav Bechtold** in Omsk. Kel schien uns wie ein Friedensengel in seiner von

Spannungen und Abspaltungen heimgesuchten Kirche. Kritschko, der, aus einer jüdischen Familie stammend, sich erst nach langem Zögern und Prüfen taufen ließ, ist heute der Verbindungsmann sowohl zwischen dem deutschen Kulturverein und der lutherischen Gemeinde wie zwischen ihr und der Stadtverwaltung. Seit die Gemeinde weiß, dass David „Liebling" bedeutet, wird er scherzhaft so genannt. Der stämmige, fast 70-jährige Gustav Bechtold ging Mitte der 1990er Jahre nach Deutschland, ist aber inzwischen wieder in das Omsker Gebiet, wo er als Sohn einer dorthin deportierten Wolgadeutschen Familie geboren wurde, zurück gekehrt. „Durch die Gebete meiner Mutter", bekennt er, sei er zum Glauben gekommen, und seit seiner Rückkehr hilft der gelernte Ingenieur, Schiffbauer und Schweißer in den ca. 60 kleinen autonomen lutherischen Gemeinden des Omsker Gebiets, wo Not am Mann ist. Mit den Wolgadeutschen „kam der Glaube hierher", erzählt er stolz und fügt hinzu, öffentlich praktiziert werden konnte er erst nach 1990. Das möge so bleiben.

Schließlich gehören in meine GAW-Erinnerungen unauslöschlich die beiden inzwischen verstorbenen Diakonissen **Hildegart und Hulda Hertel.** Die so gern und explosiv lachende Hulda war die erste Direktorin der Kindertagesstätte „Sonnenblumeneckchen" in Ceilândia bei Brasilia, die tiefernste und nachdenkliche Hildegart hingegen die Gründerin und erste Leiterin des „Centro Feminino Cristão" in Novo Hamburgo. Beide haben unauslöschliche Spuren des Segens in ihrer Kirche hinterlassen.

Das sind nur Beispiele, sehr subjektive Beispiele. Wer die evangelische Diaspora kennt, wird meine Wahl vielleicht bestätigen, zugleich aber auch ergänzen können. Und das ist gut so. Fontane, mit dem ich begann, soll auch das Schlusswort erhalten mit seinem Lob der „freundlich schönen Kunst des Ergänzens"[15] von Predigten durch ihre Hörer dort, wo Phantasie und Ausdruckskraft des Predigers an ihre Grenzen gerät. Solche Kunst wünsche ich mir auch von den Lesern meiner Diaspora-Narrative.

---

[15] So in dem Roman „Vor dem Sturm" Bd. 1 und 2, in: Theodor Fontane, Große Brandenburger Ausgabe. Das erzählerische Werk, hrsg. von Christine Hehle, 2011, S. 49.

IV.

ANHANG: PREDIGTEN

Predigt[1] zu Psalm 122

von Wilhelm Hüffmeier

Liebe Festgemeinde, liebe Gäste!

In Königsberg gab es, so erzählt der Dichter Johannes Bobrowski, zu Beginn der 30er Jahre sonntags die 12-minütigen Predigten von Pfarrer von Bahr im Tragheim und die einstündigen des Dompredigers Käßlau. Dazwischen solche von 25 und 40 Minuten andernorts, z. B. im Löbenicht. Keine Sorge, dem Domprediger werde ich nicht folgen, eher will ich versuchen, Herrn von Bahr nachzueifern oder wenigstens in der Mitte anzukommen – allerdings die Übersetzungszeit abgerechnet.

Ich lese den Predigttext Psalm 122:

Ich freute mich über die, die mir sagten:
Lasset uns ziehen zum Hause des Herrn!
Nun stehen unsere Füße in deinen Toren, Jerusalem.
Jerusalem ist gebaut als eine Stadt, in der man zusammenkommen soll,
wohin die Stämme hinaufziehen, die Stämme des Herrn, wie es geboten
ist dem Volke Israel, zu preisen den Namen des Herrn.
Denn dort stehen die Throne zum Gericht, die Throne des Hauses David.
Wünschet Jerusalem Glück! Es möge wohl gehen denen, die dich lieben!
Es möge Friede sein in deinen Mauern und Glück in deinen Palästen!
Um meiner Brüder und Freunde willen will ich dir Frieden wünschen.
Um des Hauses des Herrn willen, unseres Gottes, will ich dein Bestes suchen.

Sie spüren es alle: Dieses uralte jüdische Wallfahrtslied, dieser Jerusalempsalm soll heute das Festlied zu unserer 750-Jahr-Feier Königsbergs in Kaliningrad sein.

---

[1] Gehalten im Dom zu Kaliningrad/ehem. Königsberg (Russland) am 7. August 2005 anlässlich der 750-Jahr-Feier der Stadt.

Der Psalm 122 soll uns zu dreierlei verhelfen:
1. unsere große Freude, heute hier im Dom Gottesdienst zu feiern, auszudrücken;
2. unsere Wünsche und unser Gebet für diese Stadt zu formulieren und
3. unsere Selbstverpflichtung, dieser Stadt Bestes zu suchen, zu erneuern.

Zuerst: unsere große Freude. Wallfahrende wie der Psalmbeter sind die meisten von uns. Wie einst die Jerusalemer Festpilger kommen wir aus der Zerstreuung in die verschiedensten Ecken der Welt hierher. Vielleicht ist ja jemand noch hier im Dom getauft oder konfirmiert worden. Andere – wie ich – sind das erste Mal in diesem Gotteshaus. Jedoch jetzt verbindet uns, was im Psalm ein einzelner bewegten Herzens ausspricht: „Ich freute mich über die, die mir sagten: Lasst uns ziehen zum Hause des Herrn. Und nun stehen unsere Füße in deinen Toren, Jerusalem". So unkompliziert wie von Berlin nach Danzig, Marienburg oder Breslau geht es von und nach Kaliningrad leider noch nicht. Und der Dom ist heute ein anderer als der, in dem zu Weihnachten 1523 der samländische Bischof von Polentz die erste von unzähligen dann folgenden evangelischen Predigten und Gottesdiensten hielt. Aber, liebe Gemeinde, die anhaltende neue – sagen wir: kantische – Weltoffenheit Kaliningrads nach Jahrzehnten der Abgeschlossenheit tut allen sehr, sehr gut. Und der mit so viel Inbrunst und Sorgfalt, persönlicher Leidenschaft und Ausdauer von Dombaumeister Odinzow und vielen anderen zu neuem Glanz wiederhergestellte Dom erfreut das Herz.

So sei die Frage erlaubt: Könnte dieses erhabene Gotteshaus nicht auch als Kulturzentrum den Namen des Herrn preisen, wie es im Psalm heißt? Schon jetzt gehören ja zum Dom je eine evangelische und orthodoxe Kapelle, und eine römisch-katholische ist geplant! Ein Ort der Begegnung mit Gott und gleich nebenan eine Bühne der Musen und Grazien! Indem wir uns freuen über den Dom, hören wir vielleicht das hier gesungene „Jauchzet! Frohlocket! Auf, preiset die Tage" aus Bachs Weihnachtsoratorium, das „Lobet den Herrn" aus Strawinskys „Psalmen-Symphonie" oder die Arie „Ich will euch trösten, wie einen seine Mutter tröstet" aus Brahms' Requiem. Sicher, Kultur ist etwas anderes als religiöse Kunst, aber alle wirkliche Kultur will Menschen sensibilisieren und zivilisieren, will sie erheben, trösten und reinigen. Ist das so fern von dem, was im Haus des Herrn geschieht?

Und nun das Zweite: „Wünschet Jerusalem Glück." Im Urtext steht hier Shalom, Frieden. So dringlich ist dem Pilger im Psalm sein Friedenswunsch für die Stadt, dass er ihn gleich dreimal wiederholt. Wer die furchtbaren Schrecken des Krieges noch am eigenen Leib erfahren hat, der weiß um die Wohltat des Schweigens der Waffen. Aber das, was danach kam, war noch nicht wirklich Frieden. Frieden ist auch mehr als Ruhe und Sicherheit, so wichtig die sind. Shalom meint Heil- und Ganzsein eines Menschen und einer Gemeinschaft. Dazu bedarf es – das wissen wir aus den kleinen familiären Streitigkeiten so gut wie von den großen weltpolitischen Kämpfen – der Schritte zueinander und des Durchbrechens von Schweigen. Dazu müssen neues Vertrauen und Geborgenheit entstehen.

Wie das konkret geschieht, zeigt sich in dem schönen Grußwort: Friede sei mit dir! Wer jemanden so begrüßt, der öffnet ihm einen Raum, in dem der andere angenommen und geschützt wird. Was suchen wir Menschen? Wertschätzung und Geborgenheit! Der Gruß: Friede sei mit dir gewährt sie. Was brauchen wir Menschen? Teilnahme an dem, was uns schmerzt, und Rücksicht auf unsere Ängste und unseren Stolz. In Gottes Frieden finden wir das. Aber auch in der Begegnung von Völkern, die einst zu Feinden gemacht wurden, ist es besonders wichtig, Wertschätzung und Teilnahme und Rücksicht zu üben.

Es wird so leicht gesagt, die Zeit heile alle Wunden. Ist das wirklich so? Oder lässt die Zeit nur Abstand gewinnen und erleichtert es so, Neues zu beginnen? Soll das Neue wirklich Friede sein, so muss es das Siegel jener Wahrheit tragen, die Ungerechtigkeit und Lüge richtet und frei macht zu Teilnahme und Rücksicht, zu gegenseitigem Wohlwollen und gegenseitiger Förderung.

Nun das Dritte und Letzte: Mit der Selbstverpflichtung, das Wohl der Stadt zu suchen, schließt der Psalm. „Um des Hauses des Herrn willen, unseres Gottes, will ich dein Bestes suchen". Das soll nicht heißen, dass die Wünsche um Frieden für die Stadt leere Wünsche bleiben, solange du dich und ich mich, solange wir uns nicht in die Pflicht nehmen lassen, ihr Gutes zu tun. Christen wissen und bekennen, dass Gott der Welt ganz ohne unser Zutun Gutes getan hat und zu tun nicht aufhört. Haben wir ihn Mensch werden lassen? Können wir uns selber unsere Sünden, unsere Schuld vergeben und uns die Krone der Gnade aufsetzen? Nein, das alles wird uns im Hause Gottes zugesprochen, weil Gott es uns durch Christus schenkt.

Aber uns dafür dankbar erweisen – das können wir. Dieser Tag ist ein Tag der Freude und des Dankes. Und wer Gott dankt, der weiß um die tiefe Verbundenheit der Gotteshäuser mit ihren Städten. Die Gottesdienste entfernen uns nicht von den oft so schwierigen und gefährlichen Städten, sie geben vielmehr Kraft, sich ihnen zuzuwenden, zuallererst ihren Kindern und alten Menschen, ihren Armen und Kranken. Das ist der Grund, warum sich evangelische Kirchen in Deutschland, das Gustav-Adolf-Werk, die Stadtgemeinschaft Königsberg, die Gemeinschaft evangelischer Ostpreußen und viele andere auch für Kaliningrad in die Pflicht nehmen lassen.

Simon Dach, der große Dichter Königsbergs, der am 29. Juli 1605, also vor genau 400 Jahren geboren wurde, hat einst die Freundschaft mit folgenden Worten besungen:

> *Der Mensch hat nichts so eigen,*
> *So wohl steht ihm nichts an,*
> *Als dass er Treu' erzeigen*
> *Und Freundschaft halten kann.*
> *Wann er mit seinesgleichen*
> *Soll treten in ein Band,*
> *Verspricht sich, nicht zu weichen*
> *Mit Herzen, Mund und Hand.*

Diese Selbstverpflichtung zur Treue soll auch für Königsberg/Kaliningrad und seine Menschen gelten. Wie sagen die Juden? Nächstes Jahr in Jerusalem! Denn, so der Psalm: „Jerusalem ist eine Stadt, in der man zusammenkommen soll." So war auch Königsberg. Also bitte: Nächstes Jahr in Kaliningrad!

Die Kürze von Pfarrer von Bahr habe ich wohl nicht erreicht. Doch: „Wes das Herz voll ist, dem geht der Mund über". Amen!

Predigt[1] zu Jesaja 62,6–7.10–12

von Wilhelm Hüffmeier

Die Gnade und der Friede Christi sei mit euch allen!

Zu spät, liebe Gemeinde hier in der Wittenberger Stadtkirche und an den Bildschirmen, zu spät, verehrter König Gustav Adolf[2], ist es nicht. Die christliche Kirche darf um Jesu willen kein einziges Zuspät zulassen. Das widerspräche der Macht und der Reichweite seiner Gnade. Er ist der Meister, nicht Luther. So gibt es denn auch reformatorische Kirchen, die sich nach Luthers Rat eben nicht nach seinem Namen, sondern schlicht evangelisch nennen und in denen – entgegen Luthers unversöhnlichem Wort über Zwingli – Lutheraner mit Reformierten friedlich zusammenleben. Hier in deiner Stadt, lieber Martin Luther, befinden wir uns auf dem Boden einer solchen evangelischen Kirche. Und das ist gut so. Dem würde vielleicht auch der schwedische Lutheraner Gustav II. Adolf zustimmen. Er war bekanntlich mit einer Brandenburgerin aus dem reformierten Kurfürstenhaus verheiratet.

Zu spät, liebe Mitchristen, ist es freilich auch nicht, mit ganz und gar friedlichen Mitteln das fortzusetzen, was dem Schwedenkönig im 30-jährigen Krieg nur mit militärischer Macht gelang: Menschen, die wegen ihres Glaubens in Bedrängnis geraten sind, beizustehen. Prinzipieller Pazifismus kann zwar manchmal alles noch viel schlimmer machen. Aber um Christi willen haben friedliche Mittel allemal den Vorrang. Das Gustav-Adolf-Werk hilft seit 175 Jahren protestantischen Minderheiten lutherischer und reformierter Konfession in Europa, Südamerika und Zentralasien auf ganz und gar friedliche Weise.

Sehr herzlich begrüße ich unsere Gäste aus der weltweiten evangelischen Diaspora von Argentinien über Brasilien bis nach Lettland und Estland. Hören wir alle auf das, was im Predigttext für den Reformationstag 2007 im Jesajabuch Kapitel 62 über das seinerzeit danieder liegende Jerusalem gesagt wird:

---

[1] Gehalten am Reformationstag 2007 in der Stadtkirche zu Wittenberg anlässlich eines Fest- und Fernsehgottesdienstes zum 175. Gründungsjubiläum des Gustav-Adolf-Werks e.V. (GAW).

[2] Die Predigt bezieht sich auf eine Spielszene in diesem Gottesdienst, in der der Schwedenkönig Gustav II. Adolf auftrat und zu der Gemeinde gesprochen hat.

„O Jerusalem, ich habe Wächter über deine Mauern bestellt, die den ganzen Tag und die ganze Nacht nicht mehr schweigen sollen. Die ihr den Herrn erinnern sollt, ohne euch Ruhe zu gönnen, lasst ihm keine Ruhe, bis er Jerusalem wieder aufrichte und es setze zum Lobpreis auf Erden!... Richtet ein Zeichen auf für die Völker... Sagt der Tochter Zion: Siehe, dein Heil kommt!... Dich wird man nennen ‚Gesuchte‘ und ‚Nicht mehr verlassene Stadt‘".

Wächter des Gemeinwesens, wache, hellwache Leute, liebe Gemeinde, waren sie allesamt: der Reformator, der schwedische König und die Gründer des Gustav-Adolf-Werks. Deshalb schlugen sie Alarm angesichts der Nöte der Stadt und der Kirche und der Diaspora. Ein Alarmsystem hat jemand den Protestantismus genannt. Dabei soll es bleiben. Wer Alarm schlägt, will aufwecken und an die Arbeit rufen, weil er Gefahren für das Gemeinwesen sieht. Alle Kräfte sollen mobilisiert werden, damit keinem die elementaren Mittel zum Leben fehlen. Mit Luthers trefflicher Definition des täglichen Brots gesprochen, damit niemandem Essen und Trinken, Gesundheit, Wohnung, gute Nachbarn, Freunde und gute Regierung verwehrt werden. Shalom nennt unser Text einen solchen Zustand, ein Wort, das Luther teils mit Frieden, teils mit Heil übersetzt. Wer im Shalom ist, ist zu Hause, ist jenseits des Unheils. Unser Staat, unser Europa ist nach dem Prinzip solcher Wachsamkeit konstruiert. Daran beteiligen sich neben den Kirchen heute, Gott sei Dank, viele andere wache, hellwache Köpfe und Organisationen, die Alarm schlagen, wenn das Gemeinwohl bedroht ist. Das Wächteramt der Kirche ist nach unserem Text freilich noch etwas ganz Besonderes.

Nicht Parteien oder Politiker, nicht Regierende und Regierte, sondern Gott ist es, der nach unserem Text alarmiert, dem keine Ruhe gegönnt wird. Der Allwissende erinnerungsbedürftig, der Allmächtige untätig, der Liebende abgewandt? So können Menschen, die auf Gott vertrauten, empfinden. Einzelne Menschen, die das elende Gefühl haben, von Gott und der Welt in ihrer Not allein gelassen zu sein. Selbst die berühmte Mutter Teresa von unserer römisch-katholischen Schwesterkirche ist über lange Zeit von dem Gefühl gequält worden, der Himmel sei leer. Das aber ist die größte Not: das geistliche Zuhause zu verlieren. An der Seite solcher Menschen hat die Kirche, haben wir Christen zu stehen und Gott an seine Zusagen zu erinnern, ihn zu alarmieren, ihn nicht loszulassen, bis er die Stadt, das Land, die Kirche segnet.

Protestanten in der Diaspora wissen freilich in der Regel: Gott ist gegenwärtig. Vielleicht darf ich ihre Gotteserfahrung mit einem persönlichen Kindheitserlebnis vergleichen. Als kleiner Junge war ich oft in den Sommerferien auf einem Bauernhof. Meine ältere Schwester hatte dorthin geheiratet. Eines Tages bin ich beim Sprung aus der Dachbodenluke auf einen Heuwagen unglücklich abgerutscht und kopfüber auf die Diele gestürzt. Als ich mit Schwindel und schweren Kopfschmerzen bedrückt und orientierungslos wieder aufwachte und mir elendiglich zu Mute war, sagte meine Schwester, ich höre sie heute noch: „Ich bin doch bei dir." Oft genug haben Christen, haben Protestanten in der Diaspora mit ihrer Gewissheit, Gott ist da wie eine feste Burg, totalitäre Diktaturen überstanden. Ihre Nöte heute sind allerdings noch anderer Art.

In Mittel- und Osteuropa ist es der Kampf um die Rückgabe enteigneten Besitzes wie Schulen, Krankenhäuser und Altenheime und ihre Restaurierung oder die Ausbildung der Jugend und des theologischen Nachwuchses. An vielen Orten besteht ihre Not und Leidenschaft darin, dass sie Gott ein Haus bauen möchten, wo er verehrt wird und sie zusammen kommen und Gäste empfangen können. Wer einmal in einer Diasporakirche zu Besuch war, ist überwältigt von ihrer Gastfreundschaft. Dafür braucht die Diaspora aber Dächer. Ich denke etwa an die kleinen lutherischen Gemeinden in Keggum in Lettland und in Cusco in Peru oder an die reformierte Gemeinde in Timisoara-Fratelia in Rumänien. Ein Zeichen ihres Glaubens und ihrer Präsenz wollen sie aufrichten in der Diaspora. Ihr evangelisches Gesicht wollen sie zeigen.

Und nun können wir, liebe Gemeinde, mit den Worten des Predigttextes der evangelischen Diaspora zurufen: „Dich wird man nennen ‚Gesuchte' und ‚Nicht mehr Verlassene'." Dafür schlägt das Gustav-Adolf-Werk Alarm, dafür gönnt es den evangelischen Christen bei uns keine Ruhe. Was wir uns als Antwort wünschen, sei mit einem Symbol verdeutlicht. Die Präsidenten des Gustav-Adolf-Werks haben von dem ersten Vorsitzenden Christian Gottlob Leberecht Großmann her einen Siegelring bekommen, der wohl zunächst als Freundschaftsring seines Gymnasiums Schulpforte diente. Hier ist er. Er zeigt eine fackelförmige Lampe, neben der in griechischer Sprache zu lesen ist: „Auch ich dort".

Liebe Gemeinde, Luther begann mit einem klaren und begründeten „Ich nicht" gegenüber den furchtbaren Missständen der Kirche seiner Zeit. Die Zeiten haben sich positiv geändert. Die Ökumene wurde wieder geboren, das Zusammensein auch mit anderen Religionen ist Wirklichkeit. Dafür darf es um Christi willen auch kein Zuspät geben. Sicher gibt es immer wieder Situationen, wo Protestanten entschlossen sagen müssen: „Ich nicht", besser: „Wir nicht". In der zivilen Gesellschaft und in der Ökumene, im Dialog der Religionen. Doch unser „Ich nicht" muss und soll sich um Gottes willen stets mit einem „Ich auch dort", besser noch: „Wir auch dort" verbinden. Gemeinschaft, gute Nachbarschaft ja, doch nicht unter Preisgabe der eigenen Identität. Gemeinschaft mit der Kirche des Papstes ja, aber nicht unter ihm. Vor allem aber muss das protestantische „Ich auch dort" der evangelischen Diaspora gelten. Und das mit Herzen, Mund und Händen. Amen!

Predigt[1] zu Lukas 19,1–10

von Wilhelm Hüffmeier

„Der Gast als Gastgeber"

„Und Jesus ging nach Jericho hinein und zog hindurch. Und siehe, da war ein Mann mit Namen Zachäus, der war ein Oberer der Zöllner und war reich. Und er begehrte, Jesus zu sehen, wer er wäre, und konnte es nicht wegen der Menge; denn er war klein von Gestalt. Und er lief voraus und stieg auf einen Maulbeerbaum, um ihn zu sehen; denn dort sollte er durchkommen. Und als Jesus an die Stelle kam, sah er auf und sprach zu ihm: Zachäus, steig eilend herunter; denn ich muss heute in deinem Haus einkehren. Und er stieg eilend herunter und nahm ihn auf mit Freuden. Als sie das sahen, murrten sie alle und sprachen: Bei einem Sünder ist er eingekehrt. Zachäus aber trat vor den Herrn und sprach: Herr, die Hälfte von meinem Besitz gebe ich den Armen, und wenn ich jemand betrogen habe, so gebe ich es vierfach zurück. Jesus aber sprach zu ihm: Heute ist diesem Hause Heil widerfahren, denn auch er ist Abrahams Sohn. Denn der Menschensohn ist gekommen, zu suchen und selig zu machen, was verloren ist."

Liebe Festgemeinde in der Friedenskirche,
wer ist Zachäus? Heute Morgen legt es sich nahe, in dieser Person aus Jericho die vielen evangelischen Gemeinden in der Zerstreuung verkörpert zu sehen: abseits der katholischen oder orthodoxen Mehrheitskirchen oder dem konfessionslosen main stream, klein, gesellschaftlich isoliert, der Anerkennung und Sympathie bedürftig. In Peru z. B. sagte mir vor einigen Jahren ein Gemeindeglied: „Unser Problem ist, dass wir zu klein sind. Man sieht uns nicht." Wenig später wiederholte sich diese Selbsteinschätzung in Kolumbien, wo die lutherische Gemeinde in Bucaramanga ihre Gottesdienste in einer Garagenkirche feiert. Äußerlich überhaupt nicht als Kirche erkennbar. Ein wenig also wie einst die evangelischen Gemeinden unter dem Kreuz am Niederrhein.

---

[1] Gehalten anlässlich des 170. Jahresfestes des GAW Rheinland am 16. Juni 2013 in der Friedenskirche in Neuss-Dorf.

Einst! Heute müssten wir ins mehrheitlich muslimische Syrien blicken, wo in Aleppo und Homs mitten im Bürgerkrieg evangelische Gemeinden leben, von denen bei uns kaum jemand weiß, dass es sie gibt, oder nach Kamyshin an der Wolga, wo die Lutheraner, die dort einst zwei Kirchen hatten, nun in einem Betsaal Gottesdienst feierten, den wir wohl eher eine Bruchbude nennen würden. In Kasachstan schließlich sind die lutherischen Gemeinden zahlenmäßig so klein, dass sie durch das Netz des neuen Religionsgesetzes fallen, das eine bestimmte Größe für die staatliche Anerkennung als Religionsgemeinschaft verlangt. Alle klein von Gestalt wie jener Zachäus.

Doch diese Antworten auf die Frage, wer jener Oberzöllner Zachäus ist, gerät schnell ins Wanken, wenn wir hören: „Er war reich." Sicher, es gibt auch einzelne wohlhabende Gemeinden oder Christen in der Diaspora, im polnischen Teschener Land etwa oder in Südbrasilien. Aber durchgehendes Kennzeichen der evangelischen Diaspora ist Reichtum nun gerade nicht. Lenkt also die Frage, wer ist Zachäus, den Blick eher auf uns, Mitglieder einer Kirche, deren Ansehen in der Öffentlichkeit schwindet, die aber trotz mancher Probleme – verglichen mit der Diaspora – gut situiert ist? Arme reiche Kirche?

Doch, liebe Festgemeinde, ob nun die evangelische Diaspora oder evangelische Christenheit hier bei uns, eins verbindet uns alle mit der Geschichte des kleinwüchsigen Zachäus. Von ihm heißt es: „Er konnte Jesus nicht sehen wegen der Menge." „Er konnte Jesus nicht sehen", das heißt doch, es gibt immer wieder Trennendes, eine schier unüberwindliche Mauer zwischen Jesus und uns. Mal ist es eine Menschenmenge, mal eine oder mehrere niederdrückende Erfahrungen, manchmal sogar mit der Kirche, mal ist es einfach Desinteresse, häufig genug tiefsitzende religiöse Skepsis, die zwischen uns und Jesus tritt. Der italienische Dichter und Nobelpreisträger Eugenio Montale hat diese Skepsis in dem Gedicht „Wie Zachäus" höchst ironisch so ausgedrückt: *„Darum geht es: man muß auf den Maulbeerbaum klettern / will man den Herrn sehen, wenn er jemals vorbeikommt. / Aber ach ich bin keine Kletterpflanze und auch / auf Zehenspitzen habe ich ihn nie gesehen."*

In der Diaspora ist es freilich in der Regel nicht Skepsis, die Menschen die Sicht auf Jesus verdeckt. Sie wollen Jesus sehen wie Zachäus. Doch oft genug fehlen angemessene Kirchräume zur intensiven Begegnung mit Jesus. In Lima oder Bucaramanga sind es die Gottesdienste in einem engen, schlecht beleuchteten Wohnzimmer oder in einer zur Kirche umgebauten Garage.

Solche Kirchräume widerstreben denen, die zwar die Lutheraner wegen ihrer Bibelnähe, ihrer freiheitlichen, inklusiven und nicht hierarchischen Art, ihrer Haltung gegenüber Wiederverheirateten mögen, die aber seit Kindertagen an große Kirchen und Kathedralen gewöhnt sind. In Russland sehen sich die Lutheraner in ihren Neuanfängen überall mit den pompösen Neubauten orthodoxer Kirchen konfrontiert. Ähnliches höre ich aus Rumänien. Vielerorts fehlen also angemessene Räume für den Gottesdienst, der nach einer schönen Definition der früheren Hamburger Bischöfin Jepsen „Audienz Gottes" ist.

Doch Zachäus lässt sich nicht abschrecken durch die Hindernisse. Seine Jesus-, seine Gottesneugier ist unüberwindlich. Deshalb bleibt er dran. Ganz auf sich gestellt überwindet er pfiffig Widerstände, um trotz allem Jesus zu sehen. Neugierde macht wie Liebe erfinderisch. Dafür könnte ich nun aus der Diaspora wiederum eine große Zahl von Beispielen geben. In Kamyshin etwa ist das alte Bethaus inzwischen abgerissen und ein neues wird mit Hilfe von Freunden aus Deutschland, auch des Gustav-Adolf-Werks gebaut. Für evangelische Christen in Syrien hat das GAW mit Hilfe der rheinischen und badischen Kirche ein kleines Programm zur Aufrechterhaltung des kirchlichen Lebens und Nothilfen für einzelne aufgelegt. Eine Vertreterin dieser Kirchen hatte auf der Vollversammlung der Gemeinschaft Evangelischer Kirchen in Europa im Herbst 2012 in Florenz den Anwesenden die dramatische Situation der Gemeinden in Homs vor Augen geführt. In Lima und Bucaramanga sollen die engen und unschönen Räume erweitert und schön gemacht werden. Wo Gott Audienz hält, soll es leuchten und strahlen.

Dranbleiben, nicht aufgeben, das war die Parole des Zachäus. So kam er ans Ziel. Damit ist freilich die Pointe der Geschichte noch nicht wiedergegeben. Es geht in ihr nicht nur um die energische Gewitztheit und Geschicklichkeit des Zachäus, wichtig ist auch nicht, dass er Jesus sah, sondern dass Jesus ihn sah. Er, der „gekommen ist, zu suchen und selig zu machen, was verloren ist". Nach Jericho kam er ja nicht, um einen Vortrag vor der Menge zu halten. Er ist vielmehr der, der an der Menge vorbei auf den einzelnen zugeht, ihn ansieht und beim Namen ruft: „Zachäus, ich muss heute in Deinem Haus einkehren".

Gott richtet sein Wort zunächst und vorrangig an einzelne Menschen: „Adam, wo bist du?" „Kain, wo ist dein Bruder? „Abraham, geh aus deinem Vaterhaus." „Elia, was machst du hier." „David, du bist der ehebrecherische Mann." „Simon, folge mir nach." „Zachäus, steig eilend herunter; denn ich muss heute in deinem Haus einkehren". Du und ich, Eva und Rafael, Wilhelm und Anna, jeder und jede einzelne von uns und unseren Freunden in der Diaspora ist bei seinem Namen gerufen. Zachäus hat von sich sagen können, was der Chansonnier Max Rabe singt: „Kein Schwein ruft mich an, keine Sau interessiert sich für mich." Nun erfährt er: Nach mir wird gefragt, der, den ich suche, kennt mich und will mit mir zusammen sein.

Liebe Gemeinde, das, was wir im Gustav-Adolf-Werk tun, ist so etwas wie die Nachfolge in dieser Spur, wie ein Echo auf Jesu Wort, ich will bei Dir einkehren. Liebe Waldenser, liebe polnische Protestanten, liebe Siebenbürger Sachsen, liebe Lutheraner in der Slowakei und Ungarn, in Brasilien oder Russland, wir wollen mit euch zusammen, eure Partner sein. Und in dem, was nun in und mit Zachäus geschieht, werden Schritte deutlich, die wir dabei tun können. Zachäus kann zugeben, dass er Dinge falsch gemacht hat, statt andere dafür verantwortlich zu machen, er kann hergeben von dem, was er hat, und er kann seine bisherige Haltung aufgeben. Es geschieht also genau das, was Folge ist des Besuchs Jesu, seiner Audienz: Er redet mich an und ich kann zugeben, hergeben, aufgeben.

Dabei fällt schließlich eines auf. Jesus holt Zachäus nicht aus seinem anrüchigen, übel beleumundeten Beruf heraus. Anders als jenen Matthäus, jenen Zöllner, den er in seine unmittelbare Nachfolge ruft, lässt Jesus Zachäus im Bereich seiner zwielichtigen Tätigkeit. Dort soll sich die Veränderung seines Verhaltens, dort soll sich seines Geistes Besserung auswirken. Er darf eine Art palästinensischer Robin Hood werden: den Reichen Überzölle abknöpfen, um den Gewinn an die Armen weiterzugeben.

Besser ist zweifellos, vom rechtmäßig verdienten und erworbenen Geld denen willig und freudig abgeben, die es brauchen. Dafür ist Zachäus kein schlechtes Vorbild. Friedrich von Bodelschwingh soll dazu folgende Regel für die Kollekte aufgestellt haben: „Gib das Doppelte von dem, was du wolltest, dann hast du die Hälfte von dem, was du solltest." Wie auch immer, wichtiger ist es um Jesu willen, zu dem gehen, den niemand ansehen will oder den die Verhältnisse unansehnlich gemacht haben, und ihm ein hilfreicher Partner werden. Das jedenfalls ist die Parole unseres Gustav-Adolf-Werks. Amen.

Predigt[1] zu Apostelgeschichte 9,1–6

von Wilhelm Hüffmeier

Liebe Freunde und Freundinnen der evangelischen Diaspora,

was wäre eine Tagung zum Thema „Bibel und Bild", ohne dass der uns so liebe Paulus mit ins Bild käme. Paulus – d. i. ja so etwas wie der Apostel der Reformation. Luther hat sich gerne auf jene im Galaterbrief geschilderte Szene berufen, in der Paulus ein heuchlerisches Verhalten des Petrus scharf kritisiert. Um der Wahrheit des Evangeliums willen! Dass aber über Paulus nun hier in Luthers Predigtkirche mit einem biblischen Text im Licht eines Bildes von Caravaggio gepredigt werden soll, bedarf einer Begründung. Warum nicht „Die Bekehrung des Paulus", gemalt von Lucas Cranach dem Jüngeren, die vorne im Chorraum dieser Kirche hängt? Mit Recht hat „Luther, alias Naumann" es, als er uns vorhin durch diese Kirche führte, als „sehr artig gemalt" bezeichnet. Da ist Caravaggio doch ein anderes Kaliber. Sein Bild gibt der Sache vorab eine besondere Pointe, nein, nicht nur eine, sondern gleich zwei.

Zunächst einmal eine fast karikaturistische, satirische, jedenfalls ironische Pointe. Ist es doch einfach komisch, wie der stolze, selbstbewusste, ja man muss sagen, religiös fanatische Saulus da am Boden liegt, herabgestürzt vom hohen Ross des Christenverfolgers, zappelnd wie ein auf dem Rücken liegender Käfer. Jenes besiegte überhebliche Selbstbewusstsein, jenen Stolz, ja Fanatismus gab und gibt es auch zwischen den christlichen Konfessionen und zwischen den Religionen. Sogar zwischen unseren Werken. Verfolgt haben wir uns nicht. Aber Gefühle der Überlegenheit gab es schon in unseren Werken: sei es wegen der überkonfessionellen Ausrichtung des einen, sei es wegen des engen konfessionellen Charakters des anderen. Immer noch? Heute jedenfalls sind wir einträchtig beieinander, liebe Schwestern und Brüder, und feiern gemeinsam Gottesdienst und freuen uns über manche gemeinsame Aktion zugunsten unserer geliebten Diaspora.

---

[1] Gehalten in der Stadtkirche zu Wittenberg anlässlich der gemeinsamen theologischen Tagung von Gustav-Adolf-Werk e.V. (GAW) und Martin-Luther-Bund (MLB) „Bibel und Bild in der reformatorischen Christenheit" vom 19. bis 21.1.2015.

Caravaggio, Die Bekehrung des Apostels Paulus (1601), Öl auf Leinwand, 230 x 175 cm
Cappella Cerasi, Santa Maria del Popolo, Rom.

Doch haben wir es bei Caravaggio nicht mit einem Maler in den Diensten der Gegenreformation zu tun? Der hat freilich vor allem für sich selbst, für seinen Geldbeutel gemalt. Natürlich auch für die Kunst und deren Autonomie. „Die Bekehrung des Paulus" war jedoch für eine Seitenkapelle jener Kirche der Augustiner bestimmt, in der nach der älteren Forschung Martin Luther während seines Romaufenthalts wohnte: Santa Maria del Populo. Die Karikatur eines Apostels in einer Kirche, das Christentum kann das offenbar ertragen. Luther konnte das Bild allerdings noch nicht betrachten. Doch es hätte ihn begeistert, und wir würden es wahrscheinlich in seinen Predigten, Vorlesungen oder Tischreden wiedergefunden haben. Hätte er es mit dem Bild von Lucas Cranach hier in dieser Kirche vergleichen können, hätte er sicher gesagt: Caravaggio ist zwar Katholik, aber sein Bild trifft die Bibel besser als alle anderen.

Heute hängt das Bild zusammen mit der „Kreuzigung des Petrus", auch ein Caravaggio, immer noch an seinem angestammten Ort. Paulus und Petrus einmal ganz anders als sonst üblich in evangelischen und katholischen Kirchen, sei es in Potsdam, in Köln oder in Moskau: nicht mit Schwert und Schlüssel, sondern eben ohnmächtig, am Ende ihrer menschlichen Kräfte und religiösen Funktionen. Ein bewegendes ökumenisches Dual. Das ist die zweite Pointe zu Beginn. Doch hören wir, ehe wir das Bild näher betrachten, erst einmal den bekannten Text aus der Apostelgeschichte, den Caravaggio ins Bild bringt.

„Saulus aber schnaubte noch mit Drohen und Morden gegen die Jünger des Herrn und ging zum Hohenpriester und bat ihn um Briefe nach Damaskus an die Synagogen, damit er Anhänger des neuen Weges, Männer und Frauen, wenn er sie dort fände, gefesselt nach Jerusalem führe. Als er aber auf dem Wege war und in die Nähe von Damaskus kam, umleuchtete ihn plötzlich ein Licht vom Himmel und er fiel auf die Erde und hörte eine Stimme, die sprach zu ihm: Saul, Saul, was verfolgst du mich? Er aber sprach: Herr, wer bist du? Der sprach: Ich bin Jesus, den du verfolgst. Steh auf und geh in die Stadt; da wird man dir sagen, was du tun sollst. Die Männer aber, die seine Gefährten waren, standen sprachlos da, denn sie hörten zwar die Stimme, aber sahen niemanden. Saulus aber richtete sich auf von der Erde; und als er seine Augen aufschlug, sah er nichts. Sie nahmen ihn aber bei der Hand und führten ihn nach Damaskus; und er konnte drei Tage nicht sehen und aß und trank nicht."

Was für eine großartig expressive Konzentration auf das Wesentliche, auf den Moment der Erleuchtung des Saulus, enthält der Caravaggio. Die Geste der weit geöffneten Arme des physisch erblindeten Herabgestürzten zeigt nur eines: Saulus ist nicht mehr der Handelnde, der Aktive, sondern nur doch der Passive, nur noch der Empfangen-Wollende. Ein Empfangender, der gleichzeitig umarmen und fassen, sich hingeben will. Als wollte er mit Paul Gerhardt singen: „Ihn, ihn lass tun und walten, / er ist ein weiser Fürst / und wird sich so verhalten, dass du dich wundern wirst."

Er, der Herr, ist das Zentrum, die zentrale Person des Bildes, verborgen in dem Licht, welches das Bild prägt und beherrscht. Caravaggio gibt Christus keine Gestalt, er wird gegenwärtig im und als Lichtschein. Es geht um eine spirituelle, eine geistlich verändernde Erleuchtung, die aber zugleich die Welt in ein gnädiges Licht taucht. Das übergroße Pferd und der Knecht sind vom Licht nicht ausgeschlossen. Der Knecht schaut meditierend in sich hinein, vielleicht sogar auch verwundert auf den im Licht daliegenden Saulus. Soll er ein Vor- und Sinnbild sein für uns, die wir das Bild betrachten? Das Pferd – fast genauso stark beleuchtet wie Paulus selber –, „hebt vorsichtig den Huf, um den gestürzten Herrn nicht zu treten". Selbst die Kreatur wird umsichtig und gütig unter dem Einfluss dieses Lichtes. „Das ewig Licht geht da herein, gibt der Welt ein neuen Schein, es leucht' wohl mitten in der Nacht. Und uns des Lichtes Kinder macht."

Abweichend vom biblischen Text verlagert Caravaggio das Geschehen weg von der Straße, weg von einer militärischen Strafaktion. Wohin? Womöglich hinein in einen Stall, jedenfalls nicht an einen fernen, vergangenen Ort, auf eine ferne, vergangene Straße, sondern hinein in einen Ort, den es gegenwärtig überall gibt. Das soll wohl die Botschaft „vermitteln ..., dass Bekehrung jederzeit im Hier und Jetzt stattfinden kann".

Doch Caravaggio mit seiner bibeltreuen Individualisierung des Geschehens ist das Eine. Die biblische Erzählung weist noch auf ein anderes. An seinem Ende steht jene Weisung, durch die das Geschehen der Bekehrung erst zu seiner vollen Bedeutung kommt. Die Anweisung nämlich „Steh auf und geh in die Stadt, da wird man dir sagen, was du tun sollst." Erst dort, erst in der Gemeinschaft mit anderen, erfährt der mit Blindheit geschlagene Paulus den vollen Sinn und das Ziel seiner Bekehrung: das „Verwickelt werden in die dienende Gemeinschaft" der Kirche und den Auftrag, als Gottes auserwähltes Werkzeug seinen Namen vor die Heiden und vor Könige und vor das Volk

Israel zu tragen. Werkzeuge sind wir, Paulus als Missionar, wir als Gehilfen der Freude der evangelischen Diaspora.

Im biblischen Text ist es zunächst ein gewisser Hananias, den wir sonst nicht näher kennen, der Paulus den Sinn seiner Bekehrung deutet. Individuelles religiöses Erleben allein – und sei es noch so lichtvoll – reicht nicht aus, damit wir unsere Berufung erkennen. Wir brauchen die Deutung, die Verantwortung vor uns selbst sowie vor und mit anderen. Mich erinnert das an Erfahrungen in und mit der evangelischen Diaspora.

Nicht nur, dass wir in der Diaspora immer neu den Sinn und das Ziel unsrer Tätigkeit verstehen lernen. Von einem agnostischen, aber suchenden Russen aus Kaliningrad hörte ich kürzlich, dass er sich bei seiner Suche nach Religiosität an die orthodoxe Kirche gewandt habe, dort vermisse er außer der Diakonie vor allem das Gespräch über religiöse Fragen. Der wunderbare Klang der Göttlichen Liturgie reiche ihm nicht aus. Die Menschen suchten das Gespräch, ohne das sie nicht weiterkämen. Welch eine Chance für die evangelische Diaspora! Oder ich denke an das, was Pastor Carlos Duarte Voelker, der Präsident der Evangelischen Kirche am La Plata, bei einem Besuch in unsrer Leipziger GAW-Zentrale erzählte. Als junger, längst getaufter, also im Lichtkreis Christi befindlicher Mann habe er eine Diskussion über Gott geführt, in der sein Gegenüber ihm plötzlich sagte, du kennst ja den, über den du sprechen willst, gar nicht. Lies erst einmal die Bibel, dann reden wir weiter. Über der mühseligen Lektüre der Heiligen Schrift, zunächst des Alten, dann des Neuen Testaments, sei ihm vor allem durch die Bergpredigt und das Hohe Lied der Liebe des Paulus die Erleuchtung gekommen und die habe ihn schließlich zum Theologiestudium geführt.

Bei Paulus lief es anders. Aus dem Fanatiker der Verfolgung ist der Zeuge dessen geworden, den er selber, ohne ihn zu nennen, im Hohen Lied der Liebe besingt. Seine Vergangenheit hat derselbe Paulus gelegentlich als die eines Eiferers, d. h. eines Fanatikers, beschrieben. Ein Eifriger ist er geblieben. Nun aber einer für die Liebe, die wie er an die Korinther schreibt, nicht eifert, sich nicht aufbläht, nicht das Ihre sucht, sondern das des Andern. Unsere Liebe, liebe Freunde, sucht die evangelische Diaspora. Darin sind wir nicht träge, dafür brennen wir im Geist. Mit der Diaspora freuen wir uns, mit ihr weinen wir. Denn wir erleben, wie sie fröhlich ist in der Hoffnung, geduldig in Trübsal und beharrlich im Gebet. Amen.

Die Autoren

Rüdiger Lux	1974–1985 Pfarrer und Studentenpfarrer in Cottbus und Halle/Saale; 1985–1993 Dozent für Altes Testament und Biblisches Hebräisch am Katechetischen Oberseminar/ Kirchliche Hochschule Naumburg; 1995 bis zur Emeritierung 2012 Professor für Exegese und Theologie des Alten Testaments an der Universität Leipzig.
Elisabeth Parmentier	Professorin für praktische Theologie an der Theologischen Fakultät der Universität Strasbourg in Frankreich; Mitarbeiterin am Institut für ökumenische Forschung in Strasbourg; von 1994 bis 2001 Co-Präsidentin und von 2001 bis 2006 Präsidentin der Gemeinschaft Evangelischer Kirchen in Europa (GEKE) in Zusammenarbeit mit deren Generalsekretär Dr. Wilhelm Hüffmeier.
Gottfried Brakemeier	Pfarrer der Evangelischen Kirche Lutherischen Bekenntnisses In Brasilien (IECLB); von 1968–1985 Professor für Neues Testament an der Theologischen Hochschule in São Leopoldo, Brasilien; dann bis 1994 Kirchenpräsident der IECLB; von 1990–1997 Präsident des Lutherischen Weltbundes; von 1995–2002 erneut Professor in São Leopoldo für systematische und ökumenische Theologie; seit 2002 pensioniert.
René Krüger	Pfarrer der Evangelischen Kirche am La Plata (Argentinien, Paraguay und Uruguay); Professor für Neues Testament an der Evangelischen Hochschule für Theologische Studien (ISEDET) und an der Argentinischen Katholischen Universität in Buenos Aires, Argentinien.
Klaus Fitschen	Seit 2002 Professor für Neuere und Neueste Kirchengeschichte und Geschichte des Antiken Christentums an der Theologischen Fakultät der Universität Leipzig; Vorsitzender des Vereins Evangelische Diaspora in Leipzig.

Michael Bünker	Seit 2007 Generalsekretär der Gemeinschaft Evangelischer Kirchen in Europa (GEKE); seit 2008 Bischof der Evangelischen Kirche A. B. in Österreich.
Ulrich H. J. Körtner	Seit 1992 Professor für Systematische Theologie (reformiert) an der Evangelisch-Theologischen Fakultät der Universität Wien; Vorsitzender des Kuratoriums der Evangelischen Zentralstelle für Weltanschauungsfragen (EZW) in Berlin und Direktor des Instituts für öffentliche Theologie und Ethik der Diakonie (IöThE) in Wien.
Enno Haaks	Seit 2010 Generalsekretär des Gustav-Adolf-Werks e.V. (GAW), Diasporawerk der EKD; 2001–2009 Pfarrer der Versöhnungsgemeinde in Santiago de Chile.
Vera Gast-Kellert	Höheres Lehramt für Englisch und Geschichte in Äthiopien und Heidelberg; kirchliche Assistentin im Ökumenischen Team Aktion Missio des Evangelischen Missionswerks in Südwestdeutschland; Prädikantin der Evangelischen Kirche im Rheinland; 1991 bis 2015 Vorsitzende der Arbeitsgemeinschaft der Frauenarbeit im Gustav-Adolf-Werk e.V. (GAW).
Wilhelm Hüffmeier	2004–2015 Präsident des Gustav-Adolf-Werks e.V. (GAW); 1995–2006 Leiter der Kirchenkanzlei der Evangelischen Kirche der Union (EKU), seit 2003 Union Evangelischer Kirchen (UEK); 1988–2006 Sekretär der Leuenberger Kirchengemeinschaft, seit 2003 Gemeinschaft Evangelischer Kirchen in Europa (GEKE).

Dr. Dr. h. c. Wilhelm Hüffmeier

12. Juli 1941	geboren in Berlin
1960–1965	Studium der Evangelischen Theologie in Berlin, Marburg, Zürich
1966–1972	Wissenschaftlicher Assistent an den Universitäten Zürich und Tübingen
1972	Promotion und Ordination
1973–1975 sowie 1981–1982	Dozent für Neues Testament an der Theologischen Hochschule der Evangelischen Kirche Lutherischen Bekenntnisses in Brasilien in São Leopoldo
1976–1983	Pfarrer der Evangelischen Kirchengemeinde Berlin-Lankwitz
ab 1.3.1983	Theologischer Referent in der Kirchenkanzlei der Evangelischen Kirche der Union
1984–2011	Vorsitzender des Gustav-Adolf-Werks (GAW) der Evangelischen Kirche in Berlin-Brandenburg/ seit 2005 GAW der Evangelischen Kirche Berlin-Brandenburg-schlesische Oberlausitz
1988–2006	Sekretär der Leuenberger Kirchengemeinschaft/seit 2003: Gemeinschaft Evangelischer Kirchen in Europa (GEKE)
1995–2006	Leiter der Kirchenkanzlei der Evangelischen Kirche der Union/ ab 2003: Union der Evangelischen Kirchen in der EKD (UEK)
seit 19.1.2004	Präsident des Gustav-Adolf-Werks e.V., Diasporawerk der Evangelischen Kirche in Deutschland
Familie	verheiratet seit 1966 mit Frau Gerta-Christine, geb. Schaeffer; vier erwachsene Kinder, zwei Enkelkinder
Hobbys	Theologie, preußische Geschichte und Kirchengeschichte, Literatur, vorzugsweise Theodor Fontane
Ehrungen	Bundesverdienstkreuz 1. Klasse (2001); Ehrendoktor der Theologischen Fakultät der Humboldt-Universität Berlin (2002), Peter-Beier-Preis der Evangelischen Kirche im Rheinland (2007)

Weitere Bücher, die im GAW-Verlag erschienen sind:

Die evangelische Diaspora
Russland, Ukraine, Weißrussland, Kasachstan, Kirgisistan, Georgien, Aserbaidschan, Armenien

Das Buch nimmt evangelische Kirchen in den ehemaligen GUS-Staaten in den Blick. Es geht aktuellen Fragen nach: Wie ist es um die Religionsfreiheit in Russland bestellt? Wie behaupten sich evangelische Kirchen in orthodox oder muslimisch geprägten Gesellschaften? Wie stellt sich die Situation evangelischer Kirchen in diesen Staaten 25 Jahre nach der Perestrojka dar?

Herausgegeben im Auftrag des Gustav-Adolf-Werkes von Wilhelm Hüffmeier, in Zusammenarbeit mit Klaus Fitschen, Michael Beyer, Elisabeth Parmentier und Enno Haaks
ISBN 978-3-87593-124-2

Die evangelische Diaspora
Andenstaaten

Dieser Band fokussiert evangelische Kirchen in den andinen Staaten Südamerikas. Es geht aktuellen Fragen nach wie: Welche Rolle spielen die Kirchen im Friedensprozess in Kolumbien? Wie sind evangelische Kirchen in südamerikanischen Ländern entstanden, die keine klassischen „Einwanderungsländer" waren? Wie begegnen die Kirchen aktuellen politischen und sozialen Herausforderungen? Welchen Stellenwert haben diese kleinen Kirchen überhaupt? Wie ist die ökumenische Situation? Berichte aus: Chile, Peru, Kolumbien, Ecuador und Bolivien. Autoren: Beatrice del Campo, Emilio Flores, Patricia Cuyatti, Hanna Schramm u. a.

Herausgegeben im Auftrag des Gustav-Adolf-Werkes von Wilhelm Hüffmeier, in Zusammenarbeit mit Klaus Fitschen, Michael Beyer, Elisabeth Parmentier und Enno Haaks
ISBN 978-3-87593-123-5

Die evangelische Diaspora
Südosteuropa

Was wissen wir über den Protestantismus in Bulgarien,
Griechenland, Kroatien, Moldawien und Serbien?
Was sind gegenwärtig Themen in den evangelischen Kirchen
in der Slowakei, in Slowenien und in Rumänien?
Diesen Fragen geht dieser Band nach und stellt kleine
Kirchen vor, die gesellschaftlich, politisch und konfessionell
wirklich in der Zerstreuung leben.
Mit Beiträgen von Christoph Klein, Karl W. Schwarz,
Matthias Herren u. a.
Ergänzt werden die Berichte durch aktuelle Dokumente
verschiedener Kirchen sowie durch Rezensionen.

**Herausgegeben im Auftrag des Gustav-Adolf-Werkes von
Wilhelm Hüffmeier, in Zusammenarbeit mit Klaus Fitschen,
Michael Beyer und Elisabeth Parmentier**
ISBN 978-3-87593-122-8

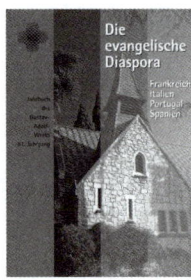

Die evangelische Diaspora
Frankreich, Italien, Portugal, Spanien

In diesem Band stehen vier Länder im Mittelpunkt: Frankreich,
Italien, Portugal und Spanien. Die protestantischen Kirchen in
diesen Ländern blicken auf eine wechselvolle Geschichte zurück.
Neben der immer noch großen Macht der katholischen Kirche stellt
heute die zunehmende Zahl von Pfingst- und Migrantenkirchen
eine neue Herausforderung dar. Das Jahrbuch gibt einen Überblick
über Entwicklung und Gegenwart protestantischer Kirchen in
Südwesteuropa.
Ergänzt werden die Berichte durch aktuelle Dokumente verschiedener Kirchen sowie durch Rezensionen.

**Herausgegeben im Auftrag des Gustav-Adolf-Werkes von
Wilhelm Hüffmeier, in Zusammenarbeit mit Klaus Fitschen,
Michael Beyer und Elisabeth Parmentier**
ISBN 978-3-87593-119-8